Gaby Hauptmann
Die Lüge im Bett

SERIE PIPER

Zu diesem Buch

Eigentlich will Nina Sven so schnell wie möglich loswerden. Ausgerechnet der ist aber Chef des Fernsehsenders, bei dem sich Nina ihre Brötchen verdient. Deshalb erscheint ihr der Drehtermin in Brasilien wie ein Geschenk des Himmels – *die* Chance, was für die Karriere zu tun und nebenbei auf andere Gedanken zu kommen. Doch wie so oft im Leben kommt alles ganz anders. Hals über Kopf verliebt sich Nina nämlich in den smarten Nic: Ihr Puls klopft, ihr Herz rast – nur Nic scheint es nicht zu merken. Als Nina entdeckt, wem seine Gefühle gelten, ist es schon zu spät ... Mit hinreißend leichter Hand und sprühendem Witz schickt Gaby Hauptmann ihre hellwache und erfrischend durchtriebene Heldin Nina in einen Dschungel der Gefühle, aus dem sie nur mit viel List und Tücke wieder entkommen kann.

Gaby Hauptmann, geboren 1957 in Trossingen, lebt als freie Journalistin, Filmemacherin und Autorin in Allensbach am Bodensee. Ihre Romane »Suche impotenten Mann fürs Leben«, »Nur ein toter Mann ist ein guter Mann«, »Die Lüge im Bett«, »Eine Handvoll Männlichkeit«, »Die Meute der Erben« und »Ein Liebhaber zuviel ist noch zuwenig« sind Bestseller und wurden in zahlreiche Sprachen übersetzt. Zuletzt erschienen ihr Erzählungsband »Frauenhand auf Männerpo«, ihr ganz persönliches Buch »Mehr davon. Vom Leben und der Lust am Leben« und ihr neuer Bestseller »Fünf-Sterne-Kerle inklusive«.

Gaby Hauptmann
Die Lüge im Bett

Roman

Piper München Zürich

Von Gaby Hauptmann liegen in der Serie Piper vor:
Suche impotenten Mann fürs Leben (2152, 6055; Filmausgabe 3570)
Nur ein toter Mann ist ein guter Mann (2246, 6056)
Die Lüge im Bett (2539, 6057)
Eine Handvoll Männlichkeit (2707, 6058)
Die Meute der Erben (2933, 6059)
Ein Liebhaber zuviel ist noch zuwenig (3200)
Fünf-Sterne-Kerle inklusive (3442)
Eine Handvoll Männlichkeit / Die Meute der Erben (Doppelband, 3574)
Frauenhand auf Männerpo (3635)

Ungekürzte Taschenbuchausgabe
August 1997 (SP 2539)
August 2002
6. Auflage Mai 2003

Umschlag: ZERO, München
Foto Umschlagvorderseite: ZEFA / Creasource
Foto Umschlagrückseite: Anne Eickenberg, Peter von Felbert
Gesamtherstellung: Clausen & Bosse, Leck
Printed in Germany ISBN 3-492-26057-8

www.piper.de

Für meine Schwester Karin.
Ganz ohne Lüge.

»Hat es dir Spaß gemacht?«

»Mmh.«

»Was soll das heißen, mmh?«

»Natürlich hat es mir Spaß gemacht!«

»Wirklich? Du siehst aber nicht so aus!«

»Es ist dunkel. Wie willst du da sehen, wie ich aussehe!«

Er dreht sich um, sie liegt still neben ihm. Dann lauscht sie seinen regelmäßigen Atemzügen und ärgert sich, wie immer, am meisten über sich selbst.

Am nächsten Morgen sitzt Nina brütend an ihrem Schreibtisch. Nichts läuft momentan in ihrem Leben so, wie sie es sich vorstellt. Mit Sven hat sie in jeder Hinsicht den Höhepunkt überschritten. Aber sie fürchtet das offene Gespräch, weil er bei der privaten Fernsehanstalt, bei der sie als freie Redakteurin arbeitet, ihr Vorgesetzter ist. Sie weiß nicht, wie er auf eine Trennung reagieren würde. Sicherlich nicht mit Beförderung.

Nina seufzt und zwirbelt eine Haarsträhne. Auf der anderen Seite sieht sie mit Sven als Chef beruflich auch keine Zukunft. Er fördert und hemmt sie zugleich. Er gibt ihr zwar Aufträge, aber verhindert gleichzeitig ihren Aufstieg. Sie ist jetzt neunundzwanzig und von ihrem Ziel, es mit dreißig geschafft zu haben, weiter entfernt denn je.

Wütend starrt Nina Löcher in die Luft. Er läßt ihr einfach keine Chance! Den Drehauftrag in Brasilien, auf den sie so scharf war, bekommt ihre Kollegin Sarah, weil ein Kameramann mitfliegt, der angeblich ein Auge auf Nina geworfen hat. Meint zumindest Sven. Und sie ist machtlos.

Neidisch schaut sie zu Sarah hinüber, die gut gelaunt ihr Projekt vorbereitet. Seit Tagen hängt sie mit herausfordernder Fröhlichkeit am Telefon und organisiert mit ihrem brasilianischen Kontaktmann die Drehtermine, Unterkünfte, Interviewpartner. Eine Low-Budget-Produktion. Keine Kohle, wie immer. Deshalb ist Sarah Redakteurin, Autorin, Moderatorin und Aufnahmeleiterin zugleich. Wenigstens eine Funktion hätte Sven ihr übertragen können!

Nina zwirbelt die nächste Strähne ihres schwarzen Pagenschnitts. Gerade lacht Sarah laut nach Südamerika hinüber. Für den heißen Draht reicht das Budget offensichtlich. Nina mustert Sarahs lange Beine, die sie genüßlich unter dem Schreibtisch hervorstreckt. Könnte sie sich nicht wenigstens eines davon brechen? Kleiner Treppensturz? Dann müßte sie, Nina, einspringen.

Sei nicht so gemein, sagt sie sich gleichzeitig. Kündige, zieh bei Sven aus und werde erfolgreich! »Wenn du zurück bist, fliege ich erst mal in Urlaub!« sagt sie unvermittelt zu Sarah, die erstaunt ihr Telefongespräch unterbricht.

»Ach, so?« Sarah verzieht ihren Mund spöttisch »Und Sven?«

»Ich fliege allein!«

Sarah grinst nachsichtig und flirtet auf englisch weiter.

Blöde Kuh! Aber wie war das? Wegfliegen? Allein? Nina hat überhaupt kein Geld dazu. Sie ist das ärmste Mäuschen auf Gottes weiter Erde. Nina seufzt einmal tief, als die Tür aufgeht und Sven hereinkommt. Er streift sie mit einem schnellen Blick. Sarah beendet sofort ihr Telefonat in kühlem Geschäftston: »See you!« Und zu Sven: »Alles in Butter, die spuren gut, das wird ein Reißer!«

»Na denn!«

Er nickt ihr kurz zu, eine Spur zu wohlwollend, findet Nina, aber vielleicht macht er das ja nur, um sie zu ärgern. Dann nimmt er sich eine Tasse Kaffee. Nina beobachtet ihn. Er ist groß und blond, stolz auf seine unbehaarte Brust und seine mickrigen fünfzehn Zentimeter. Ein Jeanstyp, der auch im Anzug wirkt. Nina erinnert sich gut, was sie alles veranstaltet hat, ihn zu kriegen. Sie war rettungslos verliebt, sah in ihm ihren Prinzen, ihre Zukunft, ihr Leben. Schlichtweg alles. Zwei Jahre ist das her. Und jetzt?

Er rührt sich gerade fünf Würfelzucker in den Kaffee. Früher fand sie das witzig, jetzt nervt es sie. Zu Hause schüttet er in alles Süßstoff, um bloß kein Gramm zuzunehmen. Hier tut er so, als könne ihm Zucker nichts anhaben.

»Hast du deine Story zusammen?« will er plötzlich von ihr wissen.

Fast hätte sie gefragt, welche Story denn? Aber sie kann sich gerade noch beherrschen. Sie hat mit der Recherche noch nicht einmal angefangen. Und überhaupt. Der Machtkampf bei Daimler interessiert sie nicht. Die Tochtergesellschaft Mercedes noch viel weniger. Sie fährt einen alten Golf ohne Chancen auf die nächste TÜV-Plakette. Mit dreißig wollte sie spätestens ein Cabrio ihr eigen nennen. Wollte sie.

Nina seufzt: »Mittagszeit. Habe noch keinen erreicht!«

Sven schweigt.

Nina zuckt die Schultern. »Um die Zeit arbeitet doch keiner!«

Außer mir, sollte das heißen.

»Außer Sarah!« brummelt Sven.

»Kunststück«, faucht Nina, »in Rio ist jetzt nicht Mittag, sondern *Vor*mittag!« Er runzelt die Stirn. »Falls du das nicht wissen solltest«, fügt sie giftig hinzu.

»Personalabbau dürfte ein Thema sein, über das sich die Leute auch in der Mittagszeit unterhalten. Oder sogar *gerade* in der Mittagszeit.« Er tritt an ihren Schreibtisch und schaut auf sie herunter.

»Die Arbeiter vielleicht«, entgegnet Nina gelangweilt. »Die Leitung sicherlich nicht!« Nina spürt Sarahs Blick in ihrem

Nacken brennen. Sie weiß natürlich, daß Nina heute noch keinen Finger gerührt hat. »Und außerdem bin ich urlaubsreif!« greift sie ihn an.

»Du spinnst!« Sven dreht sich um und geht zur Tür, dort bleibt er kurz stehen. »Daimler ist ein Auftrag! Keine Bitte! Zwei Minuten für die Nachrichten sind eingeplant! Du hast noch fünf Stunden Zeit.« Damit ist er draußen.

»Klappt's nicht mehr so zwischen euch beiden?« fragt Sarah unschuldig.

»Doch, klasse! Besser denn je!« Unter der Tischplatte ballt Nina die Faust.

Ihre Laune hat sich nicht gebessert, als sie spät abends den Sender verläßt. Sie ist unzufrieden – und das hat mit der Uhrzeit nichts zu tun. Sie ist es morgens, mittags und abends. Tief in ihr drin bohrt etwas, sitzt als Kloß im Magen, zieht die Mundwinkel nach unten. Fehlt nur noch, daß sie davon die ersten Falten bekommt.

Nina winkt dem Pförtner zu, er nickt freundlich: »Na, alleine?« Sie nickt zurück, zuckt bedauernd die Achseln. »Ja, ja, die Arbeit!« sagt er wissend hinter der Glasscheibe und vertieft sich wieder in sein Kreuzworträtsel.

Die Nacht ist warm, fast erstaunlich warm für Ende November. Nina atmet tief ein, es riecht irgendwie nach Frühling. Soll es doch, das ändert auch nichts. Sie geht zu ihrem Wagen, der rostig im Dunkeln steht. Sven ist noch im Schneideraum, kommt später nach. Soll er doch, sie ist nicht scharf darauf. Richtig, denkt sie und schließt ihr Auto auf. Das ist es. Ich bin auf überhaupt nichts mehr scharf. Nicht auf meine Arbeit, nicht auf Sven, nicht auf mein Leben. Alles Mist, ich fahre zu Mutter!

Ilse Wessel staunt nicht schlecht, als sie ihre Tochter völlig unerwartet vor der Tür stehen sieht.

»Nina, ist etwas passiert? So spät? Wo ist Sven?«

»Erstens ist es nicht spät, noch nicht einmal zehn Uhr, zweitens ist nichts passiert, und drittens ist es mir egal, wo Sven ist!«

»Habt ihr etwa Krach?«

»Wie kommst du bloß da drauf?«

Ilse Wessel schließt leise die Tür hinter Nina.

»Wo ist Vati?«

»Beim Stammtisch. Es ist Mittwoch!«

»Na, das trifft sich ja gut!«

Kopfschüttelnd geht ihre Mutter voraus ins Wohnzimmer. Wie immer läuft der Fernseher um diese Zeit, schön eingepaßt in den maßgefertigten Einbauschrank, alles ist aufgeräumt, bürgerlich, spießig, in diesem Augenblick für Nina aber trotzdem warm und gemütlich. Hier ist sie aufgewachsen, am massiven Eßtisch hat sie das Einmaleins gelernt und später fürs Abi gebüffelt. Ihn gegen einen neuen auszutauschen wäre unverzeihlich.

Ihre Mutter rückt ihr einen Stuhl zurecht. »Hast du Hunger? Magst du was essen?« fragt sie.

Nina scheint gar nicht hinzuhören. »Warst du beim Friseur?«

Ninas Mutter hat sich ihre schlanke Figur bewahrt, die vierundsechzig Jahre sieht man ihr nicht an. Auch im Gesicht nicht, das noch immer zart und ebenmäßig wirkt. Nina hätte gern mehr von ihr gehabt, aber zu ihrem Leidwesen hat sie die derberen Gesichtszüge ihres Vaters geerbt. »Meine kleine Indianerin«, hat Sven sie anfangs liebevoll genannt. Aber für sie war die Anspielung auf ihre hohen, breiten Wangenknochen eher verletzend als schmeichelnd.

Ihre Mutter fährt sich schnell mit der Hand durch ihre stufig geschnittenen Haare und lacht: »Wie dein Vater. Der sieht auch nichts. Die Farbe trage ich jetzt schon seit drei Wochen!«

»Ach ja?« Nina schaut erstaunt hin. Für sie war der Schnitt neu, nicht die Farbe. Sie setzt sich seufzend.

Ihre Mutter schaltet den Fernseher aus und öffnet die Vitrine mit dem Sonntagsgeschirr. »Was möchtest du denn trinken?«

»Ein eiskaltes Bier – falls Vati eines übriggelassen hat!«

Sie weiß plötzlich nicht mehr, was sie eigentlich hier wollte. Mit Mutti über Sven reden? Unmöglich. Über ihre Arbeit? Ausgeschlossen! Über Sex? Völlig undenkbar!

»So, was ist denn nun los? Ist etwas mit Sven?« Ihre Mutter schenkt sich ebenfalls ein Bier ein.

»Es ist nichts! Oder doch! Beschissen ist es. Ja, genau das! Sagt dir der Begriff der inneren Kündigung etwas, Mutti?«

»Die Firma hat dir gekündigt?« Erschrocken beugt sich Ilse Wessel vor.

»Nein, nein. Ich! Ich habe gekündigt! Ich kündige zur Zeit alles. Jedem und allem! Verstehst du? Ich sprech's nicht aus, aber eigentlich bin ich schon weit weg. Verstehst du das?«

Ilse Wessels Gesichtszüge verändern sich. Die Besorgnis der Mutter schleicht sich hinein, die Furcht, etwas könne schieflaufen, sie habe versagt, in der Erziehung, als Vorbild, bei der Unterstützung.

»Schläfst du noch mit Vati?« Nina taut auf. Der Sex ihrer Eltern war stets tabu. Sozusagen nicht existent. Ein Wunder, daß sie überhaupt auf der Welt ist. Aber jetzt will sie es wissen.

»Ob ich... ja, Nina, was ist denn das für eine Frage?«

»Wieso? Du brauchst ja bloß zu sagen, wie das so ist nach – warte mal – zweiunddreißig Jahren Ehe. Ist es nicht fürchterlich? Entsetzlich?« Sie beugt sich vor, wartet keine Antwort ab. »Ich bin jetzt zwei Jahre mit Sven zusammen und gähne mir dabei einen ab. Verstehst du? Das Prickeln im Bauch ist weg. Ich bin überhaupt nicht mehr in ihn verliebt. Wenn er mit mir schläft, denke ich über meinen nächsten Film nach. Manchmal muß ich direkt schon aufpassen, daß ich das Ende noch mitkriege. Verstehst du? Seinen Höhepunkt. Es ist... ich muß mich von ihm trennen!«

Ilse nimmt einen tiefen Schluck aus ihrem Glas. Ein zartroter Schimmer überzieht jetzt ihre Haut.

»Du bist... warum? Kannst du dir das denn leisten?«

Kannst du dir das denn leisten? Da ist die Frage, die ihr seit ihrer Schulzeit durch Mark und Bein geht. Und sie verdient noch immer nicht genug, um ganz auf eigenen Beinen zu stehen. Weil sie wie ein Wickelkind an Svens Rockzipfel hängt. Gib mir Arbeit, gib mir Brot, liebe mich dafür, bis ich einschlafe! Was für ein Irrsinn, was für eine Falle.

»Ich kann es mir nicht leisten, verdammt! Aber ich will wieder Schmetterlinge im Bauch spüren, wenn ich mit einem Mann im Bett bin. Es ist so... gähnend langweilig!«

In einem Zug trinkt Nina ihr Glas aus. Sie zeigt auf das Hochzeitsbild ihrer Eltern. »Sag bloß, es ist bei euch noch so wie damals!«

Ilse Wessel schenkt ihr nach. »Doch«, nickt sie zögernd, »genau gleich!«

»Genau gleich gut oder genau gleich schlecht?«

»Euer Vater ist ein guter Vater. Er sorgt für uns alle, betrügt mich nicht, lügt mich nicht an.«

»Ja, ja! Aber im Bett, Mutti, im Bett! Wie hältst du das aus? Oder läuft gar nichts mehr?«

»Ich meine, das ist im Leben nicht so wichtig. Es gibt andere Werte. Dein Sven hat Erfolg, er sieht gut aus, er ist großzügig und ehrlich. Durch ihn hast du eine gute Arbeitsstelle, eine schöne Wohnung, bist versorgt. Und schließlich – du wolltest ihn doch unbedingt! Er war doch dein Traummann? Träum ihn dir im Bett doch einfach zurecht!«

Nina reißt die Augen auf. »Zurechtträumen? Machst du das so mit Vati? Einfach zurechtträumen?«

Ilse Wessel holt tief Luft. »Man kann nicht alles haben, Nina. Die Männer fürs Leben sind meistens nichts fürs Bett, und die fürs Bett sind meistens nichts fürs Leben! Irgendwann muß man sich entscheiden.«

Als Nina nach Hause kommt, ist es zwei Uhr morgens. Sven schläft schon. Sie geht leise durch die Wohnung. Ja, schön ist sie schon. Stuck an den hohen Decken, altes Parkett, große Flügeltüren. Sie allein könnte sich die mitten in Köln nicht leisten. Die Designermöbel auch nicht. Wieso habe ich eigentlich nie Geld? fragt sie sich unglücklich und öffnet den Kühlschrank. Die letzte Flasche Bier reckt den Hals hervor. Selbst die hat Sven bezahlt. Nina schlägt die Tür zu, um sie gleich darauf wieder aufzumachen. »Ich kill dich jetzt!« knurrt sie und greift nach dem Flaschenöffner.

Aus der Flasche trinkend steht sie kurz darauf vor dem Badezimmerspiegel. »Du bist alleine nicht lebensfähig«, prostet sie ihrem Spiegelbild zu. »Du bist zu blöd, richtig Kohle zu machen! Alle können das, nur du nicht!«

Nina nimmt einen tiefen Schluck. »Träum ihn dir doch zurecht! Auch wenn er dich im Sender wie den letzten Arsch behandelt. Sag danke und träum ihn dir zurecht. Er ist doch dein Traummann! Leck ihm die Eier und sag noch danke!« Die Flasche fällt ihr aus der Hand, poltert laut klirrend in das italienische Designerwaschbecken. Erschrocken greift Nina nach ihr. Das dicke braune Glas ist heil geblieben, nur das Waschbecken nicht. Mit dem Zeigefinger fährt Nina die tiefe Schramme entlang.

»Was zum Teufel…«, Sven steht in der Tür. Seine Haare stehen zerzaust zu Berg, er trägt nur eine kurze Pyjamahose.

»Ooh, guten Abend!« Nina stellt sich schnell vor das Waschbecken, die Flasche in der Hand.

»Willst du jetzt unter die Brücke ziehen, oder was?« Mit zusammengezogenen Brauen starrt er auf die Flasche.

»Ich, nein... ich hatte bloß Durst!«

»Dann komm jetzt endlich! Aber putz dir vorher noch die Zähne. Du weißt, ich kann Biergeruch nicht ausstehen!« Ohne ein weiteres Wort dreht er sich um und verschwindet wieder in Richtung Bett.

»Putz dir die Zähne!« äfft Nina ihn nach und würgt den Flaschenhals mit beiden Händen. »Ich bring dich um!« Dann aber schleicht sie barfuß über die knackenden Holzdielen in Svens Arbeitszimmer, horcht mit klopfendem Herz in Richtung Schlafzimmer und sucht im Schreibtisch nach der kleinen Tipp-Ex-Flasche. Was auf weißem Papier Buchstaben überdeckt, könnte ja vielleicht auch in dem hellen Emaille dunkle Schrammen verschwinden lassen.

Während der nächsten Tage gibt sich Nina für ihre Begriffe relativ viel Mühe mit Sven. Teils, weil ihre Mutter mit der finanziellen Abhängigkeit recht hat, teils aus Dankbarkeit gegenüber Sven, weil er die übermalte Schramme bisher nicht erwähnt hat. Und das, obwohl er sein Edelbadezimmer eigens aus Italien hatte anliefern lassen. Aber ihr stockt jedesmal der Atem, wenn er ins Bad geht. Vorsichtshalber hat sie zwei Glühbirnen herausgedreht und behauptet, sie seien kaputtgegangen. Und sie spielte die sinnliche Verführerin, als sie sah, wie sich Sven zu lange und zu tief über das Becken gebeugt die Zähne putzte. Dabei ist es ihr nach wie vor nicht klar: Macht er sich einen Spaß aus ihrem schlechten Gewissen, oder hat er die Verunstaltung einfach noch nicht bemerkt? Könnte sie es im Fall der Fälle nicht vielleicht auf die Italiener schieben?

Am Dienstag morgen erscheint Nina etwas später im Sender. Der Luxus der Freien, und Nina war es heute danach.

Als sie die Redaktionstür öffnen will, wird sie von innen so heftig aufgerissen, daß sie fast in den Raum hineingestolpert und gegen Sven geprallt wäre, der eben hinausstürmen will.

»Schön, daß du auch mal reinschaust«, schnauzt er sie an.

»Was ist denn los?« An ihm vorbei sieht Nina, wie Elke und Sabrina an Sarahs Schreibtisch stehen und wild darin herumkramen. Es herrscht augenscheinlich Panik im Büro.

»Wo warst du bloß?« faucht er.

»Du weißt doch, daß ich…«

»Interessiert keinen Menschen! Unser Brasiliendreh ist am Platzen! Das interessiert!«

»Ach nee!« Nina bleibt stehen und schaut ihn an. »Warum denn das?«

»Weil Sarah die Windpocken hat. Seit heute nacht. Sie kann morgen nicht fliegen. Ansteckungsgefahr. Wer setzt sich mit so einer schon in eine Maschine? Ganz abgesehen davon, daß sie hohes Fieber hat!«

Nina sagt nichts. Sie überlegt. Jetzt muß er den Dreh ihr anbieten. Er kann nicht anders.

»Sabrina, wenn du ihre Unterlagen gefunden hast, dann kommst du gleich zu mir ins Büro. Und laß den Flug auf dich umbuchen!«

Nein! schreit es in Nina. Sabrina ist zu blöd für einen solchen Auftrag. Sie hat kürzlich das Feature über Celine Dion in den Sand gesetzt. Und bei der Frau hätte sie doch wirklich nur draufhalten müssen!

»Ich muß die ganze nächste Woche meinen Film über die Kölner Kulturszene schneiden. Und dann habe ich auch noch Abnahme. Und gleich darauf Sendetermin. Wie sollte ich das deiner Meinung nach schaffen?«

Überhaupt nicht! gellt es in Nina.

»Dann fliegt eben Elke!«

Du Schwein! Ninas Magen krampft sich zusammen.

»Ich habe Sendung! Das weißt du doch! Warum fliegt nicht Nina?«

Oh, ich liebe dich, Elke, ich liebe dich! Nina hätte sie am liebsten geküßt.

»Ja, warum fliege nicht ich?« fragt Nina unschuldig.

»Weil Leo ein geiler Bock ist!« bricht es aus Sven heraus.

Völlige Stille, alle sind sprachlos.

»Das ist doch nicht dein Ernst«, schüttelt Elke den Kopf. »Deshalb soll Nina nicht fliegen? Weil du Angst vor dem Kameramann hast? Das ist ja... ha!« Sie lacht schallend los.

Sven bereut seinen Ausbruch offensichtlich, seine Mimik und Gestik deuten auf Rückzug hin. Jetzt schnell, denkt Nina. Nutze die Gunst der Sekunde.

»Ich habe keine festen Termine die nächste Zeit. Ich könnte einspringen!« Mit einem treuherzigen Augenaufschlag lächelt sie ihn an.

Sven hebt abwehrend die Hände: »Wir haben noch andere Abteilungen!«

»O nein, das tust du nicht!« empört sich Sabrina.

O Gott, Frauensolidarität. Viel davon gehört, nie gespürt. Und jetzt stecke ich mittendrin!

»Es...«, Sven bricht ab, wendet sich zum Gehen. »Ich überleg's mir!«

»Was, bitte, gibt's da noch zu überlegen?« hält ihn Elke scharf zurück. »Du kannst doch Nina nicht wie deine Leibeigene behandeln. Sklavin, Sadomaso oder sonst noch was?«

»Sagst du nichts darauf?« Herausfordernd schaut sie Nina an.

Die Tür knallt zu, und Sven ist weg.

»Ja, doch! Du hast völlig recht! Ich sehe auch keinen Grund, weshalb...«

»Ich glaub, ich spinne!« Elke mustert Nina wie eine Außerirdische. »Behandelt er dich immer so? *Das* läßt du dir gefallen?«

Nicht immer, aber immer öfter, liegt Nina auf der Zunge, sie beschränkt sich aber darauf, heftig den Kopf zu schütteln. Ganz bescheuert will sie vor ihren beiden Kolleginnen nun auch nicht dastehen. »Ich habe keine Ahnung, was er hat!«

»Eifersüchtig ist er. Hast du doch gehört!« Sabrina klopft Nina auf die Schulter. »Ausgerechnet auf Leo! Als ob du keinen anderen haben könntest!« Sie lacht lauthals und verächtlich über so viel männliche Dummheit.

Ja, als ob ich keinen anderen haben könnte! Aber Nina ist nicht nach Lachen zumute.

Eine halbe Stunde später bekommt Nina die telefonische Bestätigung von Svens Sekretärin, daß sie offiziell für Sarah einspringen soll. Sie versucht sofort, Sarah telefonisch zu erreichen. Es meldet sich der Anrufbeantworter. Regelmäßig und immer dringlicher bittet sie um Rückruf. Bis zum Abend ist sie fast panisch. Obwohl sie Sarahs gesamten Schreibtisch durchwühlt hat, konnte sie kaum Unterlagen zu den Dreharbeiten finden. Sarah muß sie bereits mitgenommen und verpackt haben. Was, wenn Sarah überhaupt nicht mehr in ihre Wohnung kommt, sondern im Fieberwahn bei ihren Eltern liegt? Nina schaut ins Telefonbuch. Braun ist zu häufig, keine Chance. Sie versucht, über die Personalabteilung irgend etwas herauszufinden, aber sie ist zu spät dran. Um fünf Uhr ist dort Feierabend. Auch sonst kann ihr im Sender keiner weiterhelfen. Nina legt eine Nachtschicht ein, ordnet jeden Schmierzettel, jede Telefonnummer, jede Notiz, die sie in Sarahs Schubladen findet, auf ihrem Schreibtisch zu einem undurchschaubaren Brasilienpuzzle. Sie schiebt Teile hin und her, starrt minutenlang darauf, dann gibt sie es auf und denkt nach. Sie hat die Nummer des Verbindungsmanns in Rio. Und außerdem das Thema: eine Reportage über Jugendliche, mit noch unbestimmtem Titel. Und es gibt ein Kamerateam plus Flugticket. Alles weitere muß sie dann eben sehen.

ABFLUG INS CHAOS

Sven bringt sie zum Flughafen, die fünf Mitarbeiter der freien Produktionsfirma sind schon da. Sie stehen um große Alukisten herum, in denen Kameras, Licht und Zubehör stoßsicher verstaut sind.

Sven schaut mürrisch zu Leo, dem Kameramann, der sich soeben leidenschaftlich von seiner Freundin verabschiedet. Nina beobachtet ihn ebenfalls. Leo sieht zwar gut aus, ist aber nicht ihr Typ. Er läßt seine Freundin los, gibt ihr zum Abschied einen Klaps auf den Hintern und zwinkert dabei Nina zu. Sie dreht sich rasch zu Sven um. Er hat es gesehen und runzelt die Stirn: Wenn da was ist, bring ich ihn um! scheint er zu denken.

Unter den taxierenden Blicken von Leo fällt ihre Verabschiedung kühl aus. »Ihre Aufgabe ist es, gute Bilder mitzubringen!« warnt Sven seinen mutmaßlichen Nebenbuhler. »Und sonst nichts!«

»Ich tu genau das, was Nina mir sagt«, antwortet Leo nur und grinst frech.

Sven macht auf dem Absatz kehrt und geht.

Nina fühlt sich etwas verloren. Bis auf Leo sind ihr alle fremd, sie ist unvorbereitet, hat keine Ahnung, was auf sie zukommt. Sarah hat sie bis zum Schluß nicht erreicht. Schlamperei, nicht im Sender anzurufen. So krank kann doch kein Mensch sein! Gott sei Dank hat Nina ihren Kontaktmann Bernd Rollnitz noch erreicht, der die neue Situation allerdings mit hörbarer Enttäuschung aufnahm. Sicherlich hatte er sich auf seinen kleinen Flirt gefreut. Aber zumindest beruhigte er sie, was die Dreharbeiten anging. Die meisten Interviewpartner habe ja ohnehin er organisiert, so daß zumindest diese Termine gesichert seien. Worüber Nina zunächst glücklich ist, obwohl sie auf der anderen Seite jetzt natürlich von diesem Menschen abhängig ist, was ihr eigentlich nicht paßt. Sie würde lieber ihren eigenen Film machen.

Nina, von Natur eher zurückhaltend und schüchtern, gibt sich einen Ruck und stellt sich dem verschworenen Produktionsteam. Allein gegen alle, denkt sie dabei, aber sie weiß aus Erfahrung, daß die meisten Produktionsleute weniger Probleme mit wechselnden Gesichtern haben. Eher mit Inkompetenz, zögerlichem Verhalten, unklaren Entscheidungen und vor allem mit Redakteuren, die eine Einstellung fünfmal wiederholen lassen, obwohl sie die Profis hinter der Kamera bereits für abgedreht erklärt haben.

Nina beschließt, Zuversicht zu mimen, begrüßt jeden einzelnen mit Handschlag und erklärt allen kurz die Situation und ihre Funktion. Keinen wundert es, keiner hält sich darüber auf. Sie wird schon wissen, was sie zu tun hat.

Und sie weiß es. Zumindest für den Augenblick. Sie braucht Informationen über das Land. In der Abflughalle erspäht Nina einen Buchladen und deckt sich dort mit allem ein, was nur entfernt nach Brasilien aussieht. Wenn man es ihr auch nicht ansieht: Aber in ihrem Magen zwickt und zwackt es, und je näher der Abflug rückt, desto stärker werden ihre Zweifel. Keine vierundzwanzig Stunden Vorbereitungszeit, keinen vergleichbaren Film eines erfahrenen Kollegen angeschaut, keinen blassen Schimmer vom Land, von den Leuten, vom Thema. Ihr Wissen beschränkt sich auf Lambada, Tanga und Zuckerhut. Ist der Tanga überhaupt aus Brasilien? Das Chaos ist vorprogrammiert, sie spürt es in jeder Faser ihres Körpers. Fast wünscht sie, Sarah wäre wieder gesund und würde doch noch in allerletzter Sekunde auftauchen.

Aber keine Sarah, kein Entrinnen. Und dann ist es zu spät. Im Troß wird Nina ins Flugzeug geschoben und durch den schmalen Gang bis zu ihrer Sitzreihe gedrängt.

Ein kleiner Trost, sie sitzt am Fenster! Gut, sagt sie sich, während sie sich an zwei Japanern vorbei zu ihrem Platz zwängt, sich in den schmalen Sitz sinken läßt und nach dem Sicherheitsgurt sucht, jetzt gibt es keinen Weg mehr zurück, jetzt mußt du durch!

Der Start durch die Wolkendecke hindurch berauscht sie. Gleißendes Sonnenlicht zerstreut alle Bedenken, die Erde ist unter gigantischen Wolkentürmen verschwunden.

Nina atmet auf, lehnt sich zurück. Hier will sie bleiben, hier ist es gut. Als erstes bestellt sie sich ein Glas Sekt, danach studiert sie die Zeitungsausschnitte über Jugendliche in Rio. Das zentrale Thema in diesem Zusammenhang ist Gewalt. Mehr als 8000 Morde in einem einzigen Jahr, liest sie in einer Statistik, 48 Raubüberfälle und 646 Diebstähle auf 100000 Einwohner. Ihr fehlen die Vergleiche zu anderen Großstädten, aber die Zahlen kommen ihr gewaltig vor. Und dann stößt sie auf eine andere Information: Innerhalb von zehn Jahren wurden 6100 Kinder ermordet. Sie versucht sich diese Zahl bildlich vorzustellen. Es gelingt ihr nicht. Sie liest von dem Massaker an der Candelaria-Kathedrale in Rio. 1993 hatten dort mehrere Männer das Feuer auf siebzig schlafende Kinder eröffnet. Angeblich waren drei Militärpolizisten dafür verantwortlich. Acht Kinder starben. Der nächste Artikel beschreibt die Rolle der Kinder als Handlanger der Drogenbarone. Werden die Kinder erwischt, werden sie auf offener Straße erschossen. Mitten ins Gesicht, zur Abschreckung.

Nina schließt die Augen und versucht in Gedanken eine klare Linie für ihren Film zu finden. Die beschriebenen tatsächlichen Fälle von Gewalt, Folter und Mord verdrängen in ihrem Bewußtsein das Bild vom tanzenden, durchtrainierten und gebräunten jugendlichen Luxuskörper. Sie hat sich einige Namen von Personen herausgeschrieben, Namen von Drahtziehern, tatenlos zuschauenden Politikern, mitschuldigen Polizeiorganen und von Mitgliedern verschiedener Hilfsorganisationen.

Schließlich denkt Nina über Rollnitz nach. Keine Ahnung, wen oder was der organisiert hat. Irgendwie fühlt sie aber, daß er von diesem Elend und dem Unrecht nichts wissen will, sondern lieber eine heile Welt vorführt. Es hat sie stutzig gemacht, daß er gestern seine Unterlagen partout nicht nach Deutschland faxen wollte und beteuerte, sie hätten nach ihrer Ankunft noch genügend Zeit, alles zu koordinieren. Was sagte er noch wörtlich: »Schließlich habe ich ja bereits alles geregelt!«

Dieses penetrante Gockelgehabe geht ihr schon jetzt auf den Nerv. Wahrscheinlich auch wieder so einer, der alle Fäden ziehen will. Und zwar in alle Richtungen. Überall groß rauskommen. Bei den Senderbossen in Deutschland und bei den Machthabern in Brasilien.

Nina gähnt. Eine gefährliche Mischung. Und vor allem wird er versuchen, sich über dich hinwegzusetzen, sein eigenes Süppchen zu kochen! Also, Augen auf, altes Mädchen! Sie prostet sich zu und bestellt an den Japanern vorbei noch ein Glas Sekt.

Ihr Nachbar nickt Nina freundlich zu: »First time in Brazil?«

Nimmt denn sein Lächeln nie ein Ende? Sagt sie jetzt ja, wird er sie in ein spannendes Gespräch über lohnende Fotomotive verwickeln, sagt sie nein, wird er wissen wollen, welche Sehenswürdigkeiten sie schon fotografiert hat. Nina schaut ihn entschuldigend an und antwortet auf französisch: »Presque!«

»Fast?« fragt der zweite Sitznachbar ungläubig und schüttelt verständnislos lächelnd den Kopf: »How presque?«

Italienisch kann sie nicht. Russisch auch nicht. Deutsch kann er offenbar! »Das soll heißen, daß ich mit dem Finger auf dem Globus dort war!«

Beide brechen in helles Gelächter aus. Nina hat keine Ahnung, was daran so witzig ist, vielleicht haben die beiden sie ja auch mißverstanden.

Heftiges Nicken. »Ja, ja!« Ihre Blicke heften sich unübersehbar auf ihre Oberweite. »Ja, ja!« Sie lachen unentwegt.

»Rund wie Globus!« gluckst der eine und sticht mit seinem Finger mehrmals in die Luft, was für Nina bedrohlich nach einer Expedition in Richtung ihrer Halbkugeln aussieht. Hat Globus in Japan eine andere, zweite Bedeutung? Will er jetzt etwa auf ihrem Globus Brasilien suchen? Sie will gerade heftig reagieren, da serviert der Steward das bestellte Glas Sekt. Die Unterbrechung kühlt die beiden Herren ab, sie beginnen sich leise zu unterhalten. Nina nimmt einen großen Schluck und hört zu. Wahrscheinlich hecken sie japanische Schweinereien aus, denkt sie. Oder koreanische. Könnten aber auch taiwanesische sein.

Irgendwann schließt sie die Augen und läßt ihre Gedanken treiben. Eine Weile denkt sie noch über Brasilien nach, dann schieben sich andere, längst vergangene Bilder vor ihr geistiges Auge. Sie sieht die private Rundfunkstation wieder vor sich, bei der sie sich direkt nach dem Abitur beworben hat. Damals galten die privaten Radiomacher als Pioniere in der althergebrachten, festgefügten und verkrusteten Rundfunklandschaft. Ihre Bewerbung war ein Versuchsballon ohne rechten Glauben an den Erfolg. Was konnte sie einem solch jungen Medienbereich schon bieten? Nina erinnert sich noch genau an ihre Gefühle, als sie tatsächlich angenommen wurde und sogar einen Ausbildungsvertrag über zwei Jahre unterschrieb. Sie jubilierte vor Glück und Stolz, dachte, dies sei der Zenit, das Größte überhaupt. Danach würde nur noch der märchenhafte Aufstieg zur Radioprominenz kommen können.

Doch der Sender stand auf wackeligen Füßen. Die Geschäftsführer hatten vom Radiogeschäft nicht sehr viel mehr Ahnung als sie. Die guten, erfahrenen Leute suchten sich bald was anderes. Anfangs war sie darüber nicht unglücklich, denn so konnte sie bald an allen Hebeln sitzen. Mit ihrem Aufnahmegerät war sie ständig auf Streifzügen, schnitt ihre Beiträge selbst, bastelte Reportagen, Features, Kommentare. Sie fand alles toll, bis sie sich nach den zwei Jahren mit ihrem selbsterkämpften Know-how auf dem Medienmarkt umsah. Da mußte sie feststellen, daß sie kein anerkanntes Volontariat hinter sich hatte. Eigentlich war sie nichts. Keine Journalistin, keine Redakteurin. Ein Wesen, das man bei Bewerbungen milde belächelte. Die arme Kleine. Sie blieb bei ihrem Sender, bis er nach einem Jahr vollends auf Musikprogramm umschaltete. Da war sie dreiundzwanzig. Und noch immer nichts. Schließlich ließ sich ein Anzeigenblatt erweichen. Es folgte die harte Schule der Karnickelzüchter, Musikvereine, Sportvereine. Und dann Gemeinderatssitzungen, Karnevalssitzungen, Treffen der Jungunternehmer. Am Ende hatte sie kapiert, wie dumm sie vorher gewesen war, daß sie jetzt aber den Stein der Weisen in der Tasche hatte. Trotzdem konnte sie noch immer kein richtiges Volontariat vorweisen. Dafür aber ein beachtliches Telefonregister mit den Geheimnummern der örtlichen Prominenz und eine Menge Bekannte aus allen Sparten des Gemeindelebens. Jeden Abend war sie unterwegs, beruflich und privat. Sie war die favorisierte Schreiberin, wurde zu jeder Veranstaltung eingeladen, zu jeder Privatparty.

Als der erste Erfolgsrausch vorbei war, bewarb sie sich bei allen möglichen Tageszeitungen, Illustrierten und Fachblättern in Deutschland. Außerdem bei allen öffentlich-rechtlichen Rundfunkanstalten. Und allen Fernsehsendern. Wochenlang schrieb sie Bewerbungen, gab ein Vermögen für Briefmarken aus und las wochenlang Absagen. Wenn überhaupt. Viele ignorierten sie einfach. Irgendwann sank ihr Mut. Sie war vierundzwanzig und haderte mit ihrem Schicksal. Ihre Mutter riet ihr zu einem Studium. Aber da bot ihr die Tageszeitung, der ihr Anzeigenblatt angehörte, aus heiterem Himmel ein ordentliches Volontariat an. Sie griff zu und war mit sechsundzwanzig endlich Redakteurin. Mit siebenundzwanzig brach dann Sven über sie herein. Er befreite sie aus der sicheren, gut bezahlten Stellung in der Provinz und brachte sie als freie Mitarbeiterin eines Privatsenders nach Köln. Alle ihre Wünsche gingen in Erfüllung. Köln! Fernsehen! Ein Traum von einem Mann! Mit einem Traum von einer Wohnung! Und einen tollen Wagen fuhr er obendrein. Kurzum, der perfekte Schwiegersohn für ihre Mutter! Selbst ihr Vater war gewillt, mit seiner Tochter und ihrem neuen Freund zu Abend zu essen. Und Nina pflegte sich plötzlich. Legte Wert auf gutes Aussehen, stieg vom Journalisten-Nonchalance-Look um auf Journalistin von Welt, vorzugsweise in Schwarz. Sie färbte sich ihre dunkelbraunen Haare kohlrabenschwarz, ließ sich aus kreuznormal schulterlang einen Pagenschnitt schneiden und kaufte sich zwei Paar schwarze Schuhe mit Blockabsatz. Und gehörte fortan dazu, zur Gilde der neuen Medienmacher in Deutschland!

Nina zwirbelt an einer Strähne ihres teuren Haarschnitts und bestellt sich noch ein Glas Sekt.

Sie seufzt. Aber nicht jeder war von ihrer Radikalveränderung begeistert. In ihrer Heimatgemeinde, eine halbe Stunde von Köln entfernt, hielten sie sie für ziemlich abgedreht, und ihre Busenfreundin Karin hat ihr vorgeworfen, sie würde eine Rolle spielen, sich selbst verleugnen. Außerdem passe Sven nicht zu ihr. Der sei doch nur auf Show aus. Oberflächlich und geltungsbedürftig.

Und sie, Nina, mit jetzt fast dreißig? Sie fand den Wechsel gut. Eine weitere Zwischenstation in ihrem Leben. Die wirklich großen Dinge kommen erst noch.

Mit einem entspannten Lächeln schläft sie ein.

In Rio empfängt sie Bernd Rollnitz. Er trägt ein buntes Seidenhemd, ist braungebrannt, auch auf seinem kahlen Schädel. Kein einziges Kopfhaar, das verriete, ob er ehemals dunkelhaarig oder blond war. Die stechenden blauen Augen und die buschigen, aschfarbenen Brauen lassen Nina allerdings auf blond tippen. Er wirkt aufgeschwemmt, und das erstaunt Nina. In ihrer Vorstellung stand in Rio die Körperkultur an erster Stelle. Bei Bernd ist es wohl eher der Alkohol. Und er wirkt auch nicht wie der dominante Macher, den Nina erwartet hat, sondern wie ein dienstbarer Mitläufer. Keiner, der ihr die Führungsrolle streitig machen wird, aber auch nicht gerade ein fester Rückhalt in brenzligen Situationen.

Sie beobachtet, wie ihr Gepäck in einen Bus verladen wird. Kisten um Kisten, Koffer um Koffer. Es gibt keine brenzligen Situationen, denkt Nina, einen Film über Jugendliche in Brasilien kriegst du allemal zusammen! Mit oder ohne Bernd Rollnitz.

»Können wir uns im Hotel dann gleich mal zusammensetzen?« fragt Leo beim Einsteigen.

»Klar, das wird das beste sein.« Nina nickt und denkt, jetzt schlägt dir die Stunde. »Wann kommt der Regisseur eigentlich?« fragt sie Bernd, der sich mit einem großen Taschentuch über die Glatze wischt.

»Mit einer späteren Maschine. Ich zeige euch jetzt erst mal das Hotel!«

Das ist Nina recht, denn es ist feuchtheiß, und unter ihrem schwarzen Anzug kündigt sich bereits ein Sturzbach an. Im Bus ist es dagegen so kühl, daß ihr der nasse Schweiß kalt am Rücken klebt. Du wolltest es nicht anders, sagt sie sich und schaut aus dem Fenster. Rio de Janeiro! Sie fahren auf hohen Stelzen auf der Linha Vermelha, der Straße, die eigens für den Umweltgipfel der Vereinten Nationen 1992 gebaut wurde. Nina hat im Flugzeug darüber gelesen, weiß, das es eine Art Kosmetik war, um stinkende Kanäle und Elendsviertel elegant darunter verschwinden zu lassen. Trotzdem ist sie beeindruckt, als sie in der Postkartenwelt der Lagoa ankommt und die weiße Christusfigur auf dem Corcovado sieht. Und den Zuckerhut. Sie kann es noch gar nicht fassen, daß sie das tatsächlich mit eigenen Augen sieht! Es ist wie in einem Reiseprospekt!

Dann fährt der Bus am endlos breiten, himmlisch hellen Strand entlang und biegt schließlich in eine der abgehenden Straßen ein.

»Jetzt bin ich aber gespannt«, sagt Nina zu Tom, dem Tonmann, der neben ihr sitzt.

Er sagt eine Weile nichts, bis er beim Anblick einiger Transvestiten am Straßenrand brummelt. »Ja, da bin ich auch gespannt.«

Der Bus hält. Nina und Tom schauen sich erstaunt an. Ein Hotel ist auf den ersten Blick nicht zu erkennen. Das Gebäude vor ihnen sieht eher wie eine heruntergekommene Mietskaserne aus. Eine dunkle Passage mündet in eine Glastür mit zahlreichen Klingelschildern. In die vordere linke Hausecke zwängt sich eine schmuddelige kleine Kneipe, abgerissene Veranstaltungsplakate schmücken die blinden Fensterscheiben.

Die Bustür öffnet sich langsam.

Bernd Rollnitz erhebt sich schwerfällig und dreht sich zu den ungläubigen Gesichtern um. »Nicht ganz so luxuriös«, entschuldigt er sich, »aber Low Budget – ihr wißt schon!«

»So low kann ein Budget überhaupt nicht sein!« Leo schaut Nina anklagend an. Will er jetzt sie dafür verantwortlich machen?

»Ich bin nicht die Produktionsleitung! Ich hatte keine Ahnung!«

Sie rutscht aus der abgewetzten roten Kunstlederbank heraus.

»Was nicht gerade für dich spricht!« Leo schnappt seine Kamera, die er während der Fahrt wie ein Baby behutsam auf dem Schoß gehalten hat, und springt aus dem Bus.

Es ist eine echte Absteige, in die Bernd sie so selbstbewußt führt, als sei dies das Natürlichste auf der Welt. »Da habt ihr's nicht so weit«, flüstert er, als er Nina an der Rezeption außer Hörweite wähnt. Keiner geht darauf ein.

Leo drückt auf den Liftknopf. »Kommt ihr gleich mit?«

»Nein, wir müssen erst mal alle Kisten aus dem Bus holen!« entgegnet Herbert.

Nina muß lachen. »Glaubt ihr allen Ernstes, die seien in diesem Etablissement hier sicherer als im Wagen?«

»Wenn wir drauf schlafen, schon!«

»Na, dann viel Spaß!«

Der Lift hält, bietet aber höchstens drei Personen ohne Gepäck Platz.

»Wir sehen uns später«, Nina geht an den verdutzten Männern vorbei hinein und drückt auf den Knopf für die dritte Etage.

Eine einsame Glühbirne erhellt den Flur, Nina schleppt ihren Koffer vor die Zimmertür mit der aufgemalten 34. Sie schließt auf, tappt mit geschlossenen Augen hinein, um das Elend nicht sofort sehen zu müssen. Mein Gott, wenn dich jemand so sieht, denkt sie dabei, die nehmen dich nie mehr für voll! Dann blinzelt sie vorsichtig durch den linken Wimpernrand. Ein Schlauch von einem Zimmer, soviel ist zu erkennen. Sie öffnet die Augen. Du lieber Himmel. Das wäre das Fegefeuer für Sven! Hier könnte er seine Sünden büßen! Ein heruntergekommener, ehemals weiß gekalkter Raum mit undefinierbarem Teppichboden, einem alten Schrank und kräftig durchgearbeitetem Bett. Die halb heruntergelassenen Rolläden tauchen Gott sei Dank alles in ein freundliches Halbdunkel. Grelles Tageslicht wäre auch zu störend für die empfindsamen Kakerlaken. Eine huscht direkt vor Ninas Füßen quer durch den Raum. Nina weicht instinktiv einen Schritt zurück. Hätte sich das Tierchen nicht bewegt, wäre sie sicherlich draufgetreten. Denn auszumachen ist es auf dem grauschwarzen Boden kaum. Wie groß wohl die Familie dieses Tierchens sein mag? Das hält sie nicht aus! Sie will ein anderes Zimmer. Auf dem Weg zur Rezeption überlegt sie krampfhaft, was Kakerlake auf englisch heißt. Ob ein anderes Zimmer überhaupt etwas nützt?

Vor dem Lift trifft sie auf Tom. Sie fragt ihn, ob er auch Kakerlaken in seinem Zimmer habe.

»Keine Ahnung«, entgegnet er und zuckt gleichgültig seine breiten Schultern. »Aber könnte schon sein, jetzt wo du es sagst.« Er hebt den rechten Fuß. Platt klebt eine schwarze Schabe mit ausgestreckten Beinen an der Ledersohle. »Oh, entschuldige«, sagt er und stapft unverdrossen in den Lift. Nina ist sich nicht sicher, ob die Entschuldigung ihr oder dem Insekt galt.

»Macht dir das nichts aus?« fragt sie, während sich der Lift schüttelnd in Bewegung setzt.

»Was?« Tom schaut sie fragend an. Anscheinend hat er es schon wieder vergessen. »Ach das. Damit muß man leben!«

Der Lift hält mit einem Ruck, Tom geht zum Getränkeautomaten. »Du auch?« Nina würde schon gern, aber sie muß erst noch Geld wechseln. Sie schüttelt verneinend den Kopf und drückt wieder auf die dritte Etage. Es hätte keinen Sinn, hysterisch zu werden. Sie betrachtet den Fußboden. Toms toter Passagier hat auf dem Linoleum ein Andenken hinterlassen.

Kaum hat sie den Koffer auf die geblümte Tagesdecke gelegt und geöffnet, da klopft es. Es ist Leo. »He, gemütlich bei dir!« Er sieht sich bewundernd um.

»Ja, danke, bei meiner verantwortungsvollen Aufgabe benötigt man einfach ein bißchen Komfort!« Nina klappt den Kofferdeckel wieder zu. Sie hat nicht vor, hier etwas auszupacken.

»Hast du 'ne Minute Zeit? Wir sollten uns mit deinem Kontaktmann mal über den Dreh unterhalten. Wegen des Materials und so!« sagt Leo. Es wäre eigentlich ihre Aufgabe gewesen, die Leute zusammenzutrommeln. Aber Leo scheint kein Problem mit irgendwelchen Kompetenzen zu haben. »Warum Frauen bloß immer die besten Zimmer bekommen?« knurrt er beim Hinausgehen.

»Wie bitte?!« Nina schließt die Tür sorgfältig hinter sich ab.

»Tatsache! Du kannst mich gern besuchen und dir mein Schlafgemach mal anschauen!« Nina beäugt ihn mißtrauisch. Aber Leo scheint tatsächlich keine Hintergedanken zu haben. Man stelle sich vor: Seinetwegen wollte Sven sie nicht fliegen lassen. Darüber muß sie jetzt fast lachen. Der hat ja keine Ahnung von Männern, denkt sie sarkastisch. Selbst im engen Aufzug verhält sich Leo äußerst zurückhaltend.

Bernd Rollnitz wartet bereits vor einem Getränk in einer Ecke des Cafés. »Wenn ihr Geld tauschen müßt...?« Er nickt in Richtung Tresen. »Der Kurs ist hier besser als bei der Bank!«

Nina wechselt hundert Mark und kommt sich dabei vor wie in einer illegalen Spielhölle. Gleich würde der Laden durch eine Spezialeinheit gestürmt werden.

Aber alles um sie herum wirkt wenig temperamentvoll. Eher träge, auf Zeitlupentempo reduziert. Der Brasilianer an der Bar schiebt ihr einige abgegriffene Scheine in verschiedenen Größen hin. Dazu spannt er kurz seine Brustmuskeln unterm weißen Unterhemd und flüstert ihr etwas zu, das Nina nicht versteht, aber trotzdem höflich lächelt. Schnell setzt sie sich zu Bernd und Tom.

»Keine Angst, er betrügt nicht. Er kennt mich«, nuschelt Bernd. Kann er Gedanken lesen? Wahrscheinlich kassiert er Provision.

»Was trinken Sie denn da?« Nina mustert das dicke Wasserglas mit der hellen Flüssigkeit, dem gestampften Eis und den

Limonen. Sieht gesund aus. Nach Zitronensaft. Sicherlich ein Mittel gegen die Hitze.

»Caipirinha. Wollen Sie mal kosten?« Er schiebt ihr das Glas hin, sie betrachtet den Strohhalm, den er eben noch in seinem fleischigen Mund hatte.

»Nein, danke. Ich bestelle mir das gleiche!«

Leo grinst breit, und Bernd ruft etwas auf portugiesisch.

Nina fragt nach dem Regisseur. Keiner aus der Gruppe habe schon mit ihm zusammengearbeitet, erklärt Leo, aber er sei wohl ein Spezialist für schnelle Schüsse.

Nina fragt sich laut, wozu sie überhaupt einen Regisseur brauchten. Bisher habe sie ihre Filme immer selbst gedreht.

Leo verdreht demonstrativ die Augen. »Filmchen, meine Süße. Filmchen. Wir sprechen hier von einer Reportage von zwanzig Minuten Länge. Nicht zwei Minuten. Das ist wie mit den Zentimetern. Die Länge macht's!«

Ninas Schlagfertigkeit fällt einem ersten, tiefen Schluck aus ihrem Glas zum Opfer. »Was ist denn das?« keucht sie.

»Caipirinha«, erklärt Bernd nachsichtig, »ist das brasilianische Nationalgetränk.«

»Ich dachte, es sei Zitronensaft!«

»Ist es ja auch. Zu einem Teil zumindest. Und nicht Zitronen, sondern Limonen!«

»Und der Rest?«

»Zuckerrohrschnaps, *cachaca*!«

»Du meine Güte! Und das am hellichten Tag.«

Nina erspart sich jedes weitere Wort zu diesem Thema. Sie bestellt sich eine Cola, das ist international, und dabei kann nichts schiefgehen. Sie hätte zwar lieber ein Mineralwasser getrunken, aber noch ein Experiment muß vor den anderen auch nicht sein.

Bernd hat seinen Terminplan dabei. Für heute nacht sind Aufnahmen in einer Sambaschule vorgesehen. Also steht heile Welt auf dem Programm, ganz wie Nina sich das gedacht hat.

Oder hat es einen anderen Hintergrund? Einen, den sie nicht kennt? Gibt es in der Sambaschule einen Verbindungsmann, eine Organisation, irgend etwas anderes als nur Tanz und Folklore? Soll sie eine weitere Blamage riskieren und Bernd fragen? Nina zieht ihr Glas heran und nuckelt ein bißchen an ihrem Strohhalm.

Sie schaut in Bernds feistes Gesicht, das gibt den Ausschlag. Sie wird warten. Sinn und Zweck der verschiedenen Drehorte hat Sarah garantiert mit dem Regisseur besprochen. Wenn er am Nachmittag eintrifft, reicht das noch allemal für eine genaue Absprache. Nina lehnt sich zurück und grinst. Man muß sich nur anpassen. Anderes Land, anderer Rhythmus. Langsam, langsam, keine Hektik. Brasilien beginnt entspannend auf sie zu wirken. Oder ist es die Caipirinha? Am liebsten würde sie sich jetzt einen Mittagsschlaf gönnen – trotz ihrer Haustierchen. Nina stochert mit dem Strohhalm in der Cola und nimmt noch einen Schluck. Sie wird heute nach den Dreharbeiten eine Caipirinha ausprobieren. Vielleicht versöhnt sie ein solcher Schlummertrunk ja mit ihrer krabbelnden Umgebung. Aus den Augenwinkeln beobachtet sie, wie Bernd nachbestellt. Es muß in der kurzen Zeit sein viertes, wenn nicht gar fünftes Glas sein. Ob er direkt in der Kakerlakenzentrale wohnt? Als König der Schaben und Kerbtiere?

Auf dem Weg in ihr Zimmer verlangt sie an der Rezeption nach dem Telefon und versucht noch einmal Sarah zu erreichen.

In der Redaktion ist nur noch Elke. »Wie vom Erdboden verschwunden«, sagt sie. »Wieso? Gibt's Probleme?«

»Probleme? Nein, überhaupt nicht!«

Bloß keine Probleme! Probleme signalisieren, daß man alleine nicht klarkommt. Nina hinterläßt ihre Telefonnummer und versucht dann Sven zu erreichen. Zu Hause springt der Anrufbeantworter an. Sie schildert kurz die Lage und legt auf.

Diesmal nimmt sie die Treppen. Das baut den Alkohol schneller ab, den sie trotz des winzigen Schlückchens spürt. In ihrem Zimmer schaut sie sich mit Bernds Unterlagen unter dem Arm skeptisch um. Nein, hier kann sie die nicht durcharbeiten, dazu graust es ihr zu sehr. Aber bevor der Regissseur eintrifft, will sie wenigstens wissen, worüber sie spricht. Zunächst einmal muß sie sich dringend umziehen. Der schwarze Anzug ist völlig fehl am Platz.

Sie hat eben, mit vorsichtigen Blicken auf den Fußboden, eine kurze, alte Jeans und ein T-Shirt übergestreift, da klopft es. Es ist Leo.

»Schreibst du für uns mal so 'ne Art Dispo, damit wir ungefähr wissen, wo's die nächsten Tage langgeht?«

»Ich muß mich erst selbst mal durch Bernds Material kämpfen und einen Überblick kriegen. Aber ich wollte gleich damit anfangen!«

»Gleich geht nicht – der Regisseur ist da. Heißt übrigens Nic Naumann. Er will dich im Frühstücksraum sprechen!« Sagt Leo, und damit ist er weg.

Nina fährt sich kurz mit den Fingern durch die Haare. Jetzt muß sie auftreten wie eine Frau von Welt. Bloß keine Unsicherheit anmerken lassen, sie hat alles fest im Griff. Wie immer.

Sie klemmt ihre Papiere unter den Arm und geht nach unten. Schwungvoll öffnet sie die dunkelbraune Lacktür zum Frühstücksraum, setzt ein selbstsicheres Lächeln auf. Aber es erstirbt ihr sofort, ihr Herz schlägt schneller, ihr Adrenalinspiegel steigt, ihr Kopf wird heiß.

Er ist schwarzhaarig, trägt die Gesichtszüge von Rock Hudson in seinen besten Jahren und die Figur von Kevin Costner. Da steht er, der Mann ihrer Träume. Nina schmilzt auf der Stelle dahin. Liebe auf den ersten Blick, denkt sie und schluckt. Wenn er jetzt nicht schwäbelt oder sächsisch spricht, dann macht sie ihm sofort einen Heiratsantrag.

Er mustert sie freundlich, aber distanziert. Nina spürt, wie ihre Selbstsicherheit vergeht. Er reagiert überhaupt nicht auf sie. Sie begrüßt ihn und betrachtet geistesabwesend sein weißes T-Shirt und die schwarze, lange Leinenhose. Warum hat sie sich bloß umgezogen! Klar, daß sie in ihren alten Klamotten keine gute Figur macht. Und sie hat noch nicht einmal in den Spiegel geschaut. Sicherlich hat sie Schweißspuren auf ihrem Make-up, die Wimperntusche ist verlaufen, ihre Haare sind verklebt – und das schlimmste, sie hat gut drei Kilo zuviel auf den Knochen! Scheiße!

Leo kommt herein. »Ich dachte, es ist das beste, wenn ich mich dazusetze. Dann kann das Chaos seinen Lauf nehmen!«

»Chaos?« fragt Nic verdutzt. Seine Stimme ist tief, samtweich.

Ein Panther, denkt Nina und seufzt.

»So schlimm?« fragt Nic sie, und Nina nickt schnell.

Nic weiß von überhaupt nichts. Noch nicht einmal, daß eigentlich eine Sarah das Projekt vorbereiten sollte. Nina fällt aus allen Wolken: Nic wurde von Sarah überhaupt nicht instruiert. Ihr schwirrt der Kopf, sie muß Farbe bekennen. Es gibt kein Drehbuch, noch nicht einmal ein Exposé. Es gibt nur ein Puzzle, zusammengesetzt aus Interviews mit Leuten, von denen Nina noch nie etwas gehört hat – das ist alles! Ein Dreh ins Blaue.

»Das kann ja heiter werden!« Nic lehnt sich in seinem Stuhl zurück, Leo schaut zur Decke, und Nina fühlt sich, typisch Frau, für den Schlamassel verantwortlich und schweigt schuldbewußt.

Spätabends kommt ein Bus, der sie zu der Sambaschule bringen soll. Als Nina erfährt, daß sie dazu in die Favelas, die Armenviertel von Rio, fahren müssen, ist sie freudig überrascht. Ganz so farblos, wie sie befürchtet hat, wird der Dreh also nicht werden. Gespannt, aber auch etwas beunruhigt, weil es nach Regen aussieht, steigt sie in den Bus ein.

Sie sind kaum zehn Minuten unterwegs, da fängt es an zu schütten, wie es nur in den Tropen gießen kann. Der Bus schlingert, bleibt zeitweise einfach stehen. Sturzbäche rauschen über die Straßen.

Nina verkriecht sich in ihren Laptop und schielt immer wieder zu Nic, der anscheinend ungerührt nach draußen starrt. Nina schaut auf ihre Armbanduhr. Schon fast elf. Um zehn wollten sie dort sein. Um Mitternacht packen die Tänzer alles zusammen.

Nina schaut schräg nach vorn zu Nic. Warum hat er sich nicht neben sie gesetzt? Sie hätten manches miteinander besprechen können!

Sie mustert ihn von Kopf bis Fuß. Er hat so eine zurückhaltende, fast aristokratische Ausstrahlung. Sie holt tief Luft. Dieses klassische, edle Profil. Eine gerade, ebenmäßige Nase, ein kräftiges Kinn. Das weist auf Durchsetzungsvermögen hin. Sagt ihre Mutter. Die hat sie stets vor fliehenden Kinnen und dünnen Lippen gewarnt. *Er* hat keine dünnen Lippen. Sie sind geschwungen, sinnlich.

Ob er verheiratet ist? Kinder hat? Sicher. Sie schätzt ihn auf Mitte Dreißig. Zumindest wird er eine Freundin haben. Ein blondes Klasseweib, groß, schlank, biegsam, intelligent, reich! Mist! Und sie sitzt da und träumt ihn sich zurecht!

Sie zieht die Beine hoch, umschlingt sie mit den Armen. Der Regen platscht vom Busdach am Fenster herunter, sie fühlt sich wie hinter einem Wasserfall.

Als sie endlich ankommen, ist es fast Mitternacht. So plötzlich, wie der Regen begonnen hat, hat er auch wieder aufgehört. Die Erde dampft, und der Lehmboden vor der Sambaschule hat sich in zähen Schlamm verwandelt. Nina und Nic balancieren vorsichtig über die ausgelegten schwimmenden Bohlen zum Toreingang, um die Lage zu inspizieren. Die Schule besteht eigentlich nur aus hohen gekalkten Mauern. Eine Art Vorhof zu einem kleinen, überdachten Gebäude, das sich längsseitig anschließt. Könnte auch ein Gefängnishof sein, überlegt Nina.

Frauen in weißen Rüschenkleidern tanzen zu ohrenbetäubenden Klängen. Ihre Röcke bauschen sich in der Bewegung, fächern sich in viele Unterröcke auf, wippen nach vorn und hinten, es wirkt wie ein grandioses Hochzeitsfest mit unzähligen ausgeflippten Bräuten. Ein weiß gekleideter Mann kommt auf sie zu, sagt etwas, aber es ist unmöglich, ihn zu verstehen. Gemeinsam gehen sie hinaus. Er versucht ihnen klarzumachen, daß die Tänzer gleich aufhören würden. Leider seien sie zu spät dran. Nina erklärt die Situation und beschwört ihn, eine halbe Stunde weiterzumachen. Sie spürt, wie Nic sie groß anschaut. Es ist ihr auch klar, daß in einer halben Stunde das Licht sicherlich noch nicht aufgebaut ist, aber irgendwo muß sie ja ansetzen. Ihr Gegenüber zuckt die Achseln und geht.

»Heißt das jetzt ja oder nein?« fragt Nina ratlos Nic, aber der zuckt auch nur die Achseln. Er schaut zum Bus, wo alle untätig herumstehen und nicht wissen, was sie nun tun sollen.

»Na, schön, gehen wir's an!« Nic gibt ihnen einen Wink, und Leo und die anderen beginnen die technische Ausrüstung auszupacken, im Nu umlagert von jungen Brasilianern. In der Zwischenzeit versuchen Nina und Nic, im Innenhof mit den Tänzern ins Gespräch zu kommen. Zwei schlanke junge Männer bringen zwei aufwendige Kostüme, fragen, ob sie die für die Dreharbeiten anziehen sollten. Nina ist begeistert. Wird aber lange dauern, deutet der eine an. Das ist Nina sehr recht, je länger, desto besser. Sie beobachtet, wie Herbert zusammen mit Gerd, dem Assistenten, Licht setzt, und ist froh darüber, daß sie so viel Material dabeihaben.

Da sieht sie, wie Leo durch die Menschenmenge rennt. Und Leo rennt nur dann, wenn die Apokalypse droht. Offensichtlich sucht er sie. Nina läuft ihm entgegen. »Der Bus ist weg!« schreit er. Das kann sie selbst durch den tosenden Lärm hindurch verstehen.

»Weg?«

»Weg! Mit der anderen Hälfte des Lichts drin. Und dem Generator. Keine Ahnung, was das soll!«

Nina stürzt wieder mit ihm hinaus. Der Bus ist weg. Tatsächlich. An seiner Stelle stehen Herbert und Gerd und spähen angestrengt die dunkle Straße hinab. Nina fragt die herumlungernden Jungen auf englisch, erntet aber nur Achselzucken.

»Das kann doch nicht sein, daß der einfach mit unserem Bus abhaut. So etwas gibt es doch nirgends!« Wütend und hilflos steht Leo mitten im Schlamm. »Scheißdreh, das! Ich hab's geahnt!«

»Was soll *ich* sagen! Ist schließlich *mein* Licht! Ohne Licht sind wir im Eimer. Da können wir genausogut wieder einpacken und heimgehen!« Herbert dreht sich zu Gerd um. »Du hast den Fahrer doch noch gesehen. Hat er nichts gesagt?«

»Er war im Bus, und ich stand draußen, und alle Türen waren schon zu. Was sollte er da noch sagen?«

»Wo ist eigentlich der Regisseur?« will Herbert dann wissen.

»Der nützt uns auch nichts. Die Redaktion soll sich was einfallen lassen!«

Die Redaktion ist sie, Nina. Sie schaut Leo an. Klar, daß das kommen mußte.

»Ich rufe mir ein Taxi und mache mich auf die Suche!« sagt sie schließlich.

»Ja!« wiehert Leo. »Ein Taxi. In dieser gottverlassenen Gegend könnte man nicht mal erfolgreich eine Polizeistreife rufen, selbst die trauen sich nicht allein her.«

»Tja – und jetzt?« Nina schaut im Kreis herum. Zwischen den Mauern tobt das Leben weiter. Anscheinend hat keiner was von ihren Schwierigkeiten bemerkt. »Ich frage mal diesen Typen, der uns vorhin begrüßt hat. Vielleicht hat der Busfahrer auch einfach nicht verstanden, daß wir noch nicht fertig waren!«

»Und ist nach Hause gefahren? Zum Pofen? Glänzender Gedanke!« Leo nickt.

»Vielleicht verkauft er unsere Lampen aber auch gerade meistbietend. Damit kann er sich dann absetzen!« Herbert kreuzt die Arme.

»Ja, am besten nach Brasilien«, schlägt Gerd vor.

Alle schauen ihn an.

»Sehr witzig!«

Nina dreht sich zum Gehen um: »Ich schau mich jetzt mal nach diesem Typen von vorhin um. Besser, als hier herumzustehen!«

»Da hat sie recht!« Das war Nic. Ninas Herz hüpft sofort vor Freude. Er ist auf ihrer Seite. Wie wunderbar. Von ihr aus kann der Bus zum Mond fliegen.

Während sie nach dem Brasilianer sucht, sieht sie, wie Leo und Nic mit der Kamera in der Menge der Tänzer eintauchen. Sie wollen es trotz allem versuchen. Leo verschwindet schier unter den rauschenden, schwingenden Röcken, wirbelt mit den Tänzern herum. Nic versucht sich mit ihm zu verständigen, versteht aber kaum sein eigenes Wort.

In diesem Moment stürmt Gerd dazwischen: »Der Bus!« Am Tor winkt Herbert aufgeregt. Alle laufen hinaus. Der Bus ist wieder da, halleluja!

Auf ihre aufgebrachte Frage, wo er denn gewesen sei, zuckt der Fahrer nur mit den Achseln: »Nix Problema!« sagt er, zieht eine zerknitterte Zigarette aus der Brusttasche und grinst.

»Aber jetzt Problema!« ruft Herbert, denn die Hydraulik des Gepäckraums klemmt. Der Busfahrer kommt mit einem Eisenhaken, zieht und zerrt, schlägt mit dem Fuß gegen das ohnehin zerbeulte Blech, geht in den Bus zurück, betätigt mehrmals den Schalter, was der Hydraulik hinter der Bodentür nur ein leises Knirschen entlockt.

»Versuchen wir's von der anderen Seite!« fällt Nina plötzlich ein.

»Schlaues Kerlchen!« grinst Tom.

Auf der anderen Seite aber gibt es keine Tür. Nina seufzt.

Tom hämmert mit der Faust gegen den Verschluß, da öffnet sich die Tür plötzlich knirschend einen kleinen Spalt. »Jippiihh!« schreit Tom und nimmt dem Fahrer die Eisenstange aus der Hand. Langsam schiebt er die schwere Tür nach oben. Dann kriecht er kopfüber hinein.

Die Verwüstung ist glücklicherweise nicht so groß wie befürchtet. Erleichtert laden die Männer die restliche Ausrüstung aus und tragen gerade den schweren Generator in den Innenhof, als ein Wagen vorfährt. Für die Gegend zu groß und zu dunkel. Neugierig dreht sich Nina nach ihm um. Wer wird um diese Zeit hier noch spazierenfahren?

Knapp neben ihr bleibt der Wagen stehen. Die Fahrertür schwingt auf: »Hallo, ich dachte, ich schaue mal, was die Arbeit macht!«

Bernd! Der hat gerade noch gefehlt!

»Ach, geht schon!« wehrt sie ab. Hoffentlich fährt er gleich weiter.

»Ich wollte euch nur eure Dolmetscherin vorstellen.« Er steigt aus.

»Unsere Dolmetscherin?« Verblüfft schaut Nina ihn an.

»Das war so ausgemacht, ja!« Keine schlechte Idee, denkt Nina, aber die hätten wir vorhin brauchen können.

»Wir kommen eben von einem Ball, konnten nicht früher«, sagt Bernd, als könnte er Gedanken lesen, und öffnet die Beifahrertür. »Ihr Vater ist Diplomat. Das ließ sich nicht absagen!«

Jetzt erst fällt Nina auf, daß Bernd im schwarzen Anzug dasteht. Wie er vorsichtig auf den Brettern jongliert, wirkt er wie von einem anderen Stern.

»Tut mir leid, ich muß zu den anderen!« Nina hat jetzt andere Sorgen und wendet sich ab.

»Ich möchte dem Team nur schnell Suzanna vorstellen. Ab morgen früh ist sie dann voll dabei.«

Zögernd bleibt Nina stehen. Die haben jetzt auch was anderes zu tun, als sich eine Suzanna anzuschauen, denkt Nina, aber dann trifft sie der Schlag. In einem kurzen, schwarzen Paillettenkleidchen kommt ein schlangenartiger Körper aus dem Wagen hervor. Die Pailletten glänzen im Licht, ebenso wie die langen tiefschwarzen Haare, selbst die hohen Pumps, in denen unendlich lange Beine stecken, schimmern im Licht. Suzanna lacht freundlich und streckt Nina offen die Hand hin. Wenn Nic sie sieht, ist Ninas erster Gedanke, kann sie sich daneben nur noch entmaterialisieren. Nur gut, daß diese Nixe nicht den Bruchteil einer Chance hat, mit ihren Hacken über den Schlamm zu Nic zu kommen. Beruhigt schüttelt sie ihr freundschaftlich die Hand. Damit hat es sich also für heute nacht! Aber sie hat nicht mit Bernds Einsatzbereitschaft gerechnet. Mit einer einzigen Bewegung nimmt er Suzanna ganz locker auf die Arme und trägt sie bis zum Eingang. Dort stellt er sie vorsichtig, als sei sie ein zerbrechliches Püppchen, wieder auf ihre zierlichen Füße.

Nina stapft an ihnen vorbei und geht auf die Treppe. Von dort aus hat sie den Überblick.

Der Innenhof ist grell beleuchtet, vier Tausend-Watt-Scheinwerfer und einige kleinere Lichtquellen verwandeln den einfachen Hof in eine Bühne, die Tänzer in wirbelnde Schauspieler. Die Stimmung ist ausgelassen, vor der Kamera treiben alle ihre Körper bis zum Äußersten.

Nic führt Leo an der Hüfte durch das Gewühl. So muß Leo nicht auf Hindernisse achten, sondern kann sich voll auf seine Einstellung konzentrieren. Das sieht schon mal ganz gut aus, nickt Nina anerkennend. Zwei Profis unter sich. Die beiden werden keinen Sinn für Unterbrechungen haben. Aber da sieht sie, wie sich Bernd und Suzanna wie zwei schwarze Fremdkörper einen Weg durch die weißen Kostüme bahnen. Das wird Leo freuen, wenn er die zwei vor die Linse bekommt. Hämisch grinsend wartet Nina auf den Eklat. Aber so unerfahren ist Bernd zu Ninas Leidwesen auch nicht. Er bleibt im Hintergrund, bis sich Nic und Leo aufrichten und Leo die Kamera absetzt. Dann schießt er mit Suzanna vor. Leo hat kaum einen Blick für sie übrig, sie stört ihn nur in seiner Konzentration, das ist gut zu sehen. Aber Nic! Er findet sogar Zeit, sie anzulächeln. Bewundernde, anerkennende Blicke, kein Zweifel. Da nützt es auch nichts, daß sich die beiden gleich wieder verabschieden. Es ist schon passiert, das erkennt Nina an der Art, wie Nic Suzanna hinterherschaut.

KRISE

Am nächsten Tag hält das Team eine Krisensitzung ab. Früh morgens waren alle übermüdet aus den Betten geklettert, weil Bernd einen wichtigen Interviewtermin vereinbart hatte, der sich allerdings als unbrauchbare Touristenführung herausstellte. »Hier kann das Menschenauge schwelgen«, »die schönste Stadt der Welt, eine Metropole zwischen Tropenwald und Ozean!« Was soll ein Fremdenverkehrsdirektor auch anderes tun, als seine Stadt zu loben? Für Nina war es nur auszuhalten, weil er gut Deutsch sprach und eine Dolmetscherin überflüssig war. Alle anderen waren sauer.

»Soll das jetzt etwa so weitergehen?« fragte Leo. »Lauter Mist im Kasten, keinen Schlaf in der Birne und Wanzen im Bett! Noch so einen Höhepunkt, und ich reise ab! Gibt's wenigstens was Anständiges zu essen?«

Zu dritt sitzen sie in Leos Zimmer, Nic, Leo und Nina. Es ist wirklich noch eine Spur schäbiger als Ninas, sie hätte es nicht für möglich gehalten. Und gern hätte sie auch auf diese Erfahrung verzichtet, denn viel lieber hätte sie die Besprechung bei Nic abgehalten. Sehen, wie er wohnt, schnuppern, wie er riecht, fühlen, wo er schläft. Statt dessen sitzt sie nun im Wanzennest von Leo!

Nic zeigt sich erstaunlich locker. Er habe den Auftrag sowieso nur wegen Brasiliens Sonne angenommen. Sicherlich nicht wegen der paar Pfennige. Ein echter Novemberjob eben.

»Bloß nachher stehen unsere Namen darunter, und die Umstände kennt keiner mehr«, wirft Nina ein.

»Interessiert doch sowieso keinen!« Leo zuckt abschätzig die Schultern.

»Wenn das so ist, können wir den Fremdenverkehrsfuzzi genausogut die zwanzig Minuten durchquatschen lassen, und fertig ist der Film!« Nina sieht ihre Ehre als Journalistin bedroht. »Wollen wir jetzt einen anständigen Film oder nicht?«

»Nervensäge!« Leo öffnet an der Tischkante eine Flasche Bier.

Nic lächelt sie an: »Schlag was vor!«

Sofort wirbelt es in Ninas Kopf, tausend Gedanken schießen ihr durchs Hirn. Sie heißen aber alle nur: Ich liebe dich, ich liebe dich, ich liebe dich. »Ähm«, sammelt sie sich und legt dann los. Sie schlägt vor, nicht mehr auf Bernd zu hören, sondern selbst zu recherchieren und auf eigene Faust Drehorte zu suchen, Interviewtermine zu machen.

Leo stimmt zu, und Nic hat die Idee einer nächtlichen Taxifahrt in die Armenviertel. Wenn schon Recherche, dann bitte nicht am grünen Tisch, sondern mitten vor Ort. Die Begeisterung für den neuen Plan erfaßt alle drei, und sie wollen ihn noch am selben Tag in die Tat umsetzen. Nina ist begeistert. Und Leo meint, das sei schon deshalb gut, weil er dann am Nachmittag endlich mal mit seinen Wanzen kuscheln könnte.

Zum verabredeten Zeitpunkt am frühen Abend ist dann überraschend noch eine vierte Person mit von der Partie: Suzanna. Sie könne nicht nur als Dolmetscherin nützlich sein, sondern auch, weil sie sich schließlich als einzige in Rio auskenne, erklärt Nic und weist Nina den Beifahrersitz zu, eine Ehre, die Nina nicht zu schätzen weiß, denn auf diese Weise sitzt die dunkelhäutige Schönheit in ihrem atemberaubenden kurzen Kleid gut gelaunt zwischen Leo und Nic auf der Rückbank.

»Wie seid ihr jetzt auf die Idee gekommen?« fragt Nina säuerlich.

»Bernd war vorhin kurz im Hotel, und ich habe ihm von unserem Vorhaben erzählt. Er hat uns netterweise Suzannas Begleitung angeboten.« Kleiner Seitenblick zu Suzanna, der Nina nicht entgeht.

Klar, toller Deal, denkt sie. Da kennt er jeden Schritt, den wir tun. So blöd kann Nic doch gar nicht sein. »Und wo ist unser Korrespondent jetzt?« fragt sie.

»Soviel ich weiß, auf einer Party«, antwortet Suzanna beschwingt und zeigt lachend ihre weißen Zähne.

Wahrscheinlich auf einer Party der High-Society, überlegt Nina und macht sich ihren Reim darauf, warum ihr Kontaktmann sie mit Leuten vom Fremdenverkehrsamt abspeisen will. Als nächsten höchst aussagekräftigen Interviewpartner hat er wahrscheinlich Suzannas Papi, den Herrn Diplomaten, in petto.

Es grummelt und arbeitet in ihr, und sie kann sich nur mit Mühe auf ihre Aufgabe konzentrieren. Der Taxifahrer macht es ihr nicht leichter. Klein und dick klemmt er unter seinem Lenkrad und schmatzt unentwegt und unüberhörbar laut auf einem Kaugummi herum. Am liebsten hätte sie den Wagen gewechselt und wäre allein weitergefahren. Sollen sie mit diesem wiederkäuenden Taxivieh und ihrer so bezaubernden Zimtzicke doch glücklich werden!

Plötzlich aber ändert sich die Umgebung, der Taxifahrer kaut weniger hektisch, eher vorsichtig, langsam, angespannt. Nina schaut aufmerksam hinaus. Die Straßen sind dunkel, eng und bestehen nur aus Schlaglöchern. Der Müll stapelt sich am Straßenrand.

Auch Nic sieht gespannt aus dem Wagenfenster: »Vielleicht sollte man versuchen, von dieser Gegend und der Stimmung hier etwas einzufangen. Kannst du dem Taxifahrer sagen, daß er hier anhalten soll, Suzanna?«

»Das wird er nicht tun!« Ihre volle, warme Stimme klingt entschieden. »Er hängt an seinem Leben. Und an seinem Taxi!«

Nina schaut hinaus. »Aber da ist doch gar nichts!«

»Hat er deshalb diese komische Zentralverriegelung betätigt?« fragt Leo. Das ist Nina auch aufgefallen. Ein Netz von Drähten verbindet die Knöpfe an den Innenseiten der Türen seines uralten Mercedes. Vorhin, als sie die breiten, beleuchteten Avenidas verließen und an der ersten Ampel in einem menschenleeren Viertel standen, zog er kurz und kräftig an einem der Verbindungskabel, und alle Verriegelungen schnappten zu.

»Genau deshalb. Damit niemand die Türen öffnen kann, wenn wir anhalten müssen. Es ist einfach zu gefährlich hier«, bestätigt Suzanna Leo.

»Wieso nehme ich meine Kamera dann überhaupt mit?« mault er.

»Du kommst schon noch zum Filmen. Der Taxifahrer weiß, was wir suchen.« Sie zögert kurz. »Er wird dafür allerdings ein kleines Dankeschön erwarten.«

Das ist an Nina gerichtet, denn sie verwaltet die Kasse. Klar, war abzusehen, denkt sie. Aber wieviel ist ein kleines Dankeschön? Sie wird erst einmal abwarten, was passiert.

An einem großen Platz voller vergangener alter Pracht hält der Fahrer an, erklärt auf englisch, daß er gleich zurück sei, und steigt aus. Nina sieht ihm nach und betrachtet dann die Umgebung genauer. Abgewetzte Pflastersteine glänzen im Licht einer einsamen Straßenlaterne, die aussieht wie ein Relikt aus den längst vergangenen Jahren des Kaiserreichs. Und auch die Häuser wirken wie eine steinerne Erinnerung an die monumentale portugiesische Baukunst alter Zeiten. Tragisch stolz stehen nur die Mauern noch, aber alles Leben ist verschwunden. Die leeren Fenster gähnen wie große Höhlen aus den einstmals prächtigen Fassaden, die Erker sind heruntergebrochen.

»Das ist bizarr! Das muß ich aufnehmen!« Leo kurbelt ungeduldig am Fenster. Aber es läßt sich nicht öffnen.

»Warte einen Augenblick. Der Fahrer kommt gleich zurück!« Suzanna legt ihre Hand auf Leos Arm.

»Und dann fährt er weiter, und alles ist zu spät!« Er verzieht ärgerlich das Gesicht.

Wenn Sven wüßte, daß sein Angstgegner Leo ein paar graue Mauerreste dieser zauberhaften Hand vorzieht.

Der Fahrer kommt wieder, wechselt einige hastige Sätze mit Suzanna.

»Okay«, sagt sie, »Pedro führt uns zu ihnen. Drei Jungen werden mit euch reden. Gegen fünfzig Reals. Bitte keine Tricks, ihr setzt damit ihr und unser Leben aufs Spiel!«

Nic und Leo steigen zuerst aus dem Auto. Nina ist mißtrauisch. Eine Diplomatentochter kennt Jugendliche aus dem Untergrund? Wenn das mal kein Schauspiel ist.

Trotz ihrer Bedenken schließt sich Nina aber der Gruppe an. Von hinten wirft sie einen kurzen Blick auf Suzannas schlanke Figur und ihr knappes gelbes Leinenkleid. Nic spricht mit ihr und legt ihr dabei kurz die Hand auf den Rücken. Es versetzt Nina einen Stich. Aber ganz objektiv muß sie sich eingestehen, daß die beiden ein wunderschönes Paar sind. Aber sie will nicht objektiv sein. Sie will Suzanna auf der Stelle Cellulitis, Hängebusen und eine penetrante Ausdünstung anhexen.

Sie schleichen in einen der düsteren Hauseingänge. Es riecht nach Exkrementen. Pedro, der Fahrer, geht voraus, durch einige dunkle Zimmer hindurch. Vor einem tiefen Riß in einer Wand bleibt er stehen. Licht schimmert zu ihnen hindurch. Pedro bedeutet Suzanna, mit den anderen weiterzugehen. Er würde warten.

Ninas Herz klopft. Wenn ihnen hier etwas geschieht, wird keiner je auf die Idee kommen, sie in dieser Ruine zu suchen. Aber ihre journalistische Neugier ist stärker als ihre Angst. Sie steigt als erste durch den Riß und kommt in einen angrenzenden, von einer abgedunkelten Gaslampe erleuchteten Innenhof. Nic drängt nach, sie tritt zur Seite, macht den anderen Platz. Ruhig bleiben sie stehen, einer neben dem anderen. Aber der Hof scheint menschenleer zu sein. Sie sind völlig allein. Einige Kisten stehen um die Gaslampe herum, Gras wächst in den Steinritzen, sogar Büsche gibt es hier. In einer überdachten Ecke liegen stapelweise Kartons. Ratlos schaut Nina Nic an. Der legt den Zeigefinger an seine Lippen. Plötzlich taucht ein Schatten auf. Neben einer der Säulen, Nina genau gegenüber. Sie kneift ein Auge zu. Täuscht sie sich, oder ist es tatsächlich ein Mensch? Nichts rührt sich. Eine Sinnestäuschung?

Ohne Vorwarnung stehen sie schlagartig im grellen Scheinwerferlicht. Drei starke Taschenlampen sind auf Nina und ihre Begleiter gerichtet, geblendet wendet sie den Kopf ab. Dann ist es wieder dunkel. Sie hört eine heisere Stimme: »Okay«, dann folgt ein Wortschwall, von dem sie nichts versteht.

»Wir können uns auf die Kisten dort setzen. Die Kamera soll noch nicht laufen, sie wollen sich zuerst mit euch unterhalten!«

Das glaubt ihr keiner, denkt Nina. Was Leo wohl meint? Sie schaut besorgt zu ihm hinüber. Ob er sich an die Anweisung hält?

Sie setzen sich auf die wackeligen Kisten. Dann lösen sich drei Gestalten aus dem Schatten der Säulen. Also doch keine Sinnestäuschung. Die drei setzen sich ihnen gegenüber hin, die großen, schwarzen Taschenlampen wie Schlagstöcke auf den Oberschenkeln. Sie sind jung. Sehr jung sogar. Einer sieht höchstens aus wie acht, denkt Nina. Den Ältesten schätzt sie auf achtzehn. Ihre Gesichter sind dunkel. Sie wirken wie geschwärzt. Die weißen Augen und die Zähne leuchten. Es hat etwas Unwirkliches, wie sie da kauern. Wie Tiere auf dem Sprung. Wachsam, alle Glieder gespannt. Bereit zum Angriff. Oder zur Flucht.

Suzanna muß übersetzen. Was sie wollen, für wen sie arbeiten, mit wem noch gedreht werden wird, wieviel Sendezeit für sie zur Verfügung steht. Profis, denkt Nina erstaunt. Die sitzen nicht zum erstenmal vor einer Kamera. Nina gibt Auskunft. Sie beraten sich kurz, dann nickt der Älteste mit dem Kopf und krächzt etwas. Anscheinend haben sie die Prüfung bestanden.

»Er möchte jetzt das Geld«, übersetzt Suzanna.

Ach so. Vielleicht wollen sie ja nur die Kohle und schicken uns dann wieder nach Hause. Nina greift trotzdem nach ihrem Geld.

Sie will aufstehen, aber ihr Gegenüber bedeutet ihr sitzen zu bleiben. Abwartend legt sie sich das Geld auf den Schoß. Von hinten greift eine Hand danach. Zu Tode erschrocken fährt Nina herum. Hinter ihnen stehen gut zwanzig dunkel gekleidete Gestalten. Großer Gott, sie hat sie nicht gehört. Und nicht gespürt. Nichts!

Auch die anderen sind sichtlich beunruhigt. »Was wollen die?« flüstert Nic.

Leo schweigt und hält seine Kamera fest im Griff, bereit zur Aufnahme.

Der Anführer gibt ein Zeichen.

Jetzt massakrieren sie uns, denkt Nina.

»Ihr könnt anfangen«, sagt Suzanna.

Leo springt sofort auf, drückt Nina die Interviewlampe in die Hand. »Der Akku dürfte ausreichen!«

Wie tröstlich. Aber sie kann nicht Beleuchterin spielen, sie muß die drei interviewen. »Machst du das?« fragt sie Nic.

Er nickt und bekommt sofort scharfe Anweisungen, was er beleuchten darf und was nicht. Nur auf den Körper halten, nicht aufs Gesicht. Nina ist alles recht. Hauptsache, sie erzählen ihre ganze Geschichte.

Leo drückt Nina das Mikrophon in die Hand. Jetzt könnten sie Tom gebrauchen. Hoffentlich wird der Ton über die Kamera etwas.

»Kamera läuft!«

Was sie jetzt zu sehen bekommt, läßt ihr den Atem stocken. Der Kleine dreht sich um und hebt sein schwarzes T-Shirt hoch. Der Rücken ist mit Blutergüssen und Striemen übersät.

»Großer Gott!« entfährt es Nina. Wer kann so etwas tun?

Ihr ist übel, und die Erregung läßt ihre Stimme zittern.

Sie fragt, Suzanna übersetzt. Über eine halbe Stunde schildern die drei Jungen ihr Leben, erzählen von Verfolgung, Schlägen, Folter, beschreiben Todesschwadronen, die nachts die Straßen von Rio unsicher machen, beklagen verschwundene und tote Freunde.

»Sag ihnen, ich werde das genau so bringen. Ich werde versuchen, ein Ohr für ihre Situation, für die Brutalität dieses Staates zu wecken. Ich werde mich für sie einsetzen!«

Suzanna übersetzt, und die Jungs nicken ihr zu. Der Akku an Leos Kamera beginnt zu blinken, gerade noch rechtzeitig,

Nina atmet auf. Akku- und Bänderwechsel wirken in solchen Situationen immer störend. Der Faden reißt, Dinge bleiben ungesagt. Sie steht auf. Suzanna ebenfalls.

Ein Name ist gefallen. Senhor Alves, die graue Eminenz von Rio. Während der Rückfahrt überlegt Nina, wie sie an diesen Senhor Alves herankommen könnte. Sie dreht sich zu den beiden Männern um und erläutert ihnen ihren Plan. Suzanna sagt nichts dazu, und auch Nic und Leo zeigen wenig Interesse.

»Wir haben einen anderen Auftrag, und außerdem waren an diesem Thema schon ganz andere Teams dran«, wehrt Nic ab. »Du glaubst doch nicht, daß man für eine knappe Woche hierherfliegen und einen Sensationsbericht drehen kann, ohne sich nur im mindesten auszukennen?«

Ohne eine Antwort abzuwarten, möchte Nic mitten in der Stadt aussteigen. Es ist weit nach Mitternacht, und Leo überlegt ganz offensichtlich, ob er sich ihm anschließen soll. Nina ist völlig irritiert, zumal sie ganz offensichtlich von diesem »Männertrip« ausgeschlossen ist. »Wir sehen uns morgen«, nickt Nic den beiden Frauen zu.

Suzanna lacht verständnisvoll: »Wer sich hier nicht nachts vergnügt, hat etwas verpaßt.«

Ninas Phantasie geht mit ihr durch und hält sie die halbe Nacht wach. Sie wälzt sich in ihrem Bett hin und her. Trotz des geöffneten Fensters ist es heiß und stickig, und sie findet einfach keinen Schlaf. Sie schaut auf die Uhr: vier Uhr. Ob Nic wohl schon da ist? Was er wohl in solchen Nächten anstellt? Warum kann er es nicht mit ihr anstellen! Sie versucht, ihn sich nackt vorzustellen, und streichelt sich dabei über den Körper. Ihre Haut ist so zart und glatt, eine Schande, daß sie hier allein liegt. Sie wird aber nur noch wacher davon, denn sie sieht ihn in eindeutigen Positionen mit anderen Frauen vor sich. Alle sehen sie aus wie Suzanna, langgliedrig, verführerisch, begehrenswert.

Nina legt die Hände wieder auf die Decke und versucht es mit einem alten Trick: Sie packt alle ihre Gedanken und Gefühle in eine Schublade und drückt diese langsam und konzentriert zu. Vor morgen früh wird sie nicht mehr geöffnet. Weg! Das Hirn ist leer! Gut so! Kurz danach schläft sie ein.

Gut gelaunt und in blendender Verfassung erscheint Nic am nächsten Tag zum Frühstück. Nina beäugt ihn argwöhnisch, spürt aber gleichzeitig, wie ihr Gefühl für ihn immer stärker wird. Und sie kann nichts dagegen tun! Und eigentlich will sie auch nicht. Nic bespricht mit ihr und Leo den vor ihnen liegenden Tag. Er hört ihr zu und lächelt sie an, aber sie spürt eine Distanz, die sie schmerzt und doch herausfordert. Vom Frühstücksbrötchen ißt sie nur eine Hälfte. Sie hat noch immer drei Kilo zuviel auf den Rippen.

Bernd stößt dazu. Er hat ein Interview für den Nachmittag arrangiert.

»So, und was?« fragt Nina mit spöttischem Unterton.

Eine Politikerin, die in Rio unter anderem für die Jugendarbeit zuständig sei.

»Nun, vielleicht kann sie mir ja auch etwas über die graue Eminenz erzählen«, meint Nina.

Bernd äußert sich nicht dazu, aber es ist ihm anzusehen, daß ihm Ninas eigenmächtige Recherchen nicht recht sind. Unwillkürlich fragt sich Nina, was Suzanna ihm wohl über den nächtlichen Dreh erzählt hat. Oder ob er da auch seine Finger im Spiel hatte?

Nic hat im Frühstücksraum den Monitor aufgebaut. Gemeinsam sichten sie das Material. Gespenstisch, ängstigend und doch faszinierend. Der Ton ist erstaunlich gut, obwohl Tom natürlich mault, man hätte ihn besser aussteuern müssen. Und Herbert mäkelt am Licht herum.

Nur Gerd lehnt sich grinsend zurück. »Ich finde, ihr macht das prima alleine. Dann kann ich ja heute zum Strand!«

Nic und Nina gehen anschließend noch mal das gesamte Band durch, schreiben sich die Time-Codes der besten Szenen heraus und nehmen die Zeiten dieser Sequenzen.

»Schau dir das an«, Nina ist von ihrer Sache begeistert, »das ist guter Stoff, das trägt eine Geschichte für sich!«

Er schreibt sich die Sekunden heraus.

»Wenn du Pech hast, bleiben für diese Sache hier mal gerade vier Minuten!« sagt er schließlich.

»Das Material trägt mindestens für zwanzig!«

»Sicher. Aber dann wird es ein ganz anderer Film.«

Sie denkt an ihre nächtlichen Versprechungen und sieht zu, wie er die Sekunden addiert. Notfalls macht sie aus dem Material eben einen zweiten Film. Nic schreibt kleine, akkurate Zahlen. Und duftet aus seinem kurzärmeligen Leinenhemd nach herber Männerseife. Nina rückt ein bißchen näher. Unverhohlen genießt sie es, so nahe mit ihm zusammenzuarbeiten. Und selbst ein Blinder muß doch erkennen, daß sie die ideale Partnerin für ihn wäre. Intelligent, kompetent, gutaussehend. Na ja, jedenfalls kann sie bis drei zählen, und einen Buckel hat sie auch nicht.

»Mist«, sagt er, »jetzt habe ich meinen Rechner im Zimmer vergessen!«

»Soll ich ihn schnell holen?« fragt Nina rasch.

»Wenn es dir nichts ausmacht? Ich will aber nicht, daß du...«

Nina springt auf. »Nix Problema?« Sie greift nach seinem Zimmerschlüssel, der auf dem Tisch liegt, »bin gleich wieder da!«

»Er liegt im Schrank!«

Vor Nics Zimmertür bleibt Nina aufgeregt stehen, genießt kurz den Moment, bevor sie eintritt. Genüßlich schließt sie auf und geht hinein. Sein Zimmer, sein Privatgemach. Wenn das kein Vertrauensbeweis ist? Zuerst geht sie ins Bad. Was benutzt er? Eine Sonnencreme liegt da, eine Tagescreme für – sie nimmt sie in die Hand – empfindliche Haut. Glättet kleine Fältchen. Na, wenn das nichts ist, er achtet auf sich. Wie stand jetzt die Dose? Mit dem Etikett nach vorn oder nach hinten? Na, egal, dann schaut sie nach seinem After-shave. Es duftet herb. Sie sollte sich die Marke gleich merken, dann kann sie ihm vielleicht später einmal das Duschgel dazu schenken. Grinsend geht sie an seinen Schrank, öffnet ihn, schnuppert hinein. Alles duftet nach ihm, herrlich. Sie streicht zärtlich mit der Hand über die sorgfältig zusammengelegten T-Shirts. Dann schließt sie die Schranktür wieder, schaut sich noch mal im Zimmer um, findet kein aufgestelltes Foto von irgendeiner Geliebten und geht zufrieden wieder hinaus. Erst auf dem Gang fällt ihr siedendheiß ein, daß sie das Wichtigste beinah vergessen hätte: den Rechner.

Nachmittags drehen sie das Interview, das Bernd organisiert hat. Offenbar hat die Dame nicht die geringste Absicht, von ihrer vorbereiteten Rede auch nur einen Millimeter abzurücken. Als sie endlich ihren Schlußsatz gesprochen hat und auch gleich darauf aufsteht, versucht es Nina mit Suzannas Hilfe noch einmal. »Wie steht es um die Straßenkinder in Rio? Was wird da getan? Bekommen sie Hilfe und wenn ja, welche?«

Liebend gern würde sie einen dieser scheinheiligen Politikersätze gegen die nackten, noch gestern nacht gefilmten Tatsachen stellen. Aber sie erntet nur ein mitleidiges Lachen: »Ach, Sie sind auch auf die durchsichtige weltweite Verleumdungskampagne hereingefallen?« Es folgt der demonstrative, unverschämte Blick auf die Uhr. Es sei leider keine Zeit mehr, sie habe wichtige Temine.

Damit ist das Team entlassen. »Das ist doch direkt für den Mülleimer«, meint Nina im Hinausgehen. »Was wird denn hier gespielt, meinen die, wir haben Tomaten auf den Augen?« fragt sie Suzanna.

»Das ist eben kein Thema, über das man mit einem ausländischen Fernsehteam spricht«, erklärt Suzanna lakonisch.

»Aber du hast uns doch zu diesen Straßenkindern gebracht, du mußt das doch auch anders sehen!«

»Mag sein!«

»›Mag sein‹ ist keine Antwort. Wieso hast du es dann getan, wenn du damit nichts erreichen wolltest?«

»Ihr hättet es allein versucht, und das hätte schlimm für euch ausgehen können. Wir wollen keine negativen Schlagzeilen.«

»Keine negativen Schlagzeilen?« Nina hat Mühe, mit Suzanna Schritt zu halten. »Sind Kinder mit Striemen auf dem Rücken keine negativen Schlagzeilen?«

»Nicht so negativ wie verschwundene deutsche Fernsehleute!«

Nina bleibt stehen. Suzanna dreht sich nach ihr um: »Sei doch nicht so naiv! Was hast du denn gedacht?«

»Ich dachte, du setzt dich vielleicht für die Kinder ein?!«

Suzanna zuckt die Achseln: »Möglich.«

Das ist doch alles eine Farce! denkt Nina und steigt erregt in den Bus. Alle, bis auf Nic, sitzen schon drin. Er hat sich das Interview erspart, wollte sich statt dessen einmal den Strand anschauen. »Location.« Phh, denkt Nina. Das gibt ihrer Laune den Rest. Von wegen Location, von wegen sich nach passenden Drehorten umschauen. Nach prallen Brüsten und Tangaärschen wird er sich umschauen! Wann geht der nächste Flug nach Deutschland?

Aber einige Fragen quälen sie doch. Sie hat inzwischen herausbekommen, daß Suzanna zweiundzwanzig Jahre alt ist und so perfekt deutsch spricht, weil sie eine deutsche Mutter hat, die mit einem Südamerikaner verheiratet ist. Aber sie weiß nicht, wie Suzanna zu Bernd steht. Und vor allem: Wer hinter den beiden die Fäden zieht. Am besten wäre es, sie würden sich nicht nur von Bernd, sondern auch gleich von Suzanna trennen. Und wäre es nur wegen ihrer langen Beine.

Der Bus hält an der Copacabana. Ein Traum von einem Strand, breit und feinkörnig. Warum kann sie nicht irgendwo allein mit Nic liegen, sich von Wellen zärtlich umspülen lassen? Nein, sie muß der Wahrheit ins Auge blicken. Sie ist unglücklich verliebt. Nic hat anderes im Sinn. Sie sucht den Strand mit den Augen nach ihm ab. Um sie herum wimmelt es von spärlich bekleideten Männern und Frauen. Tangas in Signalfarben stechen ihr ins Auge, üppige Busen wippen über ein bißchen Stoff hinaus. Alle lachen und strahlen, blitzen mit den Augen, zeigen weiße Zähne. Muskulöse junge Männer trainieren an den vielen Reckstangen, aus zahlreichen Ghettoblasters knallen südamerikanische Rhythmen, zu denen sich die Mädchen aufreizend wiegen. Es wirkt wie ein Schlangentanz, alles ist an ihnen in Bewegung, der ganze Körper signalisiert nur eines: Liebe, Liebe, Liebe. Und da steht sie: zu dick, zu blaß, zu deutsch. Träum ihn dir zurecht. Welche Lebensfreude da allabendlich in deutschen Betten stattfindet. O Graus!

Sie dreht sich um. Und da sitzt er an einer Strandbar, Nic. Er winkt in ihre Richtung. Sie hat sich getäuscht! O Wonne, o Glück! Er will sie neben sich haben! Eben will Nina freudestrahlend auf ihn zulaufen, da bleibt sie wie angewurzelt stehen. Denn Nic hat nicht sie, sondern Suzanna gemeint, die bereits weit vor ihr leichtfüßig durch den glühenden Sand läuft. Sie winkt Nic zu, lacht, klettert auf einen freien Barhocker neben ihm, er haucht ihr ein freundschaftliches Küßchen auf die Wange.

Das ist zuviel! Die ersten Tränen sammeln sich in Ninas Augen, da bekommt sie einen freundschaftlichen Klaps auf die Schulter. Es ist Leo. »Hilfst du mir das Volk aufspüren?« fragt er, die Kamera geschultert.

»Wenn du mich dafür auf eine Caipirinha einlädst?«

Er schaut sie prüfend an. »Ist was?«

»Nein, nur gute Laune!«

»Das meine ich auch«, Leo macht eine ausholende Bewegung mit seinem freien Arm, »jede Menge gut gebaute Jungs. Da müßtest du doch voll und ganz auf deine Kosten kommen!« Und mit einem kurzen Seitenblick zu ihr fügt er hinzu: »Die Caipirinha gebe ich dir natürlich trotzdem aus. So low kann das Budget gar nicht sein!«

Da muß selbst Nina lachen.

»Na also! Aber erst nach der Arbeit, und dann das Vergnügen.«

Und schon beginnen sie zu drehen. Als Nic die beiden bemerkt, gesellt er sich kurz darauf zu ihnen.

»Das sind Motive, was?« meint er zu Nina.

»Doch, sicher, toll«, antwortet sie wenig begeistert.

»Brauchen wir Ton?« will Leo wissen.

Nic schaut Nina fragend an.

»Nein, Atmo reicht. Wir legen Musik oder Text darunter.«

»Gut, dann kann sich Tom ja weiter sonnen«, lacht Leo, der sich eben an Toms hellen Rücken heranpirscht. Er ist offensichtlich blitzschnell in der prallen Sonne eingeschlafen. Leo dreht drei Einstellungen von ihm. Dafür wechselt er sogar extra das Objektiv: mit Weitwinkel von den bloßen Füßen aufwärts, über die Schulter abwärts und direkt ins schlafende Gesicht mit dem blubbernden Mund.

»Das ist gemein«, rügt Nina grinsend, denn daß Tom bei der nächsten Materialsichtung mit sich selbst als Monster konfrontiert wird, ist sonnenklar.

»Jetzt müssen wir ihn aber wecken«, murmelt Nina besorgt, denn um die Shorts herum bildet sich bereits ein roter Streifen auf der hellen Haut.

»Braucht ihr mich noch?« fragt er schlaftrunken.

»Nein«, Nina deutet nach oben, »aber besorg dir besser einen Sonnenschirm, sonst leuchtest du heute abend im Dunkeln, und wir können unsere Interviews vergessen!«

Sie fangen gut eine Stunde Bilder ein, was nicht besonders schwierig ist, denn jeder setzt sich, kaum ist Leo mit der Kamera in der Nähe, gekonnt und eitel in Szene. Ein Volk von Exhibitionisten, sagt Nina zu Gerd und weiß selbst nicht recht, ob sie das verurteilen oder bewundern soll.

Gemeinsam trinken sie dann zum Abschluß eine Caipirinha. Nina ist mit sich und der Welt wieder zufrieden. Suzanna hat sich abgesetzt, Nic erzählt ihr von seinem letzten Dreh, sie lachen viel, und im Augenblick ist es Nina völlig egal, ob er allein lebt oder mit Familie oder vielleicht sogar geschieden ist.

»Der Bus!« Herbert, der auch eben erst wieder zur Truppe gestoßen ist, erspäht ihn oben an der Straße. Geschlossen gehen sie hinauf, da bleibt Nic stehen.

»Ach nein, ich glaube, ich laufe zum Hotel. Ein bißchen Bewegung tut mir gut!«

Nina verkneift sich die Frage, ob sie wohl mitgehen dürfte, denn sie spürt, daß er allein sein möchte. »Gehen wir denn alle gemeinsam Abend essen?« fragt sie locker in die Runde, hofft aber natürlich vor allem auf Nic.

Tom schaut auf die Uhr. »Das hat ja noch gut drei Stunden Zeit! Besprechen wir dann im Hotel!«

Sollte Nic dort während der nächsten drei Stunden überhaupt ankommen, denkt Nina und steigt in den Bus.

Im Hotel ist eine Nachricht für sie hinterlegt. »Tânja Tavares ist Sozialarbeiterin, sie setzt sich für Straßenkinder ein. Sie wartet auf deinen Anruf, du kannst sofort drehen: 734 99 89.« Keine Unterschrift, kein persönliches Wort. Selbst die zwei Sätze sind mit Schreibmaschine geschrieben. Stammt das vielleicht von Suzanna, oder ist es eine Falle? Wer sollte ihr diese Falle stellen wollen? Sie fragt das Mädchen an der Rezeption, wer den Brief abgegeben habe. Nix gesehen. Aha.

Dann verlangt Nina das Telefon. Nach dem zweiten Klingeln ist eine weibliche Stimme dran: »Sim?« Nina stellt sich auf englisch vor, bezieht sich ihrer Intuition folgend auf Suzanna. Und tatsächlich wird die Stimme am anderen Ende lebhafter. »Sim, sim, Televisão alemão«, und dann spricht sie englisch weiter. Es gäbe einiges, was sie ihr erzählen könne, aber nicht am Telefon. Am besten sei es, Nina komme bei ihr vorbei.

Nina notiert die Adresse, verspricht, so schnell wie möglich zu kommen, und geht auf die Suche nach Leo. Er versorgt, wie fast zu erwarten war, gerade seine Kamera in seinem Zimmer.

»Legst du die eigentlich auch zu dir ins Bett? Schläfst du mit ihr?« will Nina frech wissen.

Aber Leo zieht nur die Brauen hoch: »Wenn du persönlich hier auftauchst, kann das nichts Gutes heißen!« Und lächelt sie verschmitzt an.

Nina schildert ihm kurz die Situation. »Machen wir jetzt einen sozialkritischen Film oder einen über brasilianische Jugendliche?« fragt er dann und zündet sich eine Zigarette an.

»Jetzt fang du nicht auch noch an!« Nina überlegt, wie sie ihn überzeugen könnte. »Mit diesen Quatschköpfen, die uns Bernd aufschwatzt, kommen wir doch auch nicht weiter. Das haben wir doch wohl schon festgestellt!«

Leo nimmt einen tiefen Zug und läßt sich aufs Bett fallen. »Ich könnte mir Schöneres vorstellen als alte Sozialtanten abzuklappern!« Zum ersten Mal, seit sie in Brasilien sind, bekommt sein Mund einen schelmischen Ausdruck, und seine Augen werden schmal.

»Ein paar Stockwerke tiefer hast du jede Menge Abwechslung«, Nina verschränkt die Arme und fügt nach einer kurzen Pause hinzu: »Später!«

»Oh, Frau Kommissarin! Stets auf der Pirsch!«

»Sie doch auch, Herr Jäger. Sie haben ja fast schon Stielaugen vom Pirschen!«

»Oh, siehst du das so genau? Vom Fußende aus? Komm doch mal näher!«

Nina rührt sich keinen Zentimeter. »Was hast du denn für große Augen? Was hast du nur für einen großen Mund?«

»Schon gut, schon gut!« Seufzend steht Leo auf. »Wer geht mit?«

»Bisher nur du und ich!«

»Ein reizendes Pärchen!«

Sie treiben noch Tom auf, aber Herbert und Gerd sind schon wieder unterwegs.

»Die sind einfach gescheiter als wir«, schüttelt Tom den Kopf.

»Komm, du hast deinen Mittagsschlaf doch schon gehabt«, zwinkert Nina ihm zu. »Und hast gut Farbe gekriegt!«

»Hmmm?« mustert Tom sie fragend.

»Nichts«, sagt Nina und hält den Männern die Tür auf.

»Vielleicht sollten wir da...?« sagt Leo verschwörerisch zu Tom und deutet mit dem Daumen zur Kneipe.

Nina hält ihn am T-Shirt fest. »Nachher, nachher!«

»Warum nur erinnert mich ihr Ton immer an den einer Krankenschwester?« überlegt Leo laut.

»Wahrscheinlich hat sie die Zwangsjacken für Härtefälle oben in ihrem Zimmer liegen.«

»Ehrlich?« Leo reißt die Augen auf, schaut sie groß an. »Fesseln? Da stehst du drauf?«

»Noch nicht«, Nina winkt einem Taxi. »Aber wenn ihr nicht bald die rechte Arbeitsmoral zeigt, ziehe ich meine Peitsche aus dem Stiefel!«

Tânja Tavares entpuppt sich als echter Geheimtip. Sie arbeitet seit Jahren in den Favelas, kennt viele der Straßenkinder mit Namen. Sie lebt in einem großen, alten Haus am Rande der Stadt, »nahe den Bretterverschlägen, die die Stadtverwaltung bei großen Ereignissen oder Staatsbesuchen am liebsten plattwalzen würde«, erzählt sie bitter, während sie den dreien das Haus zeigt.

Nina kann sich gut vorstellen, wie Kinder die vielen großen Räume bevölkern, abends hungrig an dem meterlangen Tisch zusammenkommen und auf den nackten Fußböden schlafen.

Sie steht in Senhora Tavares' Küche, die aus zusammengewürfelten Möbeln und Utensilien besteht. Hier schert sich keiner um Markennamen, um italienisches Design, um diesen ganzen Firlefanz, der bei uns zum eigentlichen Lebensinhalt geworden zu sein scheint, denkt sie und spürt fast so etwas wie Scham in sich aufsteigen. Über sich selbst, die Gedankenlosigkeit, die Arroganz, nicht zuletzt über die Schramme in Svens Waschbecken. Wie anders ist ihre Welt, wenn so eine Lappalie so viel zählt!

»Ich beneide sie«, sagt sie spontan zu der Frau, die sie auf fünfundvierzig schätzt und die ein schlichtes langes Baumwollkleid trägt, darin aber wie eine Dame wirkt.

»Das meinen Sie nicht ernst!« Tânja Tavares wirft ihr aus den großen, dunklen Augen einen amüsierten Blick zu.

»Doch! Ich beneide Sie um ihre Einstellung, um das, was Sie tun. Es ist sinnvoll, es erfüllt Sie mit der Gewißheit, Ihre Kraft für ein sinnvolles Ziel einzusetzen. Und das Ziel heißt Menschlichkeit.«

Tânja Tavares bietet ihnen Platz an und holt Kaffee, den sie aus einer Blechkanne einschenkt.

»Sie machen einen Film über uns. Auch das ist sinnvoll. Auch das hilft uns.«

Nina ist verlegen, und sie spürt, daß auch Leo und Tom sich in ihrer Haut nicht wohl fühlen. Beide fummeln wie auf Verabredung an Kamera und Tongerät herum.

»Können wir mal durchs Haus?« fragt Leo und zeigt auf die Kamera. »Viel Licht haben wir nicht dabei, aber für eine solche Reportage wäre es genau das Richtige!« Er zeigt auf das Interviewlicht, das sie schon bei den Straßenkindern eingesetzt haben.

Als sie zwei Stunden später und nach langen Geschichten über die Straßenkinder Rios wieder zurück sind, sind alle drei sehr nachdenklich. Sie haben sich in die Hotelbar gesetzt und trinken Caipirinha. Senhora Tavares hat aus dem Leben »ihrer« Kinder vor laufender Kamera erzählt.

Leo stochert gedankenverloren in seinem zerstoßenen Eis herum: »Du hast recht, Nina! Rio ist nicht nur Sonne und nackte Ärsche. Das ist nur Kulisse, wie in einem drittklassigen Theater.«

Nina saugt an ihrem zerbissenen Strohhalm. »Aber ich glaube, am Strand sind sie alle gleich. Da gibt es keinen Unterschied zwischen arm und reich. Im Gegenteil. Der Wohlstand, das große Fressen macht unansehnlich, fett und alt. Aber einen straffen, schönen Körper kannst du dir nicht kaufen. Höchstens einen fremden, aber das sei mal dahingestellt. Vielleicht ist der Strand ja die kleine Rache der Armen an den Reichen.«

»Hört, hört, Nina philosophiert. Habe ich etwa was verpaßt?« Unbemerkt ist Nic hereingekommen.

Tom schaut ihn herausfordernd an: »Das verstehst du doch nicht!«

»Was verstehe ich nicht?«

»Dazu hätte er dabeisein müssen«, stimmt Leo Tom zu.

»Ich verstehe nur Bahnhof. Aber wenn irgendwas Bedeutsames passiert ist, habt ihr doch sicherlich gedreht – nehme ich zumindest an. Dann kann ich es mir anschauen und komme vielleicht aufs gleiche Niveau.«

»Aber nur vielleicht«, spöttelt Tom weiter.

Aber Nina ist mit ihren Gedanken schon wieder ganz woanders, in Nics Zimmer nämlich und in seinem Bad. Aber das ist ja ein altes Lied, und deshalb steigert sie sich gar nicht erst hinein. Was spielt es schon für eine Rolle, ob er sie begehrt oder nicht. Eigentlich gäbe es ja wirklich Wichtigeres auf dieser Welt...

Sie sichten das gesamte Material des Tages. Das Band mit dem Interview vom Vormittag legen sie nach einer kleinen Kostprobe schnell auf die Seite. Die Szenen am Strand sind gelungen. Selbst Tom wäre klasse einzubauen, als typischer Deutscher, der sich käseweiß, aber selbstbewußt, mit kleinen Speckröllchen in der Hüftgegend, in die pralle Sonne legt und auf ein kleines Abenteuer wartet.

»Seid ihr bescheuert?« schreit Tom und springt hoch.

Aber alle schütteln sich aus vor Lachen. Nic legt dabei kurz den Arm um Ninas Schulter. Wie gerne hätte sie sich gleich an ihn gekuschelt. Aber er zieht sich sofort wieder in sein Schneckenhaus zurück. Wie kann sie ihn nur knacken, seinen Panzer, überlegt sie krampfhaft. Sie spürt zwar eine Annäherung, aber die ist zaghafter als ein verdammter Frühlingshauch!

Überraschend fragt Nic am Schluß, ob sie miteinander essen gehen wollen, und zu dritt nehmen sie ein Taxi, die eingespielte Crew. Nina triumphiert, denn jetzt sitzt *sie* in der Mitte, und Nic beginnt offenbar, sie als Frau wahrzunehmen!

Scheinbar endlos lange fahren sie am Strand entlang, hinaus aus der Stadt. Nina hat die Adresse aus ihrem Brasilienführer, ohne zu ahnen, daß es so weit sein würde. Allzu verlockend wurden da Küche und Lage des Restaurants beschrieben, als daß sie länger überlegt hätte.

»Ich kriege allmählich Hunger!« klagt Leo nach kurzer Zeit, »wann sind wir denn endlich da?«

Nic schaut skeptisch aus dem Fenster: »Der fährt wie ein Berserker. Hoffentlich erleben wir das Essen überhaupt noch. Hast du reserviert?«

Nina nickt. Klar, sie ist Redakteurin, Journalistin, Autorin, Moderatorin, Aufnahmeleiterin und Freizeitgestalterin in einem. Natürlich hat sie reserviert. Mal bloß keine Panik!

Das Restaurant liegt wirklich sehr schön, eingebettet in dunkle Felsen, direkt am Meer. Bis auf vier besetzte Tische ist der große Raum leer. Ein fünfter am Fenster ist eingedeckt, der Kellner führt sie hin. Sie setzen sich und bestellen jeder ein kühles Bier gegen den Durst. Nina studiert die Speisekarte, legt sie beiseite und schaut hinaus. Die Gischt sprüht gegen die großen Scheiben, perlt in Millionen winziger Tropfen hinunter, um schließlich im dichten Moos, das sich überall in den Ritzen und Fugen festgesetzt hat, zu verschwinden.

»Ich war noch überhaupt nicht im Wasser«, sagt Nina plötzlich.

»Das ist ein Fehler. Es ist herrlich!« Nic zwinkert ihr zu. Salz auf der Haut, denkt sie. Köstlich! Wie gern würde sie mit ihrer Zungenspitze sanft über seinen Rücken gleiten, die Sonne schmecken, das Salz, die Wärme seiner Haut. Der Ober steht am Tisch und fragt nach ihren Wünschen. »Seafood«, bestellt Nina in der Hoffnung, verstanden zu werden. Er empfiehlt ihnen auf englisch die verschiedensten Meerestiere, und ebenso erleichtert wie hungrig bestellen die drei fast alles, was der Kellner ihnen vorschlägt.

»Haben wir überhaupt genug Geld dabei?« flüstert Leo, kaum daß der Kellner vom Tisch weg ist.

Nina klopft vielsagend auf ihren Brustbeutel. »Ich kann uns auslösen. So low kann das Budget doch gar nicht sein!« Leo grinst, und Nic schaut sie verständnislos an.

Unvermittelt fragt Leo: »Wie hältst du es eigentlich mit diesem Typen da aus, der dich zum Flughafen gebracht hat? Diesem personifizierten Möchtegern Sven Soundso? Diesem Aufschneider vom Sender?«

Nina ist perplex. Das hier! Und gerade jetzt! Sie hätte sich ja gerne umstandslos über Sven ausgelassen. Aber doch nicht vor ihrer großen Liebe!

»Ach, das! Das war einmal!« schwächt sie mit rotem Kopf ab und greift nach ihrem Glas. Nic entgeht nichts.

»Das sah mir aber gar nicht danach aus«, bohrt Leo weiter, »der Kerl ist ja eifersüchtig wie zehn Sizilianer!« Dazu schnippt er mit dem Finger, als hätte er ein Springmesser in der Hand.

Nina schüttelt entschieden den Kopf: »Das scheint nur so. Das ist eben seine Art. So ist er immer.« Halt doch endlich deine Klappe, denkt sie verzweifelt und lenkt ab: »Aber *du* sahst ja reichlich verliebt aus. Schnuckiputzi, was?«

»Nicht Schnuckiputzi! Das war die andere! Die du meinst, ist Schnuckel*chen*. Ein bißchen differenzieren muß man ja schon!«

Nic lacht.

Das ist die Gelegenheit. »Und du?« fragt Nina ihn und hofft, möglichst unbeteiligt zu wirken.

»Ich bin ledig und lebe allein«, er lächelt sie an.

Du großer Gott, Maria und Josef, alle Geister von Wasser und Feuer, Himmel und Erde, er hat mich angelächelt. Er hat mich vielsagend angelächelt, und er lebt allein! Single! Sie schluckt. Nicht mehr lange!

Nic fragt sie nach ihrem Sternzeichen.

Aber Nina ist noch ganz benommen von seinem Familienstand. Ledig, allein. Wie eine Zauberformel. »Bitte?«

»Dein Sternzeichen!«

»Widder! Mein Sternzeichen ist Widder.«

»Ach ne!« Nic verzieht das Gesicht: »Meine letzte große Liebe war Widder, und das endete in einer Katastrophe! Und die vorletzte auch! Irgendwie scheine ich immer wieder an Widder zu geraten!«

Irgendwie scheine ich immer wieder an Widder zu geraten. Was soll das heißen? Nina entscheidet sich dafür, es als ersten Achtungserfolg bei Nic zu werten. Sie ist auf dem richtigen Weg. Und noch ein paar Tage, dann ist sie auch Suzanna für immer los. Die Zeit arbeitet für sie. Jetzt muß sie nur noch selbst für sich arbeiten. Und das heißt: abnehmen.

Entschieden legt Nina ihr Besteck zur Seite.

»Was soll das denn jetzt bedeuten? Ist dir nicht gut, oder was?« fragt Leo.

»Doch, doch. Aber bei all dem Low Budget müssen auch mal Low Calories drin sein, oder?«

DER AFFRONT

Am nächsten Morgen stürmt Bernd aufgebracht in den Frühstücksraum. Nina kratzt gerade die Marmelade aus dem kleinen Plastikbehälter und schaut erstaunt auf. »Solche Eigenmächtigkeiten sind in dieser Stadt nicht üblich!« fährt er sie an. »Was hast du dir dabei gedacht?!«

Sieh an. Jetzt wird es interessant, jetzt zeigt er sein wahres Gesicht.

»Ich will die Wahrheit wissen, ganz einfach. Von dir erfährt man ja nichts! Inhaltsloses Geschwätz, das ist alles!«

»Die Wahrheit, die Wahrheit! Es gibt tausend Wahrheiten und keine! Die mißbrauchen dich für ihre Zwecke, und du bist so naiv und fällst auch noch drauf rein!«

Er hat sich vor Ninas Eßtisch aufgebaut und schaut drohend auf sie herunter. Das erinnert sie fatal an Sven. Aber sie hat alle Svens dieser Welt hinter sich!

Langsam steht sie auf und ist kaum kleiner als Bernd. Fast auf Augenhöhe. »Ich weiß nicht, wer dir dein nobles Auto bezahlt. Aber ich kann mir ungefähr vorstellen, welche Gegenleistungen man als Journalist erbringen muß, um mit den höchsten politischen Kreisen Kaviar fressen zu können. In Europa nennt man so was Prostitution. Darüber solltest du als überparteilicher und objektiver Berichterstatter mal nachdenken!«

Im Frühstücksraum ist es völlig still. Alle sitzen regungslos, auch die wenigen Gäste, die nicht zum Team gehören. Bernds Kopf ist hochrot, auf seiner Glatze hat sich ein leichter Schweißfilm gebildet. »Du hast ja keine Ahnung!« brüllt er und hält ihr seinen Zeigefinger vors Gesicht. »Aber jetzt ist es zu spät. Jetzt könnte ihr selber sehen, wie ihr klarkommt!« Damit dreht er sich um, stapft wütend zur Tür und knallt sie hinter sich zu.

Nina schaut zu Nic. Der klopft in aller Seelenruhe sein Ei an. »Anscheinend hast du einen Nerv bei ihm und seinen feinen Freunden getroffen«, meint er unbeeindruckt und köpft sein Ei dann mit einem gezielten Schlag.

»Habt ihr das gehört? Der droht uns doch tatsächlich!« Leo zieht die Brauen hoch. »Dieser Gartenzwerg droht uns! T-t-t!« Er schnalzt mit der Zunge.

»Dabei sollte er uns besser gar nicht erst neugierig machen!« fügt Nic hinzu und lacht Nina an: »Was, Nina?«

Nina hat sich wieder hingesetzt. Sie staunt. Vor allem über sich selbst. Wo hat sie nur diese Kühnheit hergenommen und die richtigen Worte? Sie hätte sich das selbst nicht zugetraut. Sie hat ihn richtiggehend an die Wand geredet! Und sie staunt auch über ihr Team. Alle stehen hinter ihr. Ein schönes Gefühl.

»Also, was ist jetzt Sache?« fragt Tom. »Kriegen wir diesen Senhor Oberfuzzi beim Wickel oder nicht?« Er wetzt zwei Frühstücksmesser aneinander. Nina muß lachen.

»Dürfte ich bitte so lange an den Strand?« fragt Gerd unschuldig, »Ich bin überzeugter Kriegsdienstverweigerer. Pazifist. Ihr versteht schon...«

»Einer für alle, alle für einen«, meldet sich Herbert zu Wort. »Wir räuchern das Nest jetzt aus. Und du machst mit, du Grünschnabel. Ein Assistent hat zu assistieren, egal bei was. Verstanden?«

Leo grinst nur. »Und jetzt erzähl mal, welche Untat du in deinem süßen Köpfchen gerade ausheckst. Allein wirst du es ja wohl nicht schaffen!«

Und dann schildert Nina ihren Plan. Tânja Tavares hat ihr eine Adresse gegeben, die noch heißer ist als Senhor Alves, die »graue Eminenz«. Es dreht sich um Senhor Ferreira, einen reichen Polizeipräsidenten a. D., der in der Stadt die Fäden zu ziehen scheint. Nina hat sich vorgenommen, eine Stellungnahme von Senhor Ferreira zu den Vorgängen zu bekommen, und möchte bei ihm mit der Recherche anfangen. Es fehlen aber auch noch Aufnahmen von der Stadt, zudem wollen sie auch noch einige Jugendliche quer durch alle sozialen Schichten interviewen, deshalb schickt Nina das Team allein los. »Für die Interviews schreibe ich euch ein paar Fragen auf, und außerdem schicke ich euch noch Suzanna«, verspricht sie großzügig und macht einen Treffpunkt mit ihnen aus. Dann geht sie an das Hoteltelefon und ruft Suzanna an. Sie soll bei Senhor Ferreira einen Termin für das deutsche Fernsehen verabreden.

Überraschend schnell nimmt Suzanna ab. »Soeben habe ich mit Bernd telefoniert«, erklärt sie. »Er ist völlig aus dem Häuschen.«

»Das kann ja nur bedeuten, daß er etwas zu verbergen hat.«

Suzanna zögert. »Es ist nicht gut für ihn, wenn ihm die Kontrolle über etwas entgleitet.«

Nina wickelt die Telefonschnur um ihren Finger. Also entgleiten sie. Es muß folglich eine Linie geben, an die er sich halten muß. »Ich verstehe«, sagt sie schließlich. Dann bittet sie Suzanna um ihre Hilfe bei Senhor Ferreira.

Suzanna muß fast lachen: »Du glaubst doch nicht, daß ihr so einfach dort hineinspazieren könnt?« Ihre Stimme wird ernst. Eindringlich warnt sie vor einer solchen Aktion.

Nina stöhnt: »Jetzt fängst du auch noch an. Ich verstehe nicht, was die ganze Aufregung soll!«

»Das kannst du auch nicht verstehen. Du bist jetzt drei Tage hier. Was kann man in so kurzer Zeit überhaupt verstehen?«

Nina schweigt einen Moment. »Probier's trotzdem«, sagt sie leise.

»Auf deine Verantwortung!«

»Natürlich auf meine Verantwortung!«

Als Nina auflegt, sagt sie zu dem Mädchen hinter der Rezeption: »Was soll mir schon passieren!«

Die nickt ihr freundlich zu: »Sim, sim!« Ja, ja.

Es ist leichter als gedacht, anscheinend hat Suzanna wirklich ausgezeichnete Verbindungen: Nina bekommt einen Interviewtermin für den gleichen Abend.

DAS ZEICHEN

Der Bus fährt pünktlich vor, alle steigen ein – bis auf Suzanna. Sie ist nicht zur verabredeten Zeit erschienen. An der Rezeption erfährt Nina, daß sie eine Nachricht hinterlassen hat: Sie habe starke Migräne und könne leider nicht mitkommen. Aber Senhor Ferreira spreche sehr gut Englisch, ein Interview werde kein Problem sein.

»Daß Frauen immer dann Migräne bekommen müssen, wenn's zur Sache geht!« beschwert sich Leo und nimmt seine Kamera zärtlich auf den Schoß. Sie fahren allein los, an der Copacapana entlang, biegen irgendwann ab. Leo wird als erster mißtrauisch. »Wo fährt der denn mit uns hin?«

Die Gegend ist nicht feudaler geworden, wie eigentlich zu erwarten gewesen wäre, sondern schmutziger, verwahrloster, bedrohlicher.

Tom will eben nach vorn gehen, um zu fragen, ob der Busfahrer die Adresse auch richtig verstanden habe, als der anhält, die Tür öffnet und hinausspringt. Fast im selben Moment stehen zehn bewaffnete, maskierte Männer im Bus. Zum ersten Mal in ihrem Leben starrt Nina in den Lauf einer Waffe.

»Scheiße!« sagt Leo. »Das Ende einer Dienstfahrt!«

Einer der Männer reißt Leo die Kamera weg. Als dieser instinktiv danach greift, schlägt der Maskierte ihm die Waffe gegen den Kopf. Leo blutet und läßt sofort los. Alles, was sich im Bus an Geräten befindet, wird eingesammelt und zum Ausgang nach vorn durchgereicht. Dann stehen zwei der Männer vor Nina.

»Money!« nuschelt einer durch die schwarze Maske hindurch.

Einen Teil der Produktionskasse trägt Nina in einem großen Lederbeutel direkt auf der Haut. Sie kramt ablenkend in ihrer Tasche nach ihrem Privatgeldbeutel. Doch eine Hand reißt ihr die Tasche weg und leert den Inhalt auf den Nebensitz, ein zweiter hält ihr die Waffe an die Schläfe und greift brutal ihre Brust ab. Dann faßt er unter ihr T-Shirt, umfaßt ihre Brust mit einem schmerzhaften Griff und reißt mit einem Ruck den Lederbeutel ab. Auch die anderen müssen ihr Geld abliefern, nur ihre billigen Plastikuhren dürfen sie behalten. Nina schaut zu Nic hinüber. Er ist blaß vor Zorn oder vielleicht auch vor Angst. Einer der Männer hält Nics Stoppuhr in der Hand, wirft sie auf den Boden und tritt zweimal so heftig darauf, daß sie sich unter seinen Absätzen knirschend in ihre Bestandteile auflöst.

So schnell sie gekommen sind, so schnell sind die Männer auch wieder verschwunden.

Nina betastet ihren Hals. Die reißende Schnur hat ihre Haut verbrannt. Es schmerzt. Leos klaffende Wund quer über der Stirn blutet stark.

»Er muß zu einem Arzt!« ruft Nina.

»Wo ist bloß dieser idiotische Busfahrer hin!«

»Den kannst du vergessen!« Nic zieht sein weißes T-Shirt aus und versucht damit Leos Wunde zu verbinden.

Trotz der Aufregung registriert Nina seinen durchtrainierten, gebräunten Oberkörper und würde sich am liebsten auf ihn stürzen. Hier im Bus, inmitten des Chaos.

Aber wir sind hier nicht in einem billigen Liebesfilm, sagt sie sich und ermahnt sich zu vernünftigem Handeln.

»Der Schlüssel steckt noch«, ruft Tom. »Kann einer von euch so ein Ding fahren?«

Herbert kommt vor. »Keine Ahnung. Aber das kann ja nicht so schwer sein!«

Er startet den Motor, und sie irren durch dunkle, schmale Gassen, zweimal schrammen sie an Hausmauern entlang. Irgendwann werden die Straßen wieder breiter, die Gegend freundlicher.

»Erst ein Krankenhaus, dann die Polizei!« Nina hat sich neben ihn auf den Beifahrersitz gesetzt und versucht den Überblick zu bewahren.

»Hast du vielleicht auch noch eine genauere Adresse?« schnaubt Herbert.

Die hat sie nicht und schweigt. Ein Hospitalschild, an dem sie vorbeikommen, hilft ihnen weiter.

Während Leo genäht wird, treffen zwei herbeigerufene Polizisten ein. Sie nehmen alles auf, erklären lakonisch in gebrochenem Englisch, daß einem japanischen Fernsehteam exakt vor einer Woche das gleiche passiert sei, und werfen einander einen kurzen Blick zu, als Nina Ziel und Zweck der Fahrt angibt. Damit verabschieden sie sich wieder.

Nina überlegt, wie es weitergehen soll. Die Stimmung ist mies, aber wenigstens macht ihr niemand Vorwürfe. Und das Material ist gerettet, liegt einigermaßen sicher im Hotel. Die Ersatzkamera ebenfalls, und auch Tom hat noch eine Alternativausrüstung. Außerdem hatten sie für das Interview nur die kleine Lichtausstattung dabei.

Gesamt gesehen könnten sie also weiterdrehen.

»Laßt uns das Zeug holen, und dann fahren wir zu dieser Adresse. Jetzt erst recht!« Nina stemmt die Hände in die Hüften. »Ich will diesem Sack auch mal die Eier quetschen!«

»Du spinnst!« Herbert schüttelt den Kopf. »Was hast du davon, wenn du diesem alten Knacker an die Eier greifst?«

»Und wir haben keinen Kameramann mehr! Leo kannst du so nicht einsetzen. Wenn der morgen wieder fit ist, haben wir noch Glück gehabt!« wirft Tom ein.

Nic überlegt. »Ich bin zwar kein guter Kameramann, aber damit umgehen kann ich auch!«

»Na, dann. Was hält uns noch?«

»Hast du die Nummer dabei? Dann rufen wir jetzt an und sagen, daß wir etwas später kommen. Wegen eines kleinen Unfalls!«

Nina grinst und läßt sich von einer Krankenschwester die Verbindung herstellen. Sie erfährt nur, daß Senhor Ferreira eine volle Stunde auf das deutsche Fernsehen gewartet habe, die Verspätung als unfreundliche Geste empfinde und deshalb für ein Interview nicht mehr zur Verfügung stehe.

»Wir fahren trotzdem!« sagt Nina anschließend wütend.

»Um dort vor der Tür zu stehen oder ihn zu filmen, wie er in einer schwarzen Limousine mit dunklen Fensterscheiben an uns vorbeifährt? So ein Quatsch. Wir wissen noch nicht einmal, wie er aussieht!«

»Und morgen früh haben wir einen Hubschrauberflug gebucht und am Nachmittag einen Bus zum Tropenwald.«

»Stimmt!«

»Und übermorgen fliegen wir wieder zurück!«

»So ist es!«

Im Hotel bringen sie Leo, der mit seinem Kopfverband wie ein Pirat aussieht, auf sein Zimmer, trinken noch einen gemeinsamen Schluck an der schäbigen Hotelbar und gehen dann alle zu Bett. Nur Nina nicht. Sie wartet fünf Minuten, dann bewaffnet sie sich mit der Adresse und dem restlichen Geld, das sie im Zimmer aufbewahrt hat, und geht nach unten auf die Suche nach einem Taxi. Sie biegt um die erste Straßenecke, da sieht sie Nic. Er geht zielstrebig vor ihr die Straße entlang, dreht sich aber plötzlich, als hätte er ihre Anwesenheit gespürt, nach ihr um und wartet dann auf sie.

»Wo willst du denn hin?« fragt er und grinst. »Du kannst es wohl nicht lassen, was?«

»Nein, eigentlich nicht!«

»Selbst wenn du ihn sehen würdest. Du hast keine Kamera dabei. Was soll's also bringen!«

»Wahrscheinlich tu ich's nur für mich!«

»Deine Zielstrebigkeit in Ehren, aber meinst du nicht, du könntest die Nacht angenehmer verbringen?« Er macht eine weitläufige Handbewegung.

»Wie denn?« Nina schluckt. Jetzt muß es kommen!

»Gefallen dir die brasilianischen Männer nicht?«

»Zu klein, zu schmal.« Wann kapiert er es endlich?

»Tja, dann...«

Sie stehen und schauen aneinander vorbei.

»Wo wolltest du denn hin?« fragt Nina schließlich, und in derselben Sekunde wird es ihr heiß. Zu Suzanna etwa? Ist die Migräne wieder vorbei?

»Unbestimmt...«

»Wollen wir in eine Bar? Leo hat mir erzählt, die dort drüben sei recht witzig.« Sie zeigt über die Straße auf eine grell blinkende Neonschrift.

»Ich gehe eigentlich nie in Bars!«

»Aber ich könnte etwas gebrauchen – nach dem Schrekken!«

Nic zögert. Es ist ihm anzusehen, daß er nicht begeistert ist, und Nina überlegt bereits, ob sie zu weit gegangen ist.

Da kneift er sie leicht in die Wange und grinst: »Okay, laß uns mal 'ne Mami anschauen!«

Mami? denkt Nina verblüfft, freut sich aber über die Gelegenheit, endlich einmal mit ihm allein zu sein.

Sie hat sich getäuscht. Kaum daß sie sich an das dämmerige Licht gewöhnt haben, sehen sie auch schon einige Hände, die ihnen entgegenwinken. Bis auf Leo sind alle männlichen Teammitglieder anwesend. Und der Star des Abends, ein mächtig großer und beleibter Transvestit, hat es ganz offensichtlich auf den schmalen, blonden Gerd abgesehen. Er ist das Ziel jedes Liedes, und schließlich bittet er ihn sogar auf die Bühne.

»Für einen, der eben einen Raubüberfall überstanden hat, ist das doch wirklich nur ein Klacks«, sagt er wegwerfend und versinkt im Busen der Lady.

Am Morgen zeigt sich Leo wieder einsatzbereit. Im Gegensatz zu allen anderen, die mit dicken Köpfen beim Frühstück hängen.

»Hab ich die wirklich geküßt?« stöhnt Gerd.

»Was heißt *die*«, tippt sich Tom an die Stirn, »*den*!«

»Wie fürchterlich! Mir ist jetzt noch ganz schlecht!«

»Hättest eben Milch trinken sollen«, knirscht Herbert durch die Zähne und hält sich die Stirn. »Und ich auch!«

»Das war doch überhaupt seltsam«, Nina schaut in die Runde. »Wolltet ihr nicht alle *sofort* ins Bett?«

»Ha, ha! Du mußt reden!« Tom schaut von ihr zu Nic und zurück und zieht die Stirn kraus.

»Ist was?« fragt Nic verwundert.

»Ich verkneife mir jeden Kommentar! *Ich* muß mit meinen Kräften haushalten.«

An diesem Abend streifen sie alle gemeinsam durch die Stadt. Der Hubschrauberflug war grandios. Nina saß am Fenster, Nic neben ihr, und wenn er sich an ihr vorbeibeugte, um besser sehen zu können, war nur noch dünner Stoff zwischen ihnen. Für Nina war dies der sinnlichste Flug ihres Lebens, ganz abgesehen davon, daß die Stadt von oben wirklich sehenswert war und der Pilot es ganz eindeutig darauf abgesehen hatte, dem Kameramann »Action« zu bieten. Leo hing mit einer Spezialsicherung in der offenen Tür, und Nina wagte kaum hinzusehen, so halsbrecherisch sah das aus. Sie flogen kreuz und quer über Rio, am Zuckerhut und der Christusstatue vorbei, über die Strände und den Süßwassersee Lagoa und weiter zum Tijucawald, den sie am Nachmittag noch mit dem Bus erkunden wollten. Leo war von den Luftbildern begeistert, und auch der 3000 Hektar große, vor etwa hundert Jahren künstlich angelegte Tropenwald mit seinen dunkelgrünen Schluchten und fadendünnen Wasserfällen bot noch Unerschöpfliches für sein Kameraauge.

Ninas Augen hingen indes an Nic, und als er vorschlug, den letzten Abend gemeinsam zu verbringen, traute sich Nina kaum zu atmen. Insgeheim hatte sie schon befürchtet, er würde sich mit Suzanna absetzen, um diese Nacht mit ihr zu verbringen. Vor allem nach ihrer geheimen Beobachtung am Nachmittag im Tuijucawald. Nina hatte mit Leo den besten Winkel gesucht, um einen vom Lianendickicht fast verdeckten kleinen Wasserfall aufzunehmen, und sich dazu auf den Boden gelegt.

Aus dieser Perspektive sah sie aber auch geradewegs unter dem Bus hindurch, und dort, auf der anderen Seite in Höhe der Bustür, standen unverwechselbar Nics Beine. Während sie noch verliebt die Konturen betrachtete, kam von oben ein schmales Paar Beine dazu. Er muß Suzanna aus dem Bus gehoben haben. Die Beine standen ihr zu dicht und zu lange beieinander, es sah aus, als lägen sich die beiden in den Armen. Vor Ninas Augen spielten sich wild-romantische Szenen ab, leidenschaftliche Küsse, die Hände unter dem Pullover, verliebte Schwüre, alles Lanzenstiche direkt in ihr Herz. Sie konnte sich vor lauter Schmerz von dem Anblick kaum trennen, und als Nic und Suzanna kurz danach dicht nebeneinander und vergnügt lachend hinter dem Bus hervorkamen, war es Nina klar, daß da bereits etwas war. Oder noch in dieser Nacht kommen würde, denn Suzanna sprühte vor Lebensfreude, und Nics Gesichtszüge wirkten entspannt und glücklich. Sie hatte verloren. Alles war nur Illusion, die Seifenblase geplatzt. Nina versuchte sich nichts anmerken zu lassen, aber im Geiste sah sie sich diesen Abend allein im Zimmer oder mit Leo, Herbert und den anderen an der Bar verbringen. Vorausgesetzt, daß die in diesem Schlaraffenland für Männer nicht auch etwas anderes geplant hätten.

Auf Nics Anregung hat Suzanna ein Restaurant vorgeschlagen und reserviert. Einträchtig laufen sie durch die nächtlichen Straßen von Rio. Nina spricht noch einmal den Überfall an, aber Suzanna erklärt, die Ermittlungen hätten weiter nichts ergeben, der Busfahrer sei eine nicht registrierte Aushilfskraft gewesen, und auch von dem Material und den Männern fehle bisher noch jede Spur. So etwas sei nicht unüblich in Rio, damit müsse man immer rechnen.

Alle nicken und lassen das Thema auf sich beruhen.

Nur Nina grübelt vor sich hin. Für sie steht das alles in einem direkten Zusammenhang: der Termin, Suzannas plötzliche Migräne, der Überfall!

Sie will von Suzanna noch einige Hintergründe erfahren. Und die Gelegenheit dazu ist günstig. Leo hat Nic mit Beschlag belegt, sie gehen noch einmal alles Filmmaterial durch und überlegen, ob sie vielleicht noch einen wesentlichen Aspekt vergessen haben. Und Herbert, Tom und Gerd sind hinter ihnen, unterhalten sich über ein offenbar hochwichtiges Fußballspiel, das an diesem Abend in München ausgetragen wird.

Nina schließt zu Suzanna auf, die ihr freundlich zunickt, und fragt scheinbar gleichgültig nach Bernd.

»Er wird euch morgen am Flughafen verabschieden«, lächelt Suzanna.

Darauf könnte Nina gut verzichten. Aber er muß seiner Aufgabe als Korrespondent nachkommen, wenn er sich zumindest formal dem Sender gegenüber nichts zuschulden kommen lassen will. Alles andere kann er ja als Hirngespinste von Nina auslegen.

»Willst du mir nicht noch etwas über Senhor Ferreira erzählen?« fragt Nina unvermittelt.

Suzanna geht langsamer und schaut Nina von der Seite an. »Was soll ich dir über ihn erzählen?«

»Beispielsweise, warum er dieses Rollkommando auf uns gehetzt hat! Das war kein Zufall, Suzanna, das weißt du so gut wie ich!«

Suzanna antwortet nicht darauf, sondern ruft statt dessen: »Nic, warst du schon einmal bei einer Wahrsagerin?«

Was soll das jetzt, fragt sich Nina. Nic dreht sich nach den beiden um und lacht: »Nein, Gott behüte, ich bin nicht abergläubisch!«

Er braucht Suzanna nur anzuschauen, und schon lacht er, denkt Nina gallig. Richtig kindisch ist das!

»Weiter vorn, kurz vor dem Restaurant, gibt es eine Wahrsagerin, die unter den Insidern einen sehr guten Ruf hat. Aber es ist ein bißchen gespenstisch.«

Nic zögert.

»Prima«, sagt Nina schnell, bevor Suzanna auf die Idee kommt, sich mit Nic die gemeinsame Zukunft vorhersagen zu laßen, »klasse Idee, laßt uns doch alle zusammen gehen!«

Suzanna nickt. »Ich muß nur fragen, ob sie für so viele Zeit hat!« Sie läuft schnell voraus, verschwindet in einem alten

Haus. Nina und die anderen schlendern hinterher, bleiben dann vor der dunklen Eingangstür stehen. Es dauert eine Weile, bis Suzanna wieder herauskommt. Herbert, Tom und Gerd verabschieden sich, sie wollen für »Hokuspokus« kein Geld ausgeben, Leo klopft sich vielsagend auf den Bauch und schlägt vor, schon mal die Vorspeisen zu bestellen. Als Suzanna schließlich wieder auf die Straße tritt, stehen nur noch Nina und Nic da.

Bevor sie sich recht versieht, sagt sie forsch zu Suzanna: »Kannst du für uns übersetzen?«

»Sicher«, antwortet Suzanna fröhlich. »Es paßt gut, daß die anderen nicht wollen, sie kann nur eine Sitzung abhalten. Die könnt ihr ja zusammen machen!« Dabei schaut sie Nina und Nic an, als stecke sie Brüderchen und Schwesterchen gemeinsam in die Badewanne.

Hinter der hölzernen Eingangstür öffnet sich ein großer, dunkler Flur. Es ist kühl und riecht seltsam vertraut nach Kartoffeln. Suzanna geht zielstrebig voraus, einige Stufen hoch, an mehreren Türen vorbei und bleibt dann stehen. Sie kennt sich hier verdammt gut aus, überlegt Nina. Und als könnte Suzanna Gedanken lesen, erklärt sie leise, daß sie als Kind sehr oft hiergewesen sei, weil sie die Atmosphäre so aufregend fand. Und noch heute werde es ihr bei jeder Sitzung ein wenig unheimlich.

Nina räuspert sich leise. Ihr graut es jetzt schon. Suzanna klopft an, öffnet und läßt Nina und Nic an sich vorbei in den dunklen Raum der Wahrsagerin eintreten. Aber Ninas Augen haben sich bereits an die Dunkelheit gewöhnt, und sie kann einiges erkennen. Es wirkt auf den ersten Blick wie ein ganz normales Wohnzimmer, vollgestopft mit allen möglichen Utensilien. Hinter einem Tisch, die zugezogenen schweren Vorhänge im Rücken, sitzt eine breite Gestalt, die etwas Unverständliches sagt. Suzanna übersetzt flüsternd: »Ihr sollt euch dort auf das Sofa setzen!«

Beide versinken in ausgeleierten Sprungfedern, Suzanna bleibt stehen.

Es ist still. Dann bemerkt Nina, daß irgend etwas ein kratzendes Geräusch verursacht. Nach einer Weile kann sie es einordnen. Die Alte schiebt, leise vor sich hinbrummelnd, kleine Gegenstände über den Tisch. Sind es Würfel? Oder vielleicht kleine Knochen? Während sie noch überlegt, gibt die Alte Suzanna mit der Hand ein kurzes Zeichen. Suzanna zündet eine heruntergebrannte weiße Kerze an, die vor Nic und Nina steht. Nina starrt in die kleine Flamme, dahinter verwandelt sich das monotone Gemurmel plötzlich in eine Art Klagelied. Dann schrillt die Stimme langgezogen und zittrig durch den Raum, um schließlich jäh abzubrechen. Die Kerze erlischt.

Was bedeutet das, war das eine Art Lebenskerze? Ein schlechtes Omen für ihren Flug morgen? Für ihr gemeinsames Leben?

Die Alte bewegt sich auf ihrem Stuhl. Sie muß unzählige Gewänder oder Umhänge übereinander tragen. Alles raschelt an ihr, ist in Bewegung. Dann ist wieder Ruhe.

Plötzlich beginnt die Alte wieder zu sprechen. Suzanna hört zu, faßt dann leise zusammen: »Ihr werdet beide ein langes Leben haben, glücklich sein, aber ihr sollt auf eure Gesundheit achten. Zusammen bekommt ihr«, an dieser Stelle zögert sie ein wenig, »zwei hübsche, gesunde Kinder, einen Jungen und ein Mädchen. Nic wird als Regisseur sehr erfolgreich werden – wenn er das nächste Mal nach Rio fliegt, kommt er mit seinem eigenen Flugzeug!«

Nina fällt fast aus dem Sofa, so hängt sie an den Lippen der Alten. Nic und sie – ein Paar! Da spielt es kaum noch eine Rolle, daß nur Nic erfolgreich wird. Obwohl es vom Schicksal ja nicht ganz richtig ist. Aber zwei Kinder und Karriere sind nun eben mal schwierig. Hingerissen ergibt sie sich ihrem Schicksal.

Die Alte krächzt noch etwas, Suzanna beugt sich zu Nina und Nic herunter. »Sie ist fertig, ihr müßt ihr etwas Geld hinlegen!«

Es sind umgerechnet dreißig Mark, die Nina für sie beide auf den Tisch legt. Dabei kann sie das Gesicht der Frau etwas besser sehen. Es wirkt sehr alt, ist voller Falten und Runzeln. Und der Blick der Wahrsagerin geht seltsam an ihr vorbei, ins Leere, die Augen wirken trübe und weiß.

Sie verabschieden sich und tappen vorsichtig hinaus. Dann wird es ihr klar: Die Frau ist blind. Sie braucht kein Licht, ihr Zuhause ist die Dunkelheit.

Draußen schüttelt sich Nic: »Na, das war wirklich beeindruckend. Vor allem das mit der Karriere. Da bin ich ja mal gespannt!«

Über uns sagt er überhaupt nichts, denkt Nina enttäuscht und dreht sich nach Suzanna um, die leise die schwere Haustür hinter sich zuzieht. »Die alte Dame ist blind, stimmt's?« fragt sie neugierig.

»Stimmt! Sie lebt im Dunkeln, solange ich mich zurückerinnern kann!«

»Aber der Organismus braucht doch Licht, Sonne! So kann ein Mensch doch nicht leben!«

»Sie lebt so!«

Nina schüttelt den Kopf, es ist für sie schwer vorstellbar, ein komplettes Leben in fortwährender Dunkelheit zu verbringen. Zu dritt gehen sie nebeneinander in Richtung Restaurant. »Was prophezeit sie dir denn?« fragt sie Suzanna, um endlich das Thema auf die eigentliche Sensation, die gemeinsamen Kinder von ihr und Nic, zu bringen.

Suzanna zuckt die Achseln. »Ich werde, ganz nach den Vorstellungen meines Vaters, einen reichen Brasilianer heiraten und mit ihm glücklich werden!«

»Warum denn unbedingt einen Brasilianer? Dein Vater hat doch auch eine Deutsche geheiratet?« fragt Nic.

»Das ist etwas anderes!«

Gleich macht er ihr einen Heiratsantrag, und meine zwei Kinder verpuffen in Luft, denkt Nina und wechselt rasch das Thema, was nicht schwerfällt, weil sie vor dem Restaurant angekommen sind. Suzanna scheint hier bekannt zu sein, sie wird höflich begrüßt. Dann führt man sie zu ihrem Tisch, wo die anderen schon vor ihren Getränken sitzen.

»Na«, empfängt Leo sie, »wußte eure Wahrsagerin, wo meine Kamera, mein Baby, ist?«

»Wir haben ausschließlich über unsere Babys gesprochen!« antwortet Nina und rückt sich den Stuhl zurecht.

»*Unsere??*« grinst Leo, »na, das hätte ich dir auch so sagen können!«

»Ach ja? Wieso?«

»Nach unserer wilden Nacht gestern?!«

»Nach was??« Nina schaut ihn verblüfft an. »Du warst heute nacht doch scheintot!« Sie zeigt auf seinen schmalen Verband. »Oder hast du gerade ein Schädeltrauma? Und spinnst jetzt vielleicht ein bißchen?«

»Ach, du warst das gar nicht?« Leo zieht eine Augenbraue hoch und lacht schließlich schallend über Ninas entwaffnende Unschuld.

Mit gemischten Gefühlen steht Nina am Flughafen.

Um sie herum tobt das Chaos, tragen die Männer eine Produktionskiste nach der anderen zur Abfertigung. Sie rührt keinen Finger, ihr Herz ist schwer, am liebsten würde sie umkehren und noch eine Woche bleiben. Von ihr aus auch wieder in ihrem alten Zimmer, an dessen reges Fußbodenleben sie sich während der letzten Tage gewöhnt hat. Sie verspürt nicht die geringste Lust, in ihre Redaktion zurückzukehren, sie mag keine ihrer gestylten Kolleginnen sehen und auch sonst niemanden. Vor der Begegnung mit Sven ist ihr himmelangst. Nach einer Woche Abstinenz wird er eine furiose Nacht erwarten, und sie wird im Badezimmer vor der Schramme stehen und an Senhora Tavares denken.

Muß sie sich das alles antun? Gibt es gar keinen Ausweg? Sie hat sich auf ihren Hartschalenkoffer gesetzt und schaut sich nach Nic um, der mit spitzen Fingern einen Becher heißen Kaffee ausbalanciert.

Lächelnd kommt er auf sie zu: »So, das wäre geschafft. Wegen des Schnitts telefonieren wir, aber vielleicht könntest du einen möglichst frühen Termin organisieren, dann komme ich nicht in Terminschwierigkeiten!« Seine Augen strahlen sie an, er ist braungebrannt, sieht so erholt aus, als hätte er vierzehn Tage geruhsamsten Strandurlaub hinter sich.

»Ist gut, möglichst bald!« antwortet Nina automatisch. Natürlich so bald wie möglich, weil ich ihn so bald wie möglich wiedersehen muß. An ihm vorbei sieht sie Bernd herankommen. »Oh, gib mir Deckung, Nic, Bernd ist im Anmarsch! Vielleicht zieht er ja wieder ab, wenn er mich nicht sieht!«

Nic stellt sich bereitwillig vor sie, Nina macht sich auf ihrem Koffer ganz klein.

»Oh, Suzanna ist ja auch dabei«, entdeckt Nic plötzlich, »da müssen wir uns schon verabschieden, das wäre nicht fair!«

Nina seufzt. Ist es fair, daß sie ihn liebt und er Suzanna? Ist das fair? Kümmert sich jemand darum, was *ihr* gegenüber fair wäre?

Nic steht auf, und Nina hätte am liebsten die Augen geschlossen. In den kürzesten aller kurzen Shorts und mit dem knappsten aller knappen Bustiers schlendert Suzanna heran, die glänzenden schwarzen Haare über den Schultern. Sie schwingen im Takt ihrer federnden Schritte. Kein Mann im ganzen Gebäude, der ihr nicht nachschauen würde, keine Frau, die sich nicht heimlich die Augen nach ihr verdreht.

»Ich wollte gleich an den Strand«, entschuldigt sie ihren Aufzug mit einer wegwerfenden Geste.

Nina hat die ganzen Tage auf jede überflüssige Kalorie verzichtet, sich mühsam ein knappes Kilo vom Leib gehungert. Jetzt würde sie am liebsten in eine Schokoladentorte beißen, denn jeder Versuch, diesem perfekten Körper neben ihr gleichzukommen, ist zwecklos. Das einzige Mittel, das gegen Suzannas Wirkung gewachsen ist, ist, gebührend Abstand zu wahren, denn direkt neben ihr kann der Vergleich nur vernichtend ausfallen. Wie Sven wohl reagieren würde, wenn er sie sehen könnte?

Bernd schüttelt ihr zum Abschied die Hand, gequält grinsend, aber das prallt an Nina ab. Sie sieht, wie Nic Suzanna in den Arm nimmt, um ihr ein zartes Abschiedsküßchen aufzudrücken. Auch die anderen Teammitglieder sind plötzlich alle da, um sich gebührend von Suzanna zu verabschieden. Jeder will sie einmal drücken. Suzanna, die das natürlich durchschaut, kichert und spielt mit.

»Bekomme ich auch eine Kassette?« fragt sie dann Nina.

»Klar, wenn du willst.«

Suzanna nickt. »Verwendest du alles?« will sie leise wissen.

»Soviel ich kann!«

»Das ist gut so. Es wird keine Revolution auslösen, aber es bewegt etwas.«

Verwundert schaut Nina sie an. Was soll das nun wieder heißen? Setzt Suzanna etwa auf sie? Will Suzanna wirklich etwas bewegen?

»Wenn du das willst, warum dann dieser Überfall?«

»Es ist mir gedroht worden. Manche Dinge sind hier nicht so einfach. Aber ich wußte von Bernd, daß nicht viel passieren würde!«

»Nicht viel ist gut«, zischt Nina und deutet mit dem Kopf zu Leo, der ein großes Pflaster über seiner Kopfwunde trägt.

»Das war harmlos!« Suzanna zuckt die Schultern.

Nina blickt zu Bernd, der sich eben von Leo verabschiedet.

»Was spielt er für eine Rolle?«

»Keine«, sagt sie schnell. »Er ist nichts.«

»Nichts? Wie nichts! Er spielt sich doch auf wie –«

»Er ist nichts. Er ist nur ein ausführendes Organ.«

Wie sich das schon anhört, denkt Nina. »Und du?«

»Vater läßt ihn ein bißchen auf mich aufpassen, sonst nichts! In Deutschland erwartet dich übrigens eine Überraschung«, flüstert Suzanna noch hastig und lächelt, als Bernd zu ihnen herüberkommt.

Eine Überraschung? rätselt Nina, was kann das schon sein? Eine Briefbombe? Oder zwei Findelkinder, abgegeben von einer Wahrsagerin?

Eine Stunde später sitzt Nina wie auf dem Hinflug wieder auf einem Fensterplatz, allerdings als einzige aus ihrer Gruppe im Nichtraucher. Alle anderen sitzen im Raucher und gehen die letzte Tage, mit dem Abstand Abschiednehmender, noch mal scherzend durch.

Nina beschließt, später zu ihnen zu gehen, aber jetzt braucht sie erst mal Ruhe, um sich über einiges klar zu werden. Was sage ich nur Sven, denkt sie und versucht, ihre Gedanken und Gefühle zu ordnen. Die telefonische Beichte wegen des Überfalls war schlimm genug gewesen. Versicherung hin oder her, es bedeutet jedenfalls Ärger und kostet einen Haufen Geld.

Das andere ist sicherlich schlimmer. Aber was heißt überhaupt: das andere? Es war ja nichts. Nichts, was zählen würde. Was soll sie Sven dann überhaupt sagen? Passiert ist nichts, außer daß ich mich Hals über Kopf in einen anderen Mann verliebt habe, der auf Distanz bleibt? Oder: Tut mir leid, ich kann leider nicht mehr mit dir schlafen, weil du nicht Nic heißt? Weil du dich nicht anfühlst wie Nic, weil du nicht riechst wie

Nic, weil du nicht lachst wie Nic, weil du nicht dieses Glitzern in den Augen hast, weil du… es wird fürchterlich werden, und der Countdown läuft.

Nina beschließt, später weiter darüber nachzudenken, und geht ins Raucherabteil. Alle sind aufgedreht, Hauptgesprächsstoff sind natürlich der Überfall und Leos blaßrosa schimmernde Wunde auf der Stirn.

»Das wäre mir egal, wenn nur mein Baby wieder da wäre. Es war eine außergewöhnlich gute Kamera, und sie hat sich auf mich eingestellt. Wir gehörten zusammen!«

Nina setzt sich neben ihn: »Gleich hast du wieder ein anderes Baby in den Armen, das tröstet dich doch vielleicht ein bißchen!«

Ein mißbilligender Blick trifft sie: »Sag zu meinem Schnukkelchen nie wieder Baby! Das sind zwei völlig verschiedene Bräute!«

»Okay, okay«, winkt Nina ab und wendet sich an Nic: »Und wer holt dich ab?«

Nic zuckt die Achseln. »Ich lasse mich überraschen. Mein Taxifahrer vielleicht…«

Nina nickt und schweigt.

»Und dich?« will Nic wissen.

»Och.«

Nina schaut zu Leo, der sie angrinst: »Nun sag schon, das würde uns alle interessieren. Dein Schleimi aus dem Sender?«

»Keine Ahnung«, sagt sie und gähnt. »Keine Ahnung, wen du meinst!«

Leo zündet sich genüßlich eine Zigarette an: »Wir werden ja sehen!« Er dreht sich zu Nic um: »Nimmst du Drogen?«

Nic pult sich eben eine Tablette aus einer Schachtel. »Drogen? Was für'n Quatsch. Das ist eine stinknormale Schlaftablette. Ich schlafe jetzt, dann bin ich nach der Landung fit. Das mache ich immer so!«

Ach Gott, denkt Nina. Jetzt verschläft er unsere letzten Stunden auch noch. Es wird immer bizarrer. Ich werde Sven eine große Liebe beichten, und die große Liebe pennt, anstatt sich um mich zu kümmern, mich in den Arm zu nehmen, mir ein liebes Wort ins Ohr zu flüstern, die süße Zukunft zu planen.

Mist!

Ich sage Sven nichts. Zunächst jedenfalls. Ich spiele sein Spiel mit, bis ich die Spielregeln des anderen kenne.

Nina lehnt sich zurück. Wenn das meine Mutter wüßte, sie würde zusammenbrechen. Ihre Tochter als Spielball zwischen zwei Männern, von denen sie den liebt, der nicht mit ihr zusammen ist.

Sie grinst in sich hinein. Sie hat den einen, und den wird sie vorerst behalten, bis sie den anderen kriegt, dann ist es für Konsequenzen immer noch früh genug!

Sie schließt die Augen. Mal gespannt, wie lange ich das aushalte.

Ein anderer Gedanke schießt ihr plötzlich durch den Kopf und läßt es in ihrem Magen kribbeln: Die Aufdeckung der Machenschaften rund um die Straßenkinder ist ihr nicht gelungen. Sie konnte ein bißchen an der Oberfläche kratzen, einige kritische und interessante Interviews aufnehmen, aber keine Stellungnahme der verdächtigen Hintermänner.

Wahrscheinlich war es wirklich anmaßend von ihr, das in dieser kurzen Zeit erreichen zu wollen. Vielleicht gibt es darüber aber noch etwas im Archiv. So könnte es vielleicht doch noch eine halbwegs runde Geschichte werden. Sie gähnt. Im großen und ganzen kann sie zufrieden sein. Material haben sie genügend, sogar für mehrere Sendungen, wenn's sein müßte. Wieder muß sie gähnen. Etwas Schlaf wird ihr guttun. Was Nic kann, kann sie schon lange!

Sven holt sie am Flughafen ab und demonstriert seine Rolle an Ort und Stelle mit einer heftigen Kußszene.

Nina findet es lächerlich – sie ist bloß froh, daß Nic in München wohnt und nicht, wie alle anderen, nach Köln weitergeflogen ist.

Tom, Herbert und Gerd schieben gerade ihre Kisten durch den Zoll, als ein Zöllner sie zurückruft.

»Ist was mit unserem Carnet?« fragt Tom brummig und schaut Gerd vorwurfsvoll an, aber der zieht nur die Schultern hoch.

»Keine Ahnung!«

»Na gut!« Tom geht zurück und verhandelt mit dem Zöllner, danach verschwindet er in der Gepäckausgabe.

»Was ist denn jetzt los? Haben wir was geschmuggelt?« Herbert schaut die anderen ratlos an.

Nina fällt Suzannas Bemerkung ein. Wenn ihre netten Freunde ihnen vor dem Abflug Drogen untergejubelt haben, wäre das allerdings eine schöne Überraschung!

Alle warten, nur Sven drängt zum Aufbruch. »Komm schon. Damit hast du doch überhaupt nichts zu tun!«

»Natürlich habe ich damit etwas zu tun. Wir sind schließlich ein Team!«

»Mensch, Leute!« brüllt da Tom vom Eingang her, daß sich die ganze Halle nach ihm umdreht. In Riesensätzen spurtet er heran. »Es ist wieder da! Alles ist wieder da!«

»Was ist da?« fragt Leo begriffsstutzig.

»Alles, was sie uns geklaut haben! In einem Extrabehälter. Der stand noch allein auf dem Rollband, und die Zöllner haben ihn geöffnet!«

»Mein Baby!« Leo strahlt übers ganze Gesicht und läuft mit den anderen los.

Das war also die Überraschung. Ein kleiner Gruß von den brasilianischen Banditen.

Und sogar Sven riskiert ein erstes Lächeln. Klar, auf diese

Weise gibt's mit der Versicherung keinen Ärger. Alles löst sich in Wohlgefallen auf.

Die Männer kommen bereits mit einer großen, braunen Metallkiste zurück. Die hat Nina vorhin zwar gesehen, aber nicht darauf geachtet. Ihre Kisten sind aus blankem Alu.

»Wie kamen die Zöllner darauf, daß sie zu uns gehört?« fragt sie.

»War ja naheliegend«, erklärt Tom, »sie wußten, daß wir Filmausrüstung dabeihaben.«

»Ich werde Nic anrufen«, Leo klappt den Deckel auf, um nach seiner Kamera zu schauen, »er wird sich freuen!«

Das hätte Nina ganz gerne selbst übernommen. Aber dafür hätte Sven wohl kein Verständnis aufgebracht.

Was folgt, ist die schlimmste Nacht in Ninas Leben. Sven hat den Tisch festlich gedeckt, Rosen und Champagner stehen darauf, und ein kleines, rot verpacktes Geschenk liegt auf ihrem Teller. Sie kann sich denken, was es ist.

»Als Vorspeise oder als Dessert?« fragt sie und schluckt trocken.

»Das Dessert bist doch du«, entgegnet Sven gutgelaunt und entkorkt die Champagnerflasche. Nina fühlt, wie sich ihre Nackenhaare sträuben. Hier geht es um sie! Um ihre Person, ihr Leben und nicht zuletzt – um ihren Körper. Was im Flugzeug so leicht zu regeln war, bekommt jetzt eine ganz andere Dimension. Sie betrachtet widerwillig das kunstvoll verpackte Geschenk. Verdammt noch mal, denkt sie, wie soll sie nur aus dieser Situation herauskommen. Ihn doch mit ihren Gefühlen konfrontieren? Schluß machen? Und dann? Ausziehen? Eigene Wohnung? Das kann sie sich nicht leisten.

Vernunft steht gegen Gefühl.

Wie im Mittelalter schimpft sie innerlich und stößt mit Sven an.

Am nächsten Morgen fahren sie gemeinsam zum Sender. Nina betrachtet die weihnachtlichen Auslagen in den Fenstern und denkt dabei sehnsüchtig an Brasilien, Sven erklärt plötzlich: »Ich habe dir verziehen!«

»Wie?« Nina fällt aus allen Wolken und schaut ihn erstaunt an. Was sollte er ihr verzeihen?!

»Ich habe die Schramme im Badezimmer natürlich entdeckt. Zum Glück warst du gerade nicht da. Und jetzt habe ich mich schon wieder abgeregt.«

Nina schluckt. Was hat sie bei Senhora Tavares über die Schramme gedacht? »Danke!« sagt sie leise. Es ist nicht ihr Waschbecken, das sie beschädigt hat, es ist nicht ihr Geld. Sie hat kein Recht, die Schramme als lächerlich abzutun. Auch nicht im Vergleich zu dem Elend in anderen Ländern. Sie muß selbst etwas tun, nicht andere verurteilen. Nina fühlt sich schlecht und seufzt.

Sven parkt gerade ein. »Gibt's was?« fragt er. Sie betrachtet sein Gesicht. Wenn er weniger schön wäre und dafür mehr Sinn für die Ungerechtigkeiten dieser Welt hätte, wäre alles ein wenig leichter. Ob Nic da besser ist?

Nina schüttelt den Kopf. »Nichts Bestimmtes, ich würde heute gern das Material sichten!«

»Da bin ich gespannt!«

Sie gehen nebeneinander auf den Eingang des Senders zu. Nina überlegt, wie er das gemeint hat. Will er etwa zuschauen? Im Schneideraum hinter ihr sitzen? Das hätte ihr gerade noch gefehlt.

In der Redaktion stürzen sich alle sofort auf sie. Sarah vorneweg: »Na, war's schön?«

»Schön, daß es dich auch noch gibt!« Nina weiß nicht, ob sie sie umarmen oder ihr eine Ohrfeige geben soll.

»Da hast du recht, danke, ich dachte, ich sterbe!«

Sabrina und Elke grinsen vielsagend. »Sie wäre wegen des Drehs fast gestorben«, flüstert Sabrina, »nicht wegen der Windpocken. Sie hatte einfach zuwenig vorbereitet. Und deswegen Schiß!«

»Psst«, macht Sarah, »wir wollten es doch nicht an die große Glocke hängen. Ich hab's ja zugegeben, und ich gebe dir dafür einen aus!«

»Brauchst du nicht«, winkt Elke ab, »Nina sieht gut aus, richtig erholt! Von der Sonne verwöhnt!«

Sabrina streicht ihr leicht mit dem Zeigefinger über die Wange und kontrolliert ihn dann kritisch: »Alles echt?«

Nina muß lachen. »Suchst du Staub oder Sonnenreste?«

»Sind die Brasilianer so heißblütig, wie man sagt?« will Sabrina wissen.

Brasilianer?! Sie hat keinen gesehen!

Die Tür geht auf, Sven kommt herein. »Mir hat keiner gefallen«, sagt Nina schnell, und die anderen tauschen bedeutungsvolle Blicke.

Nach der Morgenkonferenz zieht sich Nina mit den Bändern aus Brasilien in einen der Sichtungsräume zurück. Sie legt ihre Lieblingsaufnahme ein, das Interview mit Tânja Tavares. Entspannt setzt Nina sich in ihrem Stuhl zurück, legt die Füße auf den Tisch, will das Ganze in Ruhe betrachten.

Kaum hat Tânja Tavares den ersten Satz gesprochen, steht Sven in der Tür. »Nun laß mal sehen, was du so hast.« Er tritt hinter ihren Stuhl. Ninas Magen zieht sich zusammen. Hätte sie gewußt, daß er kommt, hätte sie die Strandaufnahmen eingelegt. Leben, Menschen, Atmosphäre, nacktes Fleisch. Sven lauscht regungslos. Dann sagt er leise: »Das ist nicht dein Ernst!«

Nina fühlt sich herausgefordert: »Wieso? Das gehört dazu! Das ist die wirkliche Jugend in Brasilien, interessanter als Sonnenschein, Beach und Axé-Music! Weißt du, daß in Brasilien im Schnitt pro Jahr über 400 Jugendliche und Kinder umgebracht werden und daß...?«

»Das will aber keiner sehen!«

»Woher willst du das denn wissen?«

»Es war ein Fehler, dich zu schicken. Ich habe ja gleich gesagt, Sarah hat einen besseren Blick für so was!«

Die Tränen schießen Nina in die Augen. Sie weiß nicht, ob es die Ungerechtigkeit ist, die Demütigung, das Versagen, das er ihr unterstellt, sie weiß nur, daß er ihre Enttäuschung nicht sehen darf. Sie beugt sich schnell zu dem Abspielgerät vor, wechselt die Bänder und legt die Strandszenen ein, die Leo eingefangen hat.

»Das ist schon besser«, urteilt Sven nach einer Weile. »Bis auf diesen widerlichen deutschen Holzbock da. Soll das die deutschen Spanner dokumentieren, oder ist es eine Geschmacksverfehlung deines hoch verehrten Kameramanns?«

Nina antwortet nicht darauf. Sie schaut auf ihren neuen Ring, dreht ihn hin und her und denkt voller Zorn an die vergangene Nacht.

Es wächst nicht nur ihr Groll gegen Sven, sondern auch gegen sich selbst, weil sie keinen Entschluß fassen kann, sich feige fühlt. Am liebsten hätte sie den Raum verlassen. Aber das hätte nur zur Folge, daß Sarah den Auftrag bekäme, das »Beste« aus dem Material zu machen, und sie selbst könnte Sven deswegen trotzdem nicht ausweichen. Spätestens im Bett wären sie wieder allein.

Liebe am Arbeitsplatz. Sie flucht innerlich. Was für ein Horror!

»Gib das mal her«, sagt Sven da knapp, nimmt die Fernbedienung vom Tisch und schaltet auf Fast Forward.

Nina steht auf: »Willst du dich nicht vielleicht dazu auch setzen?« Sie hat es sarkastisch gemeint, eine Spitze darauf, daß er ihr alles aus der Hand nimmt.

»Ja, danke.« Ohne einen weiteren Gedanken an sie zu verschwenden, setzt er sich und spult ein Band nach dem anderen ab.

Egomane, unsensibler Klotz, ein Charakterschwein mit geringeltem Schwänzchen. Ekelhaft!

Bei den Nachtaufnahmen mit den Straßenkindern spult er zurück, schaut sie sich aufmerksam an. »Das sind klasse Aufnahmen, sehr dichte Atmosphäre! Der Rücken ist auch gut! Das zieht!«

»Der Rücken ist nicht gut, sondern eine Sauerei!« Nina steht hinter ihm und hat gute Lust, ihre Hände um seinen Hals zu legen.

»Schon gut, schon gut. Die Bilder sind jedenfalls gut!«

Schön langsam zudrücken, bis er grün im Gesicht wird.

»Die Sequenz nimmst du mit! Da hat der Kameramann gespurt. Wenn ich auch sonst nicht viel von ihm halte!« Sven spult weiter.

Eitles Geschwätz, denkt Nina. Aufnahmen! Bilder! Er hat überhaupt nicht zugehört, was diese Jungs zu sagen haben!

»Viel zuviel sozialkritisches Zeug«, schimpft er zum Schluß. »Das meiste davon kannst du weglassen. Wen interessiert schon, was die alte Tussi da zu sagen hat. Du nimmst diese Typen da, im Dunkeln, vor allem den mit dem Rücken, und baust die anderen Sachen drum herum. Dazu die Tänzer von dieser Schule, den Hubschrauberflug – hat wahrscheinlich ein Vermögen gekostet – und viel Haut. Bis auf diese Unfigur natürlich!« Damit ist er raus aus dem Sichtungsraum.

Nina setzt sich wieder in den Stuhl und hat keine Lust mehr. Soll sie Tom anrufen und ihm sagen, daß er eine Unfigur ist? Vielleicht kann sie dann mal wieder herzhaft lachen, so wie in Rio. Ach, Rio! Sie legt die Füße auf den Tisch, lehnt sich zurück und hängt ihren Tagträumen nach.

Abends fährt Nina zu ihrer Mutter. Sie hat Svens Wagen dabei, er arbeitet noch länger, sie soll ihn später abholen. Es ist Mittwoch, Stammtischtag, keine Gefahr also, daß ihr Vater das Frauengespräch stört.

Sie unterhalten sich über Brasilien, Nina erzählt alles. Schildert auch ihren Unmut über Sven, ausführlich und in allen Farben.

Ihre Mutter bemerkt Ninas neuen Ring. »Zeig doch mal her! Sehr geschmackvoll, sicher sehr teuer!«

Nina zieht ihn vom Finger. Er ist breit und aus Platin, verziert mit einem einzelnen, stattlichen Brillanten. »Mir wäre es lieber, Sven würde etwas mehr auf meiner Wellenlänge schwimmen, anstatt mir solche Geschenke zu machen!«

»Man kann nicht alles haben, Kind!« Ilse Wessel streift den Ring über ihren Ringfinger. Sie hat schlanke, gepflegte Hände. Der Ring ist ihr zu groß. Am Mittelfinger paßt er. »Wo trägst du ihn? Rechts oder links?« will sie wissen.

Nina schaut auf ihre Hände. »Links natürlich!«

»Sieht aus wie ein Verlobungsring!« sagt ihre Mutter langsam, streckt die Hand von sich weg, begutachtet den Ring wohlwollend an ihrem Finger.

»Um Gottes willen, Mutti, dann kannst du ihn lieber behalten!«

Ihre Mutter zieht den Ring wieder ab und legt ihn vorsichtig zwischen sich und Nina mitten auf den Tisch. Dort funkelt der Stein einsam im Licht, blitzt in allen Farben. Ilse Wessel betrachtet ihn eine Weile, dann schaut sie Nina direkt in die Augen.

»Was ist eigentlich los, Nina?« fragt sie langsam. »Sven hat dir einen wunderschönen Ring geschenkt, und du freust dich noch nicht einmal darüber. Aber du trägst ihn, und du fährst seinen Wagen. Auf der anderen Seite tust du so, als hätte Sven die Pest. So geht das doch nicht, Nina!«

»Ja, danke, da spricht mein zweites Gewissen.« Nina fühlt sich unwohl, aber eigentlich hat sie auf diese Frage gewartet. Jetzt sprudelt es aus ihr heraus, ihre Liebe zu Nic, die sie vorher verschwiegen hatte. Und wie sie sich so selbst zuhört, weiß sie, daß sie eine Entscheidung treffen muß. »Ich bin sicher, er wäre der richtige Mann für mich!« schließt sie ihren begeisterten Vortrag.

»Das gleiche hast du vor zwei Jahren über Sven gesagt«, entgegnet ihre Mutter trocken, »und damals seinetwegen deine sichere Stellung bei der Zeitung gekündigt!«

»Das war nicht seinetwegen, Mutti, das war meinetwegen. Ich wollte zum Fernsehen!«

Ihre Mutter schweigt, zeigt auf den Ring. »Dann mußt du den hier zurückgeben. Und zwar möglichst bald, denn alles andere wäre verlogen!«

»Ja, Mutti! Vielen Dank für den Tip!«

Ihre Mutter schaut sie schräg an. »Sven wird nicht wollen, daß du in seiner Abteilung bleibst. Hat dir dein Nic auch eine Arbeitsstelle anzubieten?«

Nina holt tief Luft. Daß ihre Mutter aber auch immer so pragmatisch sein muß. Geld spielt doch jetzt keine Rolle.

»Also nicht!« Ilse nickt bedächtig. »Und wie soll's dann weitergehen? Bei Nic einziehen, sich von ihm aushalten lassen? Auf *seinen* Ring warten? Meinst du, das geht so einfach?«

»Mutti!« Entrüstet schlägt Nina mit der flachen Hand auf den Tisch. »Du weißt genau, daß ich so etwas nie tun würde!«

Ilse Wessel zieht die fein geschwungenen Augenbrauen hoch. »Dann bleibt aber auch nicht mehr viel übrig, Nina!«

»Ich liebe ihn eben«, trotzig schnippt Nina den Ring über den Tisch. Er bleibt knapp vor der Kante liegen. »Das kannst du eben nicht verstehen!«

Ilse Wessel schiebt ihn zu Nina zurück. »Ja, wahrscheinlich nicht!«

Mit gemischten Gefühlen fährt Nina zurück nach Köln. Sie hatte eigentlich angenommen, bei ihrer Mutter auf Begeisterung zu stoßen für ihren Entschluß, mit der Vergangenheit zu brechen – und jetzt ist alles noch schwieriger. Ihre Mutter bewertet das bißchen Sicherheit bei Sven offensichtlich höher als ihre Zuneigung zu Nic.

Und wenn sie, Nina, ehrlich ist, hat sie auch ein bißchen geschwindelt. Denn ganz so blöd wollte sie vor ihrer Mutter auch nicht dastehen. Sie hat ihre Liebe in den glühendsten Farben geschildert und mit keinem Wort erwähnt, daß sie sich Nics Gefühlen ihr gegenüber überhaupt nicht sicher ist. Nur daß sie noch nicht miteinander geschlafen haben, das hat sie ihre Mutter stolz wissen lassen. Als Beweis für echte, tiefe Zuneigung, für eine Liebe, die nicht im schnellen Akt endet.

Ilse Wessel hat das gutgeheißen, aber nur deshalb, weil Nina so Sven zumindet noch nicht betrogen hatte.

Nina gibt Gas. Gern hätte sie Sven so getreten, aber ersatzweise muß nun eben sein Herzblatt, der BMW, herhalten. Es macht Spaß, Meister über knapp 200 PS zu sein, Königin der Landstraße. Vor jeder Kurve schaltet sie herunter, dröhnt hindurch, schaltet wieder hoch. Die Musik dröhnt in ihren Ohren. Die Rücklichter eines Wagens vor ihr bremsen ihr Temperament. Sie schließt zu ihm auf. Es ist ein alter Golf, ihrem eigenen nicht unähnlich. Am liebsten hätte sie ihn von der Straße gedrängt. In dieser Rostbeule von einem Auto erkennt sie ihre Unfähigkeit zum Erfolg, ihr eigenes unzufriedenes Ich, den Schiffbruch ihres Werdegangs, ihre zerplatzten Träume, ihre Lüge im Bett. Vor der nächsten Kurve geht sie wieder einen Gang runter. Wie ein Panther lauert sie hinter dem Golf, zum Sprung bereit. Der Golf zeigt Unsicherheit. Bremst, beschleunigt, bremst. Nur ein Bremslicht funktioniert. Sie fährt auf die Gegenfahrbahn, gibt Gas. Die Rechtskurve rast auf sie zu, der Wagen neben ihr macht eine Vollbremsung. Nina lacht hämisch auf, da merkt sie, daß die Kurve nicht ausläuft, sondern enger wird. Das ist ihr in ihrem alten Golf noch nie aufgefallen. Die Bäume am Straßenrand rasen auf sie zu, sie reißt das Steuer nach rechts herum, zu hektisch für den Hinterantrieb des schweren Wagens, sie merkt, wie sie ins Schleudern kommt, sich dreht, steuert krampfhaft gegen, aber es geht alles zu schnell. »Scheiße«, schreit sie noch, da kracht es. Der Wagen steht abrupt, Nina wird nach vorn geschleudert, die Sicherheitsgurte fangen sie auf, pressen sie in den Sitz. Sie sitzt still. Dann stürzen ihr Tränen aus den Augen, bis sie sich daran erinnert, daß sie die Unfallstelle irgendwie markieren muß, wenn nicht noch jemand im Dunkeln in sie hineinfahren soll.

In diesem Moment wird ihre Tür aufgerissen. »Sind Sie verletzt?«

»Was?« fragt Nina entsetzt und verständnislos. Dann fällt ihr der Golf vor ihr wieder ein, eine ältere Frau mit weißen Haaren steht an ihrer Tür.

»Kann ich Ihnen helfen?« fragt sie und wiederholt, »sind Sie verletzt? Tut Ihnen etwas weh?«

Nina faßt es kaum. »Sind Sie… habe ich Sie… waren *Sie* in dem Golf?«

Die alte Dame nickt.

Nina erkennt zu ihrem Erstaunen ein Lächeln auf den feinen Zügen: »Wollten Sie Ihren Ehemann zur Strecke bringen? Haben Sie mich verwechselt?«

»O Gott!« Nina faßt sich an die Stirn, gurtet sich los, steigt wacklig aus und schaut sich mit angehaltenem Atem um. Hinter ihr sichert der Golf mit eingeschalteter Warnblinkanlage die Strecke. Svens BMW hat sich gegen die Fahrtrichtung längsseitig an der Leitplanke entlanggeschoben, und Nina erkennt, daß die Leitplanke ihre Rettung war. Hätte die nicht gehalten, wäre sie einen Abhang hinuntergestürzt. Sie bewegt vorsichtig ihren Hals. Ein bißchen schmerzt es. Und auch die Rippen und die Brust tun ihr weh. Und wie soll sie Sven beibringen, daß sie noch eine Steigerung zu seinem zerschrammten Waschbecken fertiggebracht hat?

Nina schaut sich nach der alten Dame um. Sie steht hinter dem BMW. »So werden Sie nicht weiterfahren können«, die alte Dame deutet auf die eingedrückte Seite. »Der Reifen schleift. Ich werde einen Abschleppdienst für Sie rufen!«

Nina ist kurz davor, in Panik auszubrechen. Sie kann sie doch hier nicht einfach allein lassen! Der Nächste wird ungebremst in sie hineinrasen! Dann versucht sie ihre Gedanken zu ordnen. »Warum helfen Sie mir überhaupt? In der Kurve hätte ich Sie abdrängen können. Dann lägen Sie jetzt da unten!« Sie deutet auf den dunklen Abhang hinter den Leitplanken.

»Ich hatte auch schon Kummer«, sagt die Dame einfach und geht zu ihrem Wagen.

Das habe ich nicht verdient, denkt Nina. Besser wäre es, sie würde mich beschimpfen, mir Vorwürfe machen, dann könnte ich mich wehren. Von weitem hört Nina ein Motorengeräusch. »Passen Sie auf«, ruft sie in Richtung des Golfs, »ein Auto!«

Mit wachsendem Erstaunen sieht sie, wie die Frau mit einer Warnblinkleuchte in der Hand dem Wagen entgegengeht. »Halt«, schreit sie, »lassen Sie mich das machen! Das ist viel zu gefährlich!«

Aber das zuckende Rotlicht entfernt sich, und kurz danach hält ein Kleinbus neben ihr. Eine Frau um die Vierzig läßt die Fensterscheibe herunter. »Der Abschleppwagen ist gerufen, können wir sonst etwas für Sie tun? Vielleicht einen Arzt?«

»Der Abschleppwagen ist gerufen?« wiederholt Nina mechanisch. »Wie denn?«

»Per Telefon. Sagte zumindest Ihre Tante eben!«

»Meine Tante?«

Nina starrt in die müden Gesichtszüge der Frau. Die runzelt die Stirn. »Also, brauchen Sie einen Arzt?«

»Einen Arzt?« wiederholt Nina und wundert sich über die »Tante«. »Nein!« Sie schüttelt den Kopf. Ist sie etwa auf weiter

Flur mit einer Verrückten? Hat sie mit ihrer rostigen Schüssel möglicherweise sogar ihren Wagen abgedrängt? Gleich kommt sie mit dem Schlachtermesser!

Dann taucht sie tatsächlich aus der Dunkelheit auf, und Nina erschrickt, weil sie so plötzlich mit ihren weißen Haaren vor ihr steht.

»Es kann nicht mehr lange dauern«, sagt sie mit der brüchigen Stimme des Alters, »der Abschleppwagen wird bald da sein!« Dann wuchtet sie etwas über ihre Schulter, und im selben Moment stehen Nina und der BMW im Scheinwerferlicht.

»Was ist denn das?« fragt Nina erschrocken.

»Meine Meg-Lite. Haben die Cops in New York auch. Dient im Notfall als Waffe!«

Nina hat nicht vor, sie anzugreifen. Im Gegenteil. Sie zieht sich etwas zu ihrem Wagen zurück. Hoffentlich schließt die Tür noch, falls diese unheimliche Gestalt auf sie losgehen sollte.

Dann schiebt sich plötzlich ein anderes Bild vor ihre Augen. »Was, haben Sie gesagt, ist das?«

»Eine Meg-Lite! Die große! Dient den Cops da, wo sie per Gesetz keine Schlagstöcke haben dürfen, als Ersatzwaffe!« Sie richtet den Strahl in den Wald. Er ist erstaunlich weit zu sehen.

»Darf ich mir die mal anschauen? Ich habe das eben in Brasilien gesehen!« Nina hat ihre Bedenken verloren, plötzlich ist sie wieder völlig klar. Sie geht auf die alte Dame zu. »Ich muß mich bei Ihnen für meine Attacke entschuldigen. Ich weiß auch nicht, was in mich gefahren ist! Ich fahre sonst immer eher langsam. So ähnlich wie Sie!«

Nina sieht in ein lächelndes Gesicht, das halb von einer großen Kapuze verdeckt wird, die die Dame eben hochgezogen hat. »Ich muß mich schützen. Alte Knochen kühlen schnell aus!«

»Wo haben Sie die her?« fragt Nina schnell und deutet auf die Taschenlampe.

»Die gibt es überall zu kaufen!«

»Und warum sagte die Frau in dem Kleinbus, der Abschleppdienst sei schon verständigt?«

Die Frau ihr gegenüber zuckt mit den Achseln: »Weil ich ihn verständigt habe!«

»Von hier aus?« Nina schaut sich um. »Wo soll hier denn eine Notrufsäule sein?«

»Ich habe von meinem Autotelefon aus angerufen!«

»Von was??« Nina steht der Mund offen.

Aus der Ferne zuckt ein Blaulicht heran.

»Die Polizei habe ich nicht angerufen«, sagt die Frau und dreht sich nach dem Licht um, »hätten Sie die auch gebraucht?«

Nina überlegt. Braucht sie vielleicht einen Polizeibericht für die Versicherung? Auf der anderen Seite hat sie bei ihrer Mutter fast zwei Gläser Wein getrunken. Sie schüttelt den Kopf. »Dürfte ich bei Ihnen kurz telefonieren?«

»Den Besitzer des Wagens anrufen?«

Warum bloß sieht man ihr an der Nasenspitze an, daß sie sich einen solchen Wagen nicht leisten kann? Stumm nickt sie. »Ich war dabei, ihn abzuholen!«

»Also waren Sie in Eile!«

»Nicht wirklich!«

»Kummer?«

»Schon eher!«

»Telefonieren Sie!«

Nina sitzt in den verschlissenen Sitzen des Golfs und wählt Svens Nummer. Dabei beobachtet sie, wie der Abschleppwagen heranfährt und die alte Dame ihn einweist. In ihrem weiten Umhang, halb verhüllt unter der Kapuze, wirkt sie im wechselnden Licht der Warnblinkanlage wie einer der Mönche aus dem Film »Im Namen der Rose«. Was ist das nur für ein seltsames Wesen, überlegt Nina noch, da ist Sven in der Leitung.

»Wo bleibst du bloß? Ich bin längst fertig, wollte mir eben ein Taxi rufen!«

Nina schaut dieser agilen alten Frau zu, die sie fast wie mit einem Torpedo abgeschossen hätte, und eine seltsame Ruhe überkommt sie. »Ich kann dich leider nicht abholen!« Sie kann hören, wie er überlegt.

»Das muß dann aber schon ein wichtiger Grund sein«, tastet er sich vor. Wahrscheinlich ahnt er es schon, will es bloß noch nicht hören.

Nina tut ihm den Gefallen: »Ein ziemlich wichtiger Grund!«

»Sag schon!« Jetzt wirkt er doch barsch.

»Ich hatte einen Unfall!«

Auf der anderen Seite ist es still. Dann: »Es ist was mit dem Wagen! Oder? Total? Halb? Klein? Nun sag schon!«

Nina zögert. Bei allem Verständnis für seine Sorge um den Wagen sollte er vielleicht auch an sie denken. »Nach mir fragst du überhaupt nicht?«

»Daß du noch lebst, höre ich ja!«

Nina schluckt. Und er wird sich noch für ungeheuer verständnisvoll halten, weil er nicht gleich losgebrüllt hat.

»Der Abschleppwagen ist da, ich bin gegen die Leitplanke geprallt!«

»Und das muß natürlich ausgerechnet mit meinem Wagen sein!«

»Mit meinem hätte ich es nicht überlebt. Wenn dir das lieber gewesen wäre...«

Mit meinem wäre es mir überhaupt nicht passiert, denkt sie bei sich. Sie kann kaum nachvollziehen, was in ihr vorgegangen sein muß. Schließlich verunsichert er sie dauernd mit seinen Hinweisen auf ihre Unfähigkeit, da muß man sich ja mal Luft machen – auf die eine oder andere Weise.

»Nun gut, er ist ja vollkaskoversichert. Die erhöhte Police geht allerdings auf deine Kosten. Irgendwo hat das Mäzenatentum schließlich auch einmal ein Ende.«

Du bist ihm nichts wert! Hau ab, solange du noch kannst!

Aber Nina haut nicht ab. Sie fühlt sich schuldig, und deshalb versucht sie, den Schaden wiedergutzumachen. Sven hat ihr vorgerechnet, was dieser kleine Temperamentsausbruch im Jahr kosten wird, bis er bei seiner Versicherung wieder bei fünfundvierzig Prozent angelangt ist, und Nina hat ihm den Wisch unterschrieben, den er ihr dazu unter die Nase gehalten hat.

Im Flur hängt seitdem eine kleine Tafel mit einer Liste. Schwarz auf weiß steht da:

1 Designer-Waschbecken
1 BMW 540i
1 Platinring mit Brilli
gesamt: Die teuerste Frau meines Lebens

Nina kritzelt darunter:

Wenigstens ein Superlativ!

Aber sie leidet. Vor allem nachts, denn Sven brüstet sich nicht nur damit, ein aktiver Fernsehmensch, ein aktiver BMW-Fahrer und ein aktiver Gourmet zu sein, sondern vor allem auch ein aktiver Liebhaber. Von Nacht zu Nacht fällt es ihr schwerer, sich von ihm berühren zu lassen. Ihr ganzer Körper schreit: »Finger weg! Laß mich in Ruhe!« aber sie sieht keine Möglichkeit, dieser fatalen Lage zu entkommen.

Sie dreht zwei Einspielfilme für eine Show und einen Zweiminüter für die Nachrichten. Dabei ist ihr im Grunde alles egal. Nina kennt sich selbst nicht mehr. Fernsehen war ihre große Leidenschaft, Filme drehen das Höchste. Jetzt läßt es sie kalt. In jeder freien Sekunde liest sie Stellenangebote, kauft sich am Samstag die *FAZ* und die *Süddeutsche* und quält sich durch den Stellenmarkt. Manches kreuzt sie sich an, schreibt in der Mittagspause heimlich Bewerbungsbriefe. Aber die meisten verlangen viel zu hohe Qualifikationen. Die kann sie nicht nachweisen. Kein Studium, kein Diplom und erst recht keinen Doktor. Und ohne Geld könnte sie sich den noch nicht einmal kaufen!

Elf Tage nach dem Unfall, an einem Montag, steht Nina in der Toilette des Senders. Sie wäscht sich die Hände, betrachtet sich im Spiegel. Die Sonnenbräune ist verblaßt, Schatten liegen um ihre Augen. Sie tritt näher heran. Die Iris hat eine undefinierbare Farbe, ein dunkles Graugrün. Sie geht mit der Nase noch näher ran. Die Lippen sind rauh, das Rot des Lippenstiftes ist von feinen Rissen durchzogen. Nina versucht die Farbe mit dem Zeigefinger gleichmäßig zu verreiben, aber die Haut ist zu spröde. Und was ist das? Fältchen unter den Augen. Mein Gott! Energisch zieht sie die Haut an ihren Schläfen mit zwei Fingern glatt. Doch sobald sie losläßt, sind die häßlichen Falten wieder da. Nina stützt sich mit beiden Händen aufs Waschbecken. Jetzt ist alles zu Ende! Erfolglos und unqualifiziert, unglücklich verliebt und verlogen im Bett, und jetzt wird sie auch noch alt und schrumplig! Sie hätte heulen können.

Und da jagt nochmals ein Adrenalinstoß durch ihre Adern. Sie hätte gestern ihre Tage bekommen müssen. Sie war eben auf der Toilette – da ist nichts! O Gott, wenn sie jetzt auch noch – ja, in der Nacht des Unfalls hat sie die Pille vergessen. Am nächsten Morgen nachgeholt, aber trotzdem. Dann kann Sven seinen heißgeliebten BMW mit einem Kindersitz verschandeln.

Ein Kind von Sven! Wie grauenhaft! Sie muß sofort zum Arzt. Eine Abtreibung beantragen.

Nina stürzt in die Redaktion.

»Was ist denn mit dir los?« Sarah mustert sie. »Du bist ja weiß wie die Wand! Bist du schwanger?«

Nina schluckt. Man sieht's bereits!! Sie greift nach ihrer Tasche: »Ich muß weg. Hab was vergessen! Ganz dringend!«

Sie stürmt zur Tür.

Elke hantiert an der Kaffeemaschine. »Wenn du sowieso an den Schneideräumen vorbeiläufst, dann nimm das doch gerade mit!« Sie hebt die Glaskanne von der Warmhalteplatte und gießt schwungvoll einen großen Keramikbecher voll.

»Nee! Ich hab überhaupt keine Zeit! Sven kann seinen Kaffee selbst holen!«

»Jetzt komm schon! Es ist ein Regisseur, der ist extra aus München hergekommen. Sei nicht so unhöflich.« Elke streckt ihr den Becher hin. »Ach, Quatsch, du kennst ihn doch! Der aus Brasilien!«

Nina läßt ihre Tasche fallen und nimmt den Becher. »Wo? In welchem Raum? Welche Nummer?« Und damit ist sie draußen. Noch nie ist sie mit einem vollen Becher Kaffee so schnell gelaufen. Die heiße Brühe schwappt über den Rand, sie verbrüht sich die Finger. Das macht nichts, das ist ein schöner Schmerz, nichts, was mit Nic zu tun hat, könnte schrecklich sein! Warum hat er bloß nicht angerufen! Die ganze Zeit über nicht! Das schmerzt auch. Mehr als der heiße Kaffee. Aber wahrscheinlich hat er sie einfach nicht erreicht. Das wird es gewesen sein! Sicher!

Nina hält die Luft an. Sie steht vor der geschlossenen Tür. Sie klopft. »Bitte!« Es ist wie beim Drehen. »Bitte!«

Und der Tanz beginnt! Nina öffnet. Da steht er vor ihr. Immer noch gut gebräunt und in bester Verfassung!

»Nina!« Herzlich schließt Nic sie in die Arme. Nina balanciert mit ihrer Tasse, schließt vor Glück die Augen.

»Dein Schnitt ist doch erst für nächste Woche eingetragen – wieso bist du schon hier?« fragt sie dann und hätte ihn für diese Überraschung küssen können.

»Ein anderes Projekt wurde wohl verschoben, und ich wurde vorgezogen. Mir ist's recht!«

»Und mir erst!« Sie stellt die Tasse ab. Auf den Monitoren flimmert der Blick vom Zuckerhut hinunter auf die Stadt. »Schön, daß du da bist!« Mehr traut sie sich nicht zu sagen. Aber sie beschließt etwas. Es geht um ihre Würde, um ihre Glaubhaftigkeit sich selbst gegenüber. Heute abend wird sie Sven sagen, daß es vorbei ist. Schluß! Aus! Zu Ende!

O Gott, Sven!

Das Kind!

Sie setzt sich auf einen der Drehstühle. »Wer schneidet mit dir?«

»Birgit Bertschinger! Kennst du die?«

»Da hast du Glück! Die ist gut, denkt mit. War lange beim SWF. Ist dann irgendwann nach Köln gezogen!«

»Sicherlich wegen einer großen Liebe«, mutmaßt Nic und lächelt sie an: »Tja, die Frauen!«

Ninas Herz springt fast aus dem Takt. War das eine Liebeserklärung? Soll sie nach München umziehen? Sie käme sofort!

»Hast du abgenommen?« Nic setzt sich ebenfalls und nimmt einen Schluck aus dem Becher. »Du bist schmal geworden!«

»Ein bißchen«, winkt Nina ab. Sie war doch auch kein Pummelchen in Rio, oder? Aber es sind tatsächlich vier Kilo, die sie sich heruntergehungert hat. Alles im Hinblick auf ihr Wiedersehen mit Nic. Und wenn Sven nicht da war, quälte sie sich jeden Abend auch noch eine Stunde vor dem Videorecorder mit Callanetics. Und das Beste ist, daß Suzanna 9547 Kilometer Luftlinie von ihnen entfernt ist.

Die Tür geht auf, und mit einem Becher Kaffee in der Hand betritt Birgit den Raum. Sie ist schlank, dunkelhaarig, sportlich, um die Fünfzig. Bei ihr spürt man die Erfahrung und fühlt sich sofort wohl. Mit Handschlag stellen sich die beiden vor, Nina bleibt sitzen.

»Bleibst du?« fragt Birgit sie.

»Störe ich denn?«

»Nein, im Gegenteil«, ermuntert Nic sie.

»Ich hole mir nur noch schnell einen Kaffee!« Nina springt hinaus, tanzt über den Korridor in die Redaktion.

»Hast du etwas vergessen?« Elke sieht von ihrem Tisch auf und hält die Muschel ihres Telefonhörers zu.

»Wieso?«

»Du hattest es doch so eilig? Wolltest dringend weg?«

»Ich habe es mir anders überlegt. Ich bin im Schneideraum«, trällert Nina und fügt im Hinausgehen noch hinzu, »bei Nic Naumann. NN! Fast wie MM!«

»Na, das muß ja ein toller Hecht sein«, schüttelt Elke den Kopf und zwinkert Sabrina zu: »Den schau ich mir nachher mal genauer an!«

Nina kann sich kaum auf die Bilder konzentrieren. Die kennt sie ohnehin alle schon. Sie ist völlig damit beschäftigt, Nic anzusehen, ungeniert, denn sie sitzt schräg hinter ihm. Seine Haare im Nacken sind etwas gewachsen, sie berühren leicht den runden Kragen des schwarzen Baumwollpullovers, den er trägt. Vorne mit geöffneter Knopfleiste. Auch dort lugen einige Härchen hervor. Nina erinnert sich genau an seine Brusthaare. An jedes einzelne. Sie holt tief Luft.

So könnte es bleiben. So sollten sie sitzen bleiben, bis morgen früh. Und dann würden sie gemeinsam frühstücken gehen und anschließend ins Bett.

Bett!

Sven fällt ihr ein.

Sven und das Baby!

Ein Stich fährt ihr in die Bauchgegend, sie zuckt zusammen, greift danach: »Autsch!«

»Ist was mit dir?« Nic dreht sich nach ihr um.

Ein Mann, der Rücksicht zeigt. Das tut so gut! So gut! Nina entspannt sich. »Nein, nichts. Ich glaube, es ist nichts!« Damit springt sie zu Nics Erstaunen auf, läuft hinaus und stürzt auf die Toilette. Dort bewahrheitet sich ihre Vermutung: Ihre Tage haben eingesetzt. Sie atmet erleichtert auf. Beim Händewaschen besiegelt Nina ihren Abschied von Sven mit ihrem Spiegelbild.

DIE ENTSCHEIDUNG

Nina hat lange auf Sven gewartet, aber um ein Uhr morgens ist sie dann doch ins Bett. Eigentlich wollte sie es gleich hinter sich bringen, jetzt muß sie es bis morgen verschieben. Dann wacht sie auf, streckt sich, überlegt. Irgend etwas ist los. Sie schnuppert. Es duftet nach Kaffee! Sven hat Frühstück gemacht! Sie schaut zur Uhr. Acht. Weshalb ist er schon auf? Dann erhöht sich ihr Pulsschlag. Es ist nicht Svens Kaffee, der ihr Herz schneller schlagen läßt. Es ist die Vorfreude auf Nic! Nic ist da! Heute sieht sie ihn wieder! Kann das Leben schön sein!

Auf einen Schlag sprüht sie vor guter Laune, geht pfeifend ins Bad, fährt mit dem Zeigefinger grinsend über die Schramme, duscht abwechselnd heiß und kalt, massiert sich mit einem Trockenhandschuh, cremt sich dann mit dem Rest ihrer teuersten Körperlotion ein. Ein Weihnachtsgeschenk von Sven. Na, egal. So genau darf man das nicht nehmen! Vor der Wäschekommode greift sie nach ihrem schönsten Body. Nachtblau mit Spitze. Ebenfalls ein Weihnachtsgeschenk von Sven.

Nina steht vor dem Spiegel, rückt ihren Busen zurecht und freut sich gerade darüber, daß der Body an ihrer schmaler gewordenen Figur noch viel besser aussieht als in der Weihnachtsnacht, als sie im Spiegel sieht, wie die Tür aufgeht.

»Oh, du hast unseren Tag nicht vergessen?« Sven kommt lachend herein, hält eine Baccararose in der Hand. Nina zuckt zusammen. Er umfaßt sie liebevoll von hinten, schnüffelt an ihrem Hals, küßt ihr den Nacken. Nina bekommt eine Gänsehaut. Ihre sämtlichen Abwehrmechanismen laufen an.

»Oh, wie schön, das hast du wohl gern!« Sven hat die aufgestellten Härchen registriert. »Willst du es haben? Jetzt?« flüstert er in ihren Nacken, und sie spürt sein Glied hart an ihren Pobacken. »Komm, bück dich ein bißchen vor«, mit seinem Körper versucht er sie auf die Wäschekommode zu drücken, während sie spürt, wie er mit der Hand den Schritt ihres Bodys zur Seite schiebt. »Draußen liegt dein Geschenk«, flüstert er. »Es sind Strapse. Aber ich konnte ja nicht wissen, daß du mich so überraschen willst. Ziehst du die nachher noch für mich an?« Er preßt sein Glied zwischen ihre Pobacken. Nein, schreit es in Nina, und gleichzeitig: Was für ein Tag? Was für ein Geschenk? Was faselt er denn da?

Sie kneift ihre Pobacken zusammen, und er sagt: »Was ist denn das?« Mit den Fingern fühlt er das Fädchen.

»Ich habe meine Tage!« sagt Nina erleichtert. Er tritt etwas zurück, und sie nutzt die Zeit, um sich schnell umzudrehen.

»Nimm's raus!« fordert er sie auf.

Sie betrachtet nüchtern sein Glied, das aus dem offenen Bademantel heraussteht. Kein erhebender Anblick irgendwie. »Tut mir leid«, sie schließt seinen Bademantel, was auf sie noch ulkiger wirkt. »Die Vorstellung ist vorbei, Schaubühne geschlossen, Sie bekommen ihr Eintrittsgeld zurück!« Damit läßt sie den verdutzten Sven stehen und geht ins Wohnzimmer. In der Tür bleibt sie stehen. Der Tisch ist festlich gedeckt, ein großer Strauß Rosen steht neben ihrem Gedeck, und auf ihrem Teller liegt tatsächlich ein Päckchen.

»Herzlichen Glückwunsch zum Zweijährigen«, sagt Sven hinter ihr, »auch wenn ich nicht ganz verstanden habe, was du eben gemeint hast. Was ist vorbei?«

Kann sie es ihm *jetzt* sagen? Wäre das nicht gemein? Er hat sich solche Mühe gegeben, sie zu überraschen... andererseits: Das Geschenk macht er sich doch selbst! Strapse! Als ob *sie* Strapse bräuchte. Fehlt nur noch, daß er ihr einen Liegeplatz in einer Peepshow schenkt. Und für seine Großzügigkeit noch ein feuchtes Dankeschön erwartet.

»Es ist lieb, daß du das alles so schön gemacht hast, Sven«, beginnt sie und macht eine ausholende Handbewegung, »aber«, schnell raus, dann hast du es hinter dir, »ich möchte trotzdem, daß wir uns trennen!«

Er sagt nichts, schaut sie aus seinen blauen Augen an, als hätte sie soeben den Verstand verloren.

»Wir sollen uns trennen? Erklärst du mir das bitte mal? Geht's dir nicht gut?«

Er steht neben ihr. Nicht drohend, aber groß. Zu groß für einen gleichberechtigten Dialog.

»Ich muß mir nur schnell etwas anziehen, mir ist kalt«, Nina will an ihm vorbei.

»Wozu dann dieser Aufzug da«, sagt er und zieht an einem ihrer Bodyträger. »Was hattest du denn damit vor, wenn er nicht für mich gedacht ist?«

»Gar nichts«, sagt Nina und will sich an ihm vorbeidrängen, »das ist Unterwäsche. Keine Dekoration für Appetithappen!«

»Komm mir bloß nicht so!« Er packt sie schmerzhaft am Haar.

Nina stemmt sich gegen ihn. »Bei dir komme ich weder so noch so! Laß los!«

Er lockert den Griff. »Was soll das heißen?«

Sie reißt sich mit einer schnellen Kopfbewegung los, bleibt aber vor ihm stehen.

»Genau das, was ich sage!« Nina verschränkt die Arme und schaut ihn trotzig an. »Irgendwann muß ich's dir ja mal sagen. Ich kann dieses ›Hat es dir Spaß gemacht?‹ einfach nicht mehr hören. Es macht mir keinen Spaß. Schon lange nicht mehr. Es ist eine Lüge. Alles nur noch Lüge!«

Zum ersten Mal, seit sie ihn kennt, sieht sie ihn hilflos. Sie hat ihn tief getroffen. Aber es verschafft ihr keine Genugtuung.

Sven vergräbt seine Hände in den Manteltaschen, schaut auf die Blumen. »Selber schuld«, sagt er nur.

Nina schweigt und rührt sich nicht.

»Wie lange schon?« fragt er dann betont ruhig.

»Wie lange es mir schon keinen Spaß mehr macht?« wiederholt Nina seine Frage, um über eine Antwort nachdenken zu können. Ja, wie lange eigentlich schon?

»Wie lange du den anderen schon hast!«

»Welchen anderen?« Jetzt ist Nina ehrlich verblüfft. Weiß er von Nic?

»Red nicht herum, sag offen, wer es ist. Dieser kleine Wichser von Kameramann, was? Ich wußte es!« Seine Stirn zieht sich in Falten.

»Leo?« Wider Willen muß Nina lachen. »Mach dich doch nicht lächerlich! Was will ich denn mit Leo! Und was soll dieses Gockelgehabe? Du hast dich doch außer im Bett die letzte Zeit einen feuchten Dreck um mich geschert. Bloß jetzt, wo's für dich so aussieht, als könnte da jemand sein, werde ich plötzlich wieder interessant für dich.« Nina fühlt sich nach Brasilien zurückversetzt. Plötzlich ist diese Stärke da, die sie schon gegen Bernd hat antreten lassen.

Sven scheint die Veränderung in ihr zu spüren.

Er bindet sich gewissenhaft den Bademantel zu und geht zum Tisch, greift nach der Kaffeekanne. Ganz offensichtlich will er jetzt den Gleichgültigen spielen, denkt Nina und geht aus dem Zimmer.

»Es ist dir doch wohl klar, daß du dir eine andere Wohnung suchen mußt. Und zwar so schnell wie möglich!« ruft Sven ihr hinterher.

Nina bleibt noch mal kurz stehen: »Genau das habe ich auch vor!«

»Da bin ich ja mal gespannt!«

Es kommt, wie es kommen mußte, Sven zeigt ihr in der Redaktion die kalte Schulter. Nach der Morgenkonferenz, sie hat keinen Auftrag bekommen und hätte eigentlich gleich wieder gehen können, setzt sie sich in den Schneideraum zu Nic. Birgit hat einen Obstteller gerichtet, gemeinsam schälen sie Mandarinen und beratschlagen über die ersten Bilder. Ein würziger, weihnachtlicher Duft liegt in der Luft, Nina nimmt sich vor, am nächsten Tag Weihnachtsbrötchen und eine Kerze mitzubringen. Auch Nic ist gut drauf, abwechselnd erzählen sie Birgit Anekdötchen über Anekdötchen aus Brasilien, schildern das Hotel, die Kakerlaken, den Überfall.

Konzentrierte Arbeit und herzhaftes Lachen wechseln einander ab. Mittags arbeiten sie durch. Nina läuft los, um beim Lebensmittelgeschäft um die Ecke ein paar Brötchen zu holen. Auf dem Rückweg sieht sie, wie Sven in Begleitung einer langhaarigen Blonden zum Italiener schräg gegenüber geht. Ein im ganzen Sender beliebtes Restaurant. Sven hält seiner Begleiterin galant die Tür auf, sie nickt ihm lächelnd zu. Es ist Nadine Hahn, die stellvertretende Chefredakteurin. Das ging ja schnell, denkt Nina. Denn daß er dort mit ihr aufkreuzt, vor aller Augen, ist doch kein Zufall. Entweder will er Nina damit treffen, oder er muß sich nach oben schlafen. Na, dann viel Spaß, Nadine, denkt Nina und sieht ihn erigiert im Bademantel vor sich. Alles deins! Damit läuft sie vergnügt weiter.

Die nächsten Tage über freut sie sich über jeden Auftrag, den sie nicht bekommt, denn so hat sie Zeit, bei Nic und Birgit zu sitzen. Das richtet sie ein wenig auf, gibt ihr Rückhalt, vor allem, weil die Situation mit Sven immer unerträglicher wird. Zu Hause spricht er nicht mit ihr, geht ihr aus dem Weg, schläft auf der Couch, hat aber ein großes Plakat gemalt und auf ihr Bett gelegt. Als sie am Donnerstag spätnachts nach Hause kam, lag es da: »Ausziehen!« stand in Großbuchstaben darauf, einfallsreich garniert mit den zerschnittenen Teilen ihres Bodys. Unter dem größten Stück, dem Schritt, lag ein Foto. Sie nahm es in die Hand und betrachtete es. Es zeigte sie zu Weihnachten vor dem Christbaum. Sie hatte den neuen Body an und sich aus Jux eine goldene Weihnachtsgirlande wie eine Stola um die Schultern gelegt. Die Hände herausfordernd in die Seiten gestemmt, lacht sie mit roten Lippen verführerisch in die Kamera. Doch zwei dicke, schwarze Striche quer durchs Bild lassen davon nicht mehr allzuviel erkennen. Mit einem Filzstift hat Sven darüber geschrieben: *»Wenn ich dich so nicht haben kann, soll es auch kein anderer tun!«* Nina betrachtete das Wort »Ausziehen!« Meinte er den Body oder sie? Wahrscheinlich beides.

Trotz der häuslichen Schikanen ist es für Nina schwierig, eine Entscheidung zu treffen. Soll sie sich in Köln nach einer neuen Wohnung umsehen? Ja, aber was ist mit ihrer Arbeitsstelle? Wenn Sven sie ausbluten läßt, muß sie sich einen neuen Job suchen. Hier in Köln? Oder könnte es vielleicht doch München sein?

Der Schnitt ist auf vierzehn Tage festgesetzt. Das erste Wochenende naht. Nina nimmt sich nichts vor, denn sie möchte flexibel sein. Vielleicht bleibt Nic in Köln, und sie können gemeinsam einen Ausflug machen?

Am Freitag begutachten sie, was sie bereits geschnitten haben, und sind mit ihrer Arbeit ganz zufrieden. Eben kommt Senhora Tavares zu Wort. Sie beraten gerade über den Text, den sie unter die Bilder von ihrem Haus, der Umgebung und den Räumen legen wollen, da sagt Birgit plötzlich, daß sie sich besonders auf dieses Wochenende freut, weil sie endlich wieder einmal richtig Zeit für ihr Pferd hat.

Das ist für Nina das lang ersehnte Stichwort. Sie hakt sofort ein: »Fährst du eigentlich übers Wochenende nach München, oder bleibst du hier?« Dabei schält sie eine Banane und tut so, als sei die Frage für sie das Nebensächlichste auf der Welt.

»Ich bin in London. Aber pünktlich am Montag zum Schnitt zurück«, grinst Nic sie an, »wenn dich das beruhigt!«

Es beruhigt sie überhaupt nicht. Im Gegenteil. Was tut er in London? Und mit wem tut er es?

Enttäuscht beißt sie in ihre Banane. Was jetzt? Birgit hat ihr Pferd, Nic hat irgendwen in London, und sie? Wen hat sie? Ihre Freundin Karin ist nach Bad Tölz gezogen, und das ist beileibe kein Katzensprung, und ihre Mutter hätte sie mit ihrer Vernunftlösung fast in den Tod getrieben. Nina fühlt sich völlig allein auf der Welt! Keiner liebt sie!

Als sie sich am Tor von Nic verabschiedet, kämpft sie mit den Tränen. Wie schön wäre es, wenn er sie jetzt fragen würde: Und du? Hast du auch schon etwas vor, oder willst du mit mir nach London kommen? Aber Nic kneift ihr freundschaftlich in die Wange, nimmt sie in den Arm und küßt sie rechts und links. Sie dreht den Kopf so, daß er fast den Mund trifft, aber eben nur fast. Sie ist offensichtlich noch immer nicht attraktiv genug für ihn. Irgend etwas an sich muß sie noch ändern!

Sie winkt ihm nach, wie er im Taxi davonfährt.

Unentschlossen steht sie schließlich da, die Rücklichter von Nics Wagen sind längst verschwunden. Sie dreht sich langsam zu ihrem Auto um, das weit hinten auf dem Parkplatz steht. Auf dem Weg dorthin kommt sie an Svens BMW vorbei. Die frisch lackierte Wagenseite glänzt im Laternenlicht. Sie bleibt stehen, und da fällt ihr die alte Dame ein. Diese unglaubliche

Erscheinung von einer Frau, die ohne Zögern alles regelte, alles verzieh, alles allein anpackte. Hätte sie sich doch bloß ihre Adresse geben lassen. Ein Gespräch mit dieser Frau hätte ihr sicherlich geholfen.

Nina überlegt. Dabei schaut sie wie gebannt auf den schwarzen Lack, auf dem die ersten Schneeflocken hängenbleiben. Wie schön, es fängt an zu schneien. In acht Tagen ist Weihnachten. Hoffentlich gibt es wenigstens ein weißes Fest. Die Schneeflocken schmelzen am Lack, rutschen hinunter, lösen sich auf. Zurück bleibt eine kleine feuchte Spur. Sie kommen von so weit her, und nichts bleibt von ihnen übrig. Dabei ist jede in ihrer Schönheit einzigartig, jede ein kleines Wunder und birgt für Nina immer ein Stück ihrer Kindheit. Eine unbestimmte Traurigkeit überfällt sie. Sie könnte weinen über die kleine Schneeflocke, deren Einzigartigkeit niemand bemerkt, und wenn sie schon einmal dabei ist, könnte sie eigentlich auch gleich über sich selbst weinen, denn sie wird schließlich auch von niemandem bemerkt.

Noch immer steht sie vor dem schwarzen Lack.

»Tut es dir jetzt etwa doch leid?« Die Stimme ist direkt hinter ihr, sie hat aber niemanden kommen hören. Zutiefst erschrocken fährt sie herum. Sven steht mit verschränkten Armen hinter ihr, betrachtet sie mit einem wissenden Lächeln. »Jetzt fehlt der Komfort, was?«

»Was sagst du da?« Nina reißt verständnislos die Augen auf.

»Tu doch nicht so. Ich beobachte dich seit fünf Minuten, und seit genau fünf Minuten glotzt du das Auto an, als ob es nichts Schöneres auf der Welt gäbe!«

»Das Auto?« Sie schaut zu dem BMW. »Tut mir leid, ich war völlig in Gedanken. Ich wollte ihn nicht anglotzen!«

»Soll ich dir mal was sagen, Nina? Ich glaube, du spinnst allmählich. Werde erst mal wieder klar im Hirn, aber trag das nicht auf meinem Rücken und auch nicht in meiner Abteilung aus. Such dir eine neue Wohnung, eine neue Stelle, einen neuen Wagen, irgend etwas, womit du glücklich wirst, aber hau ab. Und das möglichst bald!« Er greift in seine Tasche und klimpert mit den Wagenschlüsseln. »Aber hinterlasse mir deine neue Adresse für die Rechnung.« Er klopft mit der flachen Hand zärtlich auf die Seite seines Wagens, so als würde er die Flanke einer Geliebten liebkosen, und schließt auf.

Nina schaut ihm schweigend zu. Wie hatte sie sich nur in ihn verlieben können. Leo hatte recht, Sven ist ein aufgeblasener Frosch.

Sven läßt den Wagen an, fährt an ihr vorbei zum Ausgang. Wo er jetzt wohl hinfährt? Nach Hause sicherlich nicht, denn dort könnte er ja auf sie treffen.

Endlich setzt sie sich in Bewegung, geht auf ihr Auto zu. Sie setzt sich hinein und überlegt. Und jetzt? Wohin? Was tun?

Einem Impuls folgend startet sie und fährt los, langsam in Richtung ihres Heimatortes. Es schneit stärker, als sie die letzten Häuser von Köln hinter sich läßt. Jetzt ist sie auf der Landstraße, auf der sie damals ihren Unfall hatte. Nina fährt langsam und betrachtet sich jedes Auto, das ihr entgegenkommt, sehr genau.

Du spinnst wirklich, sagt sie sich plötzlich, denn sie gesteht sich ein, wozu ihr Unterbewußtsein sie getrieben hat: nach der alten Dame zu suchen. Nach einer halben Stunde kommt sie an die Unfallstelle. Sie hält an. Die Leitplanke ist noch immer beschädigt, genaugenommen hat sie Fahrerflucht begangen. Sie hätte es wirklich der Polizei melden müssen. Nina stellt ihre Scheibenwischer an, durch die verschmierte Scheibe suchen ihre Augen den nassen Asphalt ab. Was hoffst du denn zu finden, fragt sie sich, eine Visitenkarte? Bitte, Nina, rufen Sie mich an? Sie haben mich mit diesem Auto zwar fast abgeschossen wie der Jäger einen Hasen, aber ich warte auf Sie, löse gern alle Ihre Probleme, habe Verständnis für Ihren Jagdinstinkt?

Nina fährt weiter. Aber im nächsten Dorf schaut sie sich jedes geparkte Auto an, biegt sogar ins neue Wohnviertel ab und fährt dort kreuz und quer durch die Straßen. Nichts. Sie fährt zurück auf die Landstraße, in Richtung ihrer Eltern.

Inzwischen ist sie wieder halbwegs bei Laune. Draußen schneit es in dicken Flocken. Im Auto ist es kuschelig warm, sie hört Marla Glenn und singt lauthals mit. Immer wieder versucht sie der Identität dieser Frau auf die Spur zu kommen. Autotelefon. Worauf läßt das schließen? Sie muß ständig erreichbar sein. Aber für wen? Ist sie Ärztin? Für eine Unfallärztin ist sie sicherlich zu alt. Rechtsanwältin? Kein Dringlichkeitsberuf. Journalistin? Nina ist auch Journalistin und hat kein Autotelefon. Aber vielleicht ist diese Frau auch einfach Großmama, und ihre Enkel plaudern gern mit ihr auf der Hin- und Rückfahrt. Und schlußendlich könnte es auch der Wagen ihres Sohnes sein. Oder der ihrer Tochter. Nina stöhnt und dreht die Musik lauter. Ein hoffnungsloser Fall.

Ehe sie sich versieht, steht ihr Wagen vor dem Haus ihrer Eltern. Es ist Freitagabend. Alle gehen aus, zum Essen, in die Disco, ins Fitneßstudio, zu allen möglichen Veranstaltungen – und sie, fast dreißigjährig, fährt zu Mama und Papa? Das kann nicht sein! Eher geht sie in ein Hotel. Sie stellt den Motor ab. Oder fährt nach Bad Tölz zu Karin! Aber in Bad Tölz liegt der Neuschnee sicherlich bereits meterhoch auf der Straße, und für ein Hotel hat sie kein Geld. Für die Fahrt nach Bad Tölz im übrigen auch nicht. Und für die Winterreifen schon gar nicht.

Sie sieht sich selbst dabei zu, wie sie aussteigt, abschließt, zur Haustür geht und klingelt. Einmal lang, zweimal kurz. Alle Fenster sind dunkel, das fällt ihr jetzt erst auf. Nina klingelt noch mal, dann kramt sie den Haustürschlüssel aus ihrer Umhängetasche. Bitte, das darf doch nicht wahr sein! Selbst ihre Eltern haben an einem einfachen Freitagabend Besseres zu tun, als auf ihre Tochter zu warten! Die ganze Welt hat sie verraten und verkauft!

Es ist wieder der Kaffeeduft, der sie weckt. Nina verbindet damit diesmal aber unangenehme Erinnerungen und bemüht sich, die Augen nicht zu öffnen, bis ihr schließlich klar wird, daß sie nicht zu Hause ist. Sie richtet sich langsam auf. Klar, nach einer Flasche Wein und einem Cognac ist sie irgendwann frühmorgens in ihrem Zimmer gelandet. Es ist fast noch so wie damals, nur das Bett war nicht gerichtet. Sie hat sich nicht mehr die Mühe gemacht, nach frischer Bettwäsche zu suchen, sie hat sich eine flauschige Kinderdecke übers Gesicht gezogen und war sofort eingeschlafen. Jetzt hat die zu kurze Decke einer Daunendecke Platz gemacht. Nina faßt sich an den schmerzenden Kopf. Also ist sie entdeckt worden. Kein Wunder, ihr Auto steht ja vor der Tür und die Flasche leer auf dem Tisch.

Auf der Treppe begegnet sie ihrer Mutter. »Ich wollte eben nach dir schauen«, sagt Ilse Wessel, frisch und munter in einem hellen Winterpullover.

»Was gibt's denn da zu schauen?« fragt Nina mürrisch und wird sich angesichts ihrer putzmunteren Mutter ihres verschlafenen Gesichts und ihrer zerknautschten Kleidung bewußt.

»Ach, nur so«, ihre Mutter dreht auf dem Absatz um und geht vor ihr die Treppe wieder hinunter.

»Wo seid ihr überhaupt so lange gewesen?«

Ihre Mutter lacht und geht in die Küche. »Irgendwie kommt mir die Frage bekannt vor – magst du ein Ei?«

Nina setzt sich auf den Stuhl, auf dem sie als Kind und als Jugendliche jeden Morgen gesessen hat. Stets zehn nach sieben noch ein Schnell-schnell-Frühstück, bevor sie sich auf ihr Fahrrad schwang. Sie blickt automatisch zu der Uhr, die sie dreizehn Jahre lang getrieben hat. Es ist Viertel nach zehn. »Ein Ei? Ja, gern!« Sie schaut ihrer Mutter zu, die Wasser aufsetzt. Es geht immer alles so lautlos bei ihr, so schnell und doch gewissenhaft. Im Vergleich zu ihrer Mutter ist sie im Haushalt völlig ungeschickt. Bei zwei Gästen hört ihr Organisationstalent in der Küche schon auf, bei dreien achtet sie darauf, daß zumindest einer dabei ist, der sich mit so etwas auskennt.

Ihre Mutter schenkt ihnen beiden Kaffee ein, stellt Nina knusprige Frühstücksbrötchen hin und setzt sich auf ihren Stuhl. »Wir waren in einer Komödie! Es war hinreißend. Ich kann mich nicht erinnern, wann ich das letztemal so sehr gelacht habe!«

»Hier? In dem Kaff?«

»Wenn ich's dir sage!«

Nina greift nach einem Brötchen und wirft ihrer Mutter einen mißtrauischen Blick zu. Was kann das schon gewesen sein!

Aber ihre Mutter läßt sich nicht beirren. Sie ist glänzend aufgelegt, anscheinend klingt der Abend noch nach. Sie rührt in ihrem Kaffee und lacht laut auf: »Es waren Szenen, einfach köstlich! Du mußt dir vorstellen, daß das ganze Stück von alten Frauen bestritten wird. Drei alte Frauen, die aus ihrem Leben erzählen und sich gegenseitig Szenen daraus vorspielen.« Wieder lacht sie. »Also, die Golden Girls sind ein Abklatsch dagegen!«

O Gott, denkt Nina, was hat ihre Mutter nur für einen Provinzgeschmack! Das darf sie keinem erzählen, das ist ja direkt peinlich! Sie schneidet schweigend ihr Brötchen auf und seufzt.

»Wenn du heute abend noch da bist, mußt du unbedingt hin. Ich lade dich ein. Ich würde sogar noch mal mitgehen!«

»Nein, danke, Mutti, wirklich nicht!«

Nina verkneift sich jeden Kommentar zu dem Kulturgeschmack ihrer Mutter und streicht selbstgemachtes Himbeergelee über die Butter. »Wo ist eigentlich Vati?« lenkt sie ab, denn sie möchte nicht, daß sich ihre Mutter noch mehr Blößen vor ihr gibt.

»Er wäscht den Wagen!« Ach ja, damit ist die Welt wieder in Ordnung. Es ist Samstag, Badetag!

»Was machen Nicole und die Kleinen?« Nicole ist ihre drei Jahre ältere Schwester. Die hat den richtigen Weg gewählt: Abi, Studium, Diplom, sich in einen reichen Börsenmarkler verliebt, geheiratet, Kinder bekommen. Alles in einem Rutsch, zügig, problemlos.

Wenn sie es sich richtig überlegt, hat sie sie eigentlich noch nie richtig leiden können. Immer war sie die Große, das Vorbild, die Schlanke, die Hübsche und jetzt ist sie auch noch die Verheiratete.

Eigentlich will sie überhaupt nicht wissen, wie es ihr geht.

»Es geht ihr gut! Sehr gut sogar!«

Na bitte, dachte sie es sich doch! »Na prima!«

»Magst du noch eine Tasse Kaffee?« Ihre Mutter steht auf und zieht im Vorbeigehen die Gardinen vor das Küchenfenster. Das macht sie auch schon seit Jahren so. Als ob es hier etwas zu sehen gäbe!

»Ich glaube, ich fahre dann besser wieder«, sagt Nina und schiebt die leere Tasse über den Tisch.

»Ganz, wie du willst«, ihre Mutter stellt die Kaffeekanne auf den Tisch und fischt das Ei aus dem kochenden Wasser. Aber Nina beschleicht das ungewohnte Gefühl, daß ihre Mutter über ihre Ankündigung überhaupt nicht unglücklich ist. Sie fragt noch nicht einmal, warum sie gestern überhaupt gekommen ist.

»Habt ihr heute noch etwas vor?« fragt Nina argwöhnisch.

Ihre Mutter zuckt mit den Achseln und reicht ihr das Ei. »Wir bekommen morgen abend Besuch, sonst nichts!«

»Zum Essen?« Nina attackiert ihr Ei mit dem Löffel.

»Ja, ich gehe gleich noch einkaufen!« Das war's, deshalb wollte sie sie loshaben. Die Zeit drängt, die Geschäfte schließen trotz neuer Ladenschlußgesetze um eins. Wer zu spät kommt, den bestraft der leere Kühlschrank. Nina denkt an Nic. Mit wem er wohl gerade frühstückt? Sie sieht ihn in einem breiten Himmelbett liegen, Laura Ashley pur, neben sich Nadine mit langen, blonden Haaren und vor sich ein großes Frühstückstablett mit Ingwermarmelade und Omelett. Mist, verdammter!

»Wie bitte?«

Hat sie das etwa laut gesagt? Nina blickt auf. Ihre Mutter räumt bereits die Geschirrspülmaschine ein. »Nichts, Mutti. Danke für die Übernachtung und das Frühstück. Das hab ich jetzt gebraucht!«

»Laß uns doch heute abend zusammen in die Vorstellung gehen, oder komm morgen abend zum Essen. Es würde dir guttun, glaub mir!« Ihre Mutter hat wirklich keine Ahnung von dem, was ihr guttun könnte. Es liegen eben doch nicht nur fast zwei Generationen, sondern ganze Welten zwischen ihnen.

»Nein, danke, Mutti, lieb von dir, aber Nic hat mich heute abend eingeladen, er will mich groß ausführen!« schwindelt sie.

Ihre Mutter schaut auf: »Ach so? Ich dachte schon... dann ist ja gut! Ich wünsche euch viel Spaß!«

DIE EINLADUNG

Das Wochenende war der reinste Horror. Am Sonntagabend war sie fast soweit, daß sie zu ihren Eltern gefahren wäre. Ein bißchen Gesellschaft hätte ihr vielleicht wirklich gutgetan. Aber sie ist während der Schulzeit regelmäßig vor solchen

Abenden mit Bowle und Steak oder Punsch und Fondue geflohen. Warum sollte sie sich das jetzt freiwillig antun?

Dann vielleicht doch lieber allein ins Kino. Aber die Schlange vor der Kasse ist lang. Bis Nina an der Reihe ist, gibt es nur noch Karten für Filme, von denen sie noch nie gehört hat. Nina löst trotzdem eine Karte und setzt sich mit viel Popcorn und einer großen, kalorienreichen Cola in einen fast leeren Saal. Sie hat ein wunderbar schnulziges Liebesdrama erwischt und kann ungestört zwei Stunden lang Rotz und Wasser heulen.

Der Montagmorgen ist ein Lichtblick. Nina hat Sven das ganze Wochenende über nicht gesehen, sie springt früh aus dem Bett, duscht sich, cremt sich sorgfältig ein, zieht ihre zweitbeste Unterwäsche aus der Kommode, genießt es, daß ihr heute kein ungebetener Mann zwischen die Beine greifen kann, trällert vor sich hin, schlüpft in enge Jeans und legt sich das schicke schwarze Jackett zurecht, das ihr Sven noch zum letzten Geburtstag geschenkt hat. Sie schminkt und kämmt sich sorgfältig und tritt schließlich, wie bei der Begutachtung eines Kunstwerks, vor dem Spiegel einen Schritt zurück und betrachtet sich ausgiebig. Doch, sie kann sich sehen lassen! Es sollte doch für Nic nicht so schwierig sein, sich heute in sie zu verlieben!

Bei der kleinen Morgenbesprechung wird Sven von Elke vertreten, und Nina bekommt prompt einen Auftrag. Es gibt da nur zwei Probleme – sie kann niemanden fragen, warum Sven nicht da ist, und sie will eigentlich keinen Auftrag, weil sie dann nicht bei Nic sein kann. Sie hat sich so auf diesen Tag gefreut!

Sie läuft schnell in die Schneideräume. Nic und Birgit sitzen schon da, schauen sich konzentriert und schweigend die ersten Einstellungen an. Mit klopfendem Herzen setzt Nina sich dazu. Beim letzten Bild nickt Nic zufrieden, steht auf und begrüßt Nina herzlich.

»Toll siehst du heute aus«, sagt er anerkennend. »Hattest wohl ein himmlisches Wochenende?«

»Nun«, Nina will nicht als Mauerblümchen dastehen, »schlecht war's nicht. Ganz und gar nicht!«

»Kein Wunder, wenn man so aussieht!« Hinter seinem Rücken zaubert er ein kleines Päckchen hervor. »Ich habe dir einen kleinen Gruß aus London mitgebracht! Ich dachte, du magst es!«

»Oh!« Nina ist völlig überrascht, löst sorgsam die kleine rote Schleife von dem dunkelgrünen Papier. »Harrods« steht in kleiner Schrift darauf. Vorsichtig zieht Nina am Papier, der Tesafilm löst sich, ein gelblich gefülltes Glas fällt fast heraus. Nina greift schnell danach und dreht es um, damit sie das Etikett lesen kann. Es ist Ingwermarmelade. »Nein!«

»Magst du das nicht?« fragt Nic enttäuscht.

»Doch, sogar sehr!« lacht Nina begeistert und fällt ihm um den Hals.

Endlich hat sie einen Grund dazu, denn in diesem Fall hat sie in ihrem gestrigen Tagtraum natürlich sich selbst im Himmelbett gesehen. Die blonde Nadine an seiner Seite war nur eine Täuschung. Wer steht im Zeitalter der Blondinenwitze schon auf blonde Frauen! Schwarz ist Favorit! Sie hätte ihn abküssen mögen, hier und auf der Stelle, aber sie beherrscht sich und beläßt es bei einer herzlichen Umarmung. Er lacht fröhlich und setzt sich dann wieder.

Nina rückt ihren Stuhl zurecht, da fällt ihr Blick auf ein zweites Glas. Es steht vor Birgits Platz und ist ebenfalls gelb. Das darf nicht wahr sein! Er hat es mit Mengenrabatt gekauft! Oder bietet ein Himmelbett drei Personen Platz?

»Ich muß heute leider drehen«, sagt sie schnell, um ihre Enttäuschung zu verbergen.

»Das ist doch wunderbar für dich«, Nic dreht sich nach ihr um, »ich habe mich schon gefragt, wie du dir hier als Freie dein Geld verdienst!«

Das frage ich mich manchmal auch, denkt Nina. »Ich finde es nur schade – weil wir doch gerade heute Tânja Tavares schneiden. Ich wäre gern dabei gewesen!«

»Keine Sorge, sie kommt zu ihrem Recht!« Nic zwinkert kurz und verschwörerisch, dann wendet er sich wieder Birgit zu, die Nina bedauernd zunickt. Ob sie etwas ahnt? Wahrscheinlich schon. Ein Blinder, Stummer und Tauber muß es merken, wenn er nicht gerade Nic heißt, denkt Nina, öffnet die Tür und geht in die Redaktion zurück.

Am Abend stellt sie fest, daß ein Großteil von Svens Kleidern fehlt. Auch sein Koffer ist weg. Sollte er Knall auf Fall in Urlaub geflogen sein? Das wäre wieder typisch. Mit ihr hat er das nie gemacht, und jetzt fängt er plötzlich damit an. Auf der anderen Seite wäre es wunderbar, weil sie so einer Konfrontation aus dem Weg gehen könnte. Sie kuschelt sich alleine in das große Bett. Vielleicht ist er aber auch zur verehrten Frau Hahn gezogen, das wäre noch besser, dann hätte sie eine ganze Wohnung für sich! Das heißt, solange er die Miete bezahlt, setzt sie in Gedanken hinzu und schüttelt das Kissen auf.

Am Freitag morgen beschließt Nina, ein offenes Wort mit dem Chefredakteur zu sprechen. Sie möchte sich in eine andere Abteilung versetzen lassen, und vielleicht hat sie ja mittlerweile sogar Chancen auf eine Festanstellung. Wer wagt, gewinnt! Dann könnte sie mit ihrem Geld endlich haushalten und wüßte, was sie sich monatlich erlauben kann – vor allem im Hinblick auf eine neue Wohnung!

Sie sitzt wieder im Schneideraum hinter Nic, betrachtet, wie so oft, seinen Nacken und zählt die Stunden, die sie noch zusammen sein werden. Nachher kommt der Sprecher, dann wird gemischt, schließlich die redaktionelle und die technische Abnahme. Und dann trennen sich ihre Wege wieder. Ob sie sich je wiedersehen? Es sieht im Moment nicht danach aus. Nic hat sie gestern abend zum Abschiedsessen eingeladen, aber wie immer wurde die Freude schnell gedämpft, Birgit war auch dabei. Ein Arbeitsessen. Sie hatten es trotzdem lustig, aber es endete wie in Brasilien: Nic mußte irgendwann dringend gehen, und die beiden Frauen bestellten sich noch einen Schlummertrunk.

Wenn heute nichts mehr kommt, ist es vorbei. Fast wünschte sie sich, daß der Film nicht abgenommen würde, sie nachschneiden müßten. Selbst wenn es gegen ihre Ehre war – aber ein klitzekleiner technischer Fehler wäre einfach wunderbar, eine Kleinigkeit, die nur mit großem Aufwand, sagen wir einmal drei Tage Nachschnitt, würde behoben werden können.

Aber alles geht glatt. Das Pech bleibt auf ihrer Seite.

Anstelle von Sven, er ist noch immer nicht zurück, nimmt Elke den Film ab, und sie findet ihren Film gigantisch gut, auch die Technik hat nichts auszusetzen. Nina weiß nicht, ob sie lachen oder weinen soll, als sie von allen Seiten gelobt wird.

»Willst du nicht Leo anrufen, um ihm das Ergebnis unseres Chaosdrehs mitzuteilen?« fragt Nic sie freudig.

So nett, so zuvorkommend! Zu jedermann ein freundliches Wort, für jeden ein Präsent, jedem ein Lächeln. So ein verdammter Mist, denkt Nina frustriert. Hier bin ich! Sieh mich mal!

»Das ist eine gute Idee, ich suche schnell seine Telefonnummer heraus!« Sie will loslaufen, da hält Nic sie am Ärmel fest. »Und, Nina, was ich dich noch fragen wollte, willst du vielleicht Weihnachten bei mir feiern? Ich würde mich sehr freuen!«

Wumm! In Ninas Hirn platzen alle Adern, hundert Glocken läuten, der Kopf zerspringt. Was hat er da gesagt? Weihnachten? Sie? Das Fest der Liebe? Völlig verdattert sucht sie nach Worten.

Er deutet ihre Mimik falsch. »Natürlich nur, wenn dir an Weihnachten und mir etwas liegt!«

»Und ob!« bricht es aus ihr heraus. »Und ob! Das ist... oh, Nic, das ist eine wunderbare Idee!« Soll sie ihn jetzt küssen? Nein, halte dich zurück. Zertritt das zarte Pflänzchen nicht, gib ihm die Chance, dich zu erobern, selbst wenn du alle Fäden in der Hand hältst! »Ich komme natürlich gern. Was soll ich mitbringen?«

»Dich selbst! Das ist vollauf genug!« Er schaut sie an, ein Lächeln in den Augen, das Nina dahinschmelzen läßt. Mich will er! Nur mich! Diese Augen! Dieser Blick! Dieser Mann! Weihnachten, das Fest der Liebe!

Nina läuft sofort zum nächsten Telefon und ruft ihre Mutter an. »Mutti, wir müssen Weihnachten verschieben!«

»Was?«

»Ja, unbedingt! Frag mal Nikki, ob sie mitmacht. Ihre Kinder merken doch sowieso noch nicht, ob es der 23. oder der 24. ist!«

»Das nicht. Ja, schon. Aber warum denn, um Gottes willen?«

»Ich habe jetzt keine Zeit, muß Nic noch verabschieden! Frag sie doch schon mal! Bitte, Mutti!« Nina will schon auflegen, muß aber noch etwas loswerden: »Mutti, bist du noch dran? Ja? Sag mal, findest du nicht, daß Nic gut in unsere Familie passen würde?« Dabei entschlüpft Nina ihr Jungmädchenlachen.

»Ich kenne ihn doch noch gar nicht«, wundert sich ihre Mutter.

»Mußt du auch nicht, aber Nikki, Nic und Nina. Das klingt doch wie vorbestellt!«

Nina verabschiedet Nic, wie vor einer Woche, unten am Tor. Aber heute ist sie selig, unbeschreiblich glücklich, weiß vor lauter Energie nicht, wohin.

Sie fährt nach Hause, beginnt schon mal alle Sachen für München zusammenzusuchen. Und plötzlich kann sie auch dem Umzugsgedanken sehr viel mehr abgewinnen. Wohin, ist ihr dabei erst mal völlig egal. Nur weg von Sven! Viel ist es sowieso nicht, was ihr in Svens Wohnung gehört. Ihre eigenen Möbel hat sie untergestellt, denn Sven war schon komplett eingerichtet, und außerdem, wenn sie ehrlich ist, waren ihre Sachen sowieso kaum der Rede wert. Nina holt ihre Koffer und vier Umzugskartons aus dem Keller und beginnt noch in derselben Nacht zu packen. Morgens um vier legt sie sich zufrieden ins Bett.

Bis auf einige Kleider und ihr Beauty-case ist sie startbereit. München, ich komme, jubiliert sie und massiert ihre Bauchdecke. Ein bißchen könnte nach den vielen Sitz- und Naschstunden im Schneideraum wieder runter. Nina verordnet sich strenge Diät und schläft glücklich ein.

Am nächsten Morgen steht unvermutet Sven in der Schlafzimmertür. »Klasse, du hast gepackt. Darf man fragen, wo es hingeht?«

Nina reibt sich die Augen. »Nach München«, sagt sie automatisch, hätte sich aber, kaum daß es heraus ist, am liebsten die Zunge abgebissen.

»Soso, die neue Liebe wohnt also in München. Kann ich raten?« Er lehnt lässig im Türrahmen. Der braunen Gesichtsfarbe nach zu schließen, war er entweder in den Alpen Ski fahren oder in der Karibik segeln.

»Ich rate ja auch nicht, in welcher Etage deine neue Liebe arbeitet«, kontert sie und überlegt, ob sie Nadine in der letzten Zeit im Sender gesehen hat. Zu dumm, daran hat sie überhaupt nicht gedacht! Es wäre so leicht gewesen herauszufinden, ob Nadine *zufällig* auch gerade im Urlaub war!

»Ich weiß zwar nicht, was das jetzt wieder heißen soll, aber wie immer wirst du schon recht haben, meine Kleine!« Damit dreht Sven sich um und geht hinaus.

Nina greift nach ihrem Bademantel und geht um die Kartons herum ins Bad. Dort stehen neben ihrer Zahnbürste noch zwei weitere. Wo kommen die jetzt auf einmal her?

Nina putzt sich gewissenhaft ihre Zähne und studiert dabei die Borsten vor ihrer Nase. Sind sie neu? Hat sie Sven nur hingestellt, um sie zu ärgern? Oder werden sie tatsächlich benutzt? Und wenn ja, dann beide von Sven? Putzen sich Frauen vielleicht erkennbar anders die Zähne? Ließe sich da ein Unterschied feststellen?

Sie geht ins Schlafzimmer zurück. In der Zwischenzeit hat Sven ihr Bett abgezogen und drei weitere Koffer zu ihren gestellt. Augenscheinlich Einzugskoffer. Knallig rot und in verschiedenen Größen. »Interessant«, Ninas bewundernder Ton ist ein wenig spöttisch.

Sven kommt eben mit einem roten Beauty-case herein. Er reagiert nicht auf ihren Zynismus. »Ich hoffe, du hast ein großes Auto unten stehen«, sagt er und betrachtet demonstrativ ihr Gepäck. »Obwohl, ein Mini dürfte für deine… Reichtümer ja allemal ausreichen!«

Nina nimmt sich ihre Kleider, um sich im Bad anzuziehen.

»By the way«, hält Sven sie auf, »du hast doch eine Privathaftpflichtversicherung. Melde der doch mal deinen Schaden im Badezimmer. Ich sehe es nicht ein, daß ich für deine Schusseligkeit auch noch löhnen soll!«

»Schusseligkeit ist kein angemessenes Wort«, sagt Nina trocken und schließt die Tür hinter sich. Das wird ihn, den Sprachfanatiker mit schwäbischem Akzent, besonders treffen. Aber es beantwortet nicht ihre dringende Frage, wohin sie ihre Umzugskartons bringen kann und wie sie sie transportieren soll.

Wen er mitgebracht hat, verschweigt Sven. Aber die Situation ist auch so mehr als ärgerlich für Nina, denn so schnell wollte sie überhaupt nicht ausziehen. Sie wollte für den Fall X startbereit sein, aber hatte eigentlich an einen Zeitpunkt irgendwann nach Weihnachten gedacht. Jetzt aber kann sie noch nicht einmal mehr fragen, ob sie die Kisten so lange bei Sven stehen lassen könnte. Das wäre ein Zugeständnis an ihn, und diesen Triumph will sie Sven nicht gönnen.

»Der Wagen kommt gleich«, ruft sie ihm zu, schnappt ihre warme Daunenjacke und will aus der Tür huschen.

»Deinen Schlüssel kannst du dann in den Briefkasten werfen«, ruft er ihr nach.

So leicht ist das also, denkt Nina, während sie die Treppen hinuntergeht und ein seltsames Gefühl in der Magengrube verspürt. Wirf den Schlüssel in den Briefkasten und tschüß! Das Ende einer großen Liebe! Sag mir nur noch schnell deine Haftpflichtnummer und überweise die anteilige Versicherungssumme für mein Auto!

Unten läßt sie die Tür hinter sich ins Schloß fallen. Es pfeift ein kalter Wind, der Himmel ist grau, es sieht wieder nach Schnee aus. Nina bleibt stehen, klappt den Jackenkragen hoch und sieht sich um. Die Straße ist menschenleer, die Häuser stehen hoch und abweisend vor ihr. Aus den meisten Fenstern scheint Licht. Überall ist Leben, nur sie ist einsam. Nina seufzt. So muß sich ein Obdachloser vorkommen, der nicht weiß wohin.

Dann gibt Nina sich einen Ruck.

Ihren Wagen hat sie in einer Seitenstraße geparkt. So arm ist sie gar nicht dran. Sie hat ein eigenes Auto, und das Auto hat eine Heizung, so muß sie wenigstens nicht erfrieren. Trotzdem braucht sie eine Unterstellmöglichkeit für ihre Kisten und Koffer.

Ihre Mutter will sie nicht fragen, das wäre zu jämmerlich. Ihre Kolleginnen auch nicht, die würden sich hinter ihrem Rücken kranklachen. Sie fährt zur Post und ruft ihre Freundin in Bad Tölz an.

»Was? Verliebt? Na klasse! Ich trenne mich gerade wieder!« Karins glockenhelles Lachen schallt durch den Hörer.

»Du?« Nina ist perplex. Ihr Max war doch der Mann fürs Leben?

»Na ja, es zeigt sich eben doch, daß eine Frau zwei Männer braucht. Einen fürs Leben und einen fürs Bett. Max war was fürs Bett, das gebe ich zu, aber fürs Leben taugt er nicht. Er selbst war da anderer Ansicht, konnte nicht akzeptieren, daß ich nebenher auch noch einen fürs Leben hatte. Valentin heißt der übrigens! Jetzt fehlt wieder einer!«

Nina ist sprachlos. Wo hatte sie denn das schon einmal gehört? So groß scheinen die Generationsunterschiede doch nicht zu sein, nur die Auswege aus bestimmten Problemen hatten sich offenbar geändert. Hat ihre Mutter vielleicht auch irgendwo einen Max?

»Ich dachte, du bist so wunschlos glücklich?«

»War ich auch, nachdem Valentin dazugekommen war. Aber jetzt ist es wieder etwas unbefriedigend!«

»Na, dieses Problem habe ich wenigstens nicht. Nic ist etwas fürs Leben und fürs Bett. Alles vibriert, sobald er in meiner Nähe ist – auch wenn sich's jetzt blöd anhört. Und er hat Sinn für die Dinge, die mich auch beschäftigen. Wir verbringen Weihnachten zusammen, stell dir vor! Meine Familie verschiebt deshalb unser Fest!« Sie lacht. »Unsere Nachbarn werden uns für völlig bescheuert halten!«

»Klasse Idee«, Karin lacht mit, dann überlegt sie kurz. »Doch, hört sich gut an«, urteilt sie schließlich. »Ein richtiger Märchenprinz also. Ich nehme an, er sieht dazu noch gut aus, hat Kohle und freut sich auf deinen blitzartigen Einzug?«

Jetzt wäre der Moment da, ihre Sorgen loszuwerden. Aber Karin würde sie für geistig minderbemittelt halten, wenn sie ihre Situation schildern würde: Hilfe, ich sitze auf gepackten Koffern und weiß nicht wohin! Ruf ihn an, würde sie sagen, fahr sofort los! Aber gerade das kann sie eben nicht. So plaudert sie noch ein wenig, richtet beste Grüße an Valentin aus und legt auf.

Nina steht unentschlossen in der Telefonkabine. Sie hat sich von Karin Rat erhofft, und nun geht es ihr schlechter als zuvor.

Wen kann sie noch anrufen? Sie schaut auf die Straße hinaus. Ein Mann geht mit tief in den Manteltaschen vergrabenen Händen vor der Kabine auf und ab. Sie läßt ihn hinein, bleibt vor der Kabine stehen und beobachtet ihn. Er hat einen langen, gewachsten Mantel an, dessen untere Rückseite mit Druckknöpfen zusammengehalten wird. Er erinnert sie ein bißchen an Sankt Martin, der seinen Mantel teilt – aber warum nur die untere Hälfte? Ein Gag vielleicht? Plötzlich geht ihr ein Licht auf. Das ist ein Reitmantel! Und im selben Moment fällt ihr Birgit ein. Ein Pferdehänger! Klar, damit kann man auch Umzugskisten transportieren. Und in einem Reitstall ist sicherlich irgendwo eine Ecke frei, wo sie für ein paar Tage ihre Kisten abstellen kann.

Kaum hat der Mann ihre Telefonkabine geräumt, stürmt sie hinein. Bertschinger, Bertschinger, Bertschinger! Hoffentlich wohnt sie in Köln und nicht in irgend so einem Kaff außerhalb! Keine Birgit Bertschinger zu finden. Was, wenn sie bei ihrem Freund wohnt und überhaupt nicht unter ihrem Namen angemeldet ist? Oder gar eine Geheimnummer hat? Enttäuscht ruft sie die Auskunft an. Sie hat Glück, die Frau vom Amt bemüht sich, fragt nach, läßt sich den Namen buchstabieren, durchforstet das Umland und sagt plötzlich, als Nina bereits resigniert ihren Notizblock zuklappt: »Bertschinger in der Johannesstraße vielleicht?«

»Johannesstraße?« wiederholt Nina, »keine Ahnung! Könnte sein… weiß ich nicht. Ich probier's auf alle Fälle mal! Vielen Dank!!«

Mach, daß sie da ist, mach, daß sie da ist, betet sie still, während sie wählt und dann die Luft anhält. Es nützt nichts, niemand hebt ab. Nina atmet tief aus und versucht es von neuem. Draußen steht eine Frau, tritt von einem Fuß auf den anderen und schaut ihr auf die Finger. Nina lächelt sie entschuldigend an, erntet aber nur einen bösen Blick und beschließt deshalb, es ein drittes Mal zu versuchen. Wenn Birgit nach zwanzig Klingelzeichen nicht rangeht, wird sie auflegen. Birgit ist sicher bei ihrem Pferd oder im Keller oder hat schlicht keine Lust auf einen ewig klingelnden Plagegeist.

Gerade will Nina auflegen, da wird abgenommen. Vor Überraschung bekommt Nina kaum ihren Namen heraus. Es ist eine männliche Stimme. Nina reißt sich zusammen und fragt nach Birgit.

»Sie müßte eigentlich schon zurück sein. Meine Mutter wollte nur kurz zu ihrem Pferd!«

Meine Mutter? Jetzt ist Nina restlos verdattert. Die Stimme hört sich recht erwachsen an. Und überhaupt – ist Birgit denn verheiratet?

»Dann rufe ich gleich noch mal an«, sagt Nina, wird durch die Stimme am anderen Ende jedoch unterbrochen: »Da kommt sie gerade!«

Auf Ninas Bitte reagiert Birgit zunächst überrascht, dann lacht sie: »Klar kann ich dir helfen. Aber einen Pferdehänger werden wir dazu nicht brauchen, außerdem ist so etwas verboten. Ich habe einen recht großen Kombi, das dürfte ausreichen.«

Nina ist glücklich, aber jetzt muß sie Birgit auch noch erklären, daß sie nicht weiß, wo sie die Kartons für ein paar Tage unterstellen kann. Von ihr selbst ganz zu schweigen.

»Ins Frauenhaus wirst du ja nicht gerade wollen?« fragt Birgit vorsichtig.

Nina braucht einige Sekunden, bis sie versteht: »Ach so, nein, das nicht!« Dann muß sie lachen: »Sven ist kein Schläger! – Es könnte schließlich ein Gegenschlag kommen... er hütet sein Gesicht wie sein...«, Auto fällt ihr ein, oder Waschbecken, aber beide sind ihr zum Opfer gefallen, »... wie sein bestes Teil. Da besteht keine Gefahr!«

»Wir finden schon was!« beruhigt Birgit sie, als Nina herumdruckst, wohin die Sachen denn eigentlich gefahren werden sollen.

Eine halbe Stunde lang geht Nina vor der Post auf und ab. Sie friert, und sie fühlt sich von Blicken verfolgt. Fehlt nur noch, daß sie nach ihrem Preis gefragt wird. Welche Erleichterung, als ein großer, kastenförmiger Wagen in die Straße einbiegt und Nina Birgit am Steuer erkennt. Sie winkt und läuft ihr entgegen. Birgit bedeutet ihr, auf der Beifahrerseite einzusteigen.

»Sieht aus wie ein Leichenwagen«, lacht Nina zur Begrüßung und reicht ihr die Hand: »Ich bin so froh, daß du da bist, ich kann dir gar nicht sagen, wie!«

»Es ist auch einer!«

»Wie?« fragt Nina irritiert.

»Leichenwagen! Es ist ein ausrangierter Leichenwagen!«

»Oh!« Nina schaut nach hinten, als würde die Leiche bereits eine Hand nach ihr ausstrecken. »Ist dir das nicht unheimlich?«

»Wir sind alles wandelnde zukünftige Skelette!« Birgit grinst.

»Wir sind was?« Nina schaut sie groß an.

»Oder was glaubst du, wie wir in fünfzig Jahren ausschauen?« Birgit mustert die Häuser. »Wo soll ich eigentlich hinfahren?«

Nina schluckt. »Die nächste rechts. Hausnummer 154!«

Birgit gibt Gas.

»Fünfzig Jahre?«

Birgit biegt zügig um die Kurve, der Wagen knirscht. »Na, du vielleicht sechzig, wenn's dich beruhigt!«

Es beruhigt Nina überhaupt nicht, aber sie hat auch keine Zeit mehr, weiter darüber nachzudenken, sie stehen vor der Tür. Hoffentlich sieht Sven dieses Gefährt nicht, sonst ist sie völlig seinem Spott ausgesetzt, denkt Nina, tadelt sich aber sofort für diesen Gedanken. Ihrem katholischen Glauben nach müßte der Himmel jetzt eigentlich postwendend eine Strafe senden. Da käme entweder eine Reifenpanne in Frage oder die

Aussetzung des diesjährigen Weihnachtsfestes kraft eines päpstlichen Dekrets.

»Ich finde deinen Wagen verschärft!« lobt Nina beim Aussteigen, um das Schlimmste zu verhindern.

Gott sei Dank ist Sven nicht da, und Birgit hatte recht: Das Ladevolumen des Wagens ist erstaunlich groß. Da wirken die wenigen Sachen, die sie heruntergetragen haben, fast ein bißchen verloren. Nina versucht, nicht ständig an die Särge zu denken, die dort lagen, wo jetzt ihre Kartons stehen, aber ihre Phantasie geht permanent mit ihr durch.

Birgits Frage bringt sie wieder auf den Boden zurück: »Und jetzt? Wohin?«

»Ja, wohin?« Eigentlich möchte sie Birgit gern die Situation erklären, auf der anderen Seite arbeitet Birgit auch für den Sender. Sie kennt Sven, sie kennt Nic, sie weiß, daß Nic bei ihrem Anblick nicht gerade vom Stuhl kippt, und wahrscheinlich weiß sie auch, daß Svens Fühler bereits nach höheren Regionen peilt.

Was also soll sie sagen?

»Für länger oder nur für den Übergang?« Birgit glüht bereits den Diesel vor. Übergang? Übergang von Sven zu Nic, oder wie meint sie das? Nina überlegt und klappt ganz in Gedanken die Sonnenblende herunter, um in den Spiegel zu schauen. Natürlich keiner da. Wozu müßte der Beifahrer eines Leichenwagens auch sein Make-up kontrollieren. Eher seine Eckzähne..., »nur bis nach Weihnachten«, sagt sie dann, klappt die Sonnenblende wieder hoch und denkt: Nina, du spinnst!

»Mein Sohn wohnt gerade einige Tage bei mir. Sonst hättest du gern sein Zimmer benutzen können. Aber auf dem Reiterhof haben wir ein Fremdenzimmer. Wenn dir das für ein paar Tage genügt? Und für dein Gepäck finden wir auch etwas!«

»Ist das denn weit von hier?«

Birgit fährt an: »Etwa vierzig Minuten!«

»Gut«, sagt Nina und öffnet schnell die Wagentür, »ich fahre dir hinterher, dann bin ich mobiler!« Sie springt schnell hinaus und schlüpft kurz darauf erleichtert in ihren alten Golf.

Der Reiterhof ist alt und schmutzig und genau das, was Nina sich immer für eine lauschige Vorweihnachtszeit erträumt hat. Sie fährt mit wenig Elan hinter Birgit auf den Hof und überlegt sich, wie sie mit ihren Schuhen ohne Schlammberührung ins Haus kommt. Birgit parkt quer ein, und ein vierbeiniger Wollberg springt an ihrem Auto hoch. Nina bleibt vorsichtshalber erst einmal sitzen. Lachend wehrt Birgit den weißen Hunderiesen ab und winkt Nina zu. Nina kurbelt das Fenster herunter.

»Augenblick mal, ich hole dir ein paar Gummistiefel, sonst versinkst du hier!«

Wie wahr, wie wahr, denkt Nina und würde sich jetzt gern eine Zigarette anzünden. Selbst als Nichtraucherin. So beschränkt sie sich darauf, einen Hautfetzen am Nagelbett abzuziehen. Die Haut reißt tiefer ein als beabsichtigt, blutet und tut weh. Grimmig betrachtet Nina ihr Werk. Du bist selbst schuld, sagt sie sich dabei. Wärst du bloß in eine Pension gefahren. Oder zu Mutti. Oder überhaupt nicht ausgezogen. Wer sagt denn, daß ich stante pede ausziehen muß, nur weil eine Neue einziehen will? Hat sie bei ihrem Einzug vor zwei Jahren etwa eine Einwilligung zur willfährigen Abschiebung unterschrieben?

Hat sie nicht!

Na also!

Sie fährt zurück!

Sofort!

Was will sie hier auf dem Lande, ab vom Schuß, wo sich Fuchs und Hase gute Nacht sagen?

Die Wagentür geht auf, Birgit hält ihr zwei lehmverkrustete Gummistiefel unter die Nase. »So, die dürften passen!«

»Ich dachte eigentlich...«, wehrt Nina ab.

Aber Birgit ist schon bei ihrem Leichenwagen und winkt einigen Mädchen, die neugierig aus dem Stall herauskommen. »Könnt ihr mal mit anpacken?«

Sie können, und Nina schaut zu, wie ihre Umzugskisten im Dunkel hinter der Stalltür verschwinden.

Jetzt muß sie handeln, alles zurückbeordern!

Sie schlüpft mit ihren Seidenstrümpfen in die Gummistiefel, wirft die Wagentür hinter sich zu und läuft hinterher.

»Keine Sorge, hier ist alles gut aufgehoben«, empfängt sie Birgit in einer leeren Pferdebox. »Das ist Regina, das ist Laura, Else und Ann-Katrin.«

Sie strecken Nina alle die Hand hin, und Nina begrüßt jeden artig, dann denkt sie, so, und jetzt mußt du es sagen. Ich will wieder weg hier!

»Deine Kleider sind im Koffer? Ja? Brauchst du für die Tage irgend etwas aus den Kartons? Du kannst aber jederzeit dran. Die Box ist leer...« Sie zögert, und irgend etwas in ihrer Stimme läßt Nina aufblicken.

»Birgit...«

»Laß nur, ich hab's schon fast überwunden. Er war ja schon alt. Aber ich hatte ihn rund zwanzig Jahre. Das ist eine lange Zeit!«

»Ähm, ich«, Nina schaut auf die Mädchen, die traurig auf die Kartons starren. »Ich, ich wollte nur sagen, daß ich weg...«, Ann-Katrin streichelt Birgit tröstend über den Arm, Nina holt tief Luft, »... daß ihr euch wegen mir keine Umstände machen müßt. Ich komm schon klar. Danke!«

Kurz darauf steht Nina allein da. Sie schaut sich um. In den anderen Boxen stehen Pferde, die durch die Gitter zu ihr herüberschauen. Die Mädchen tragen die restlichen Kartons herein.

Birgit kommt in Begleitung des Hundes nach. »Das ist Bob. Ganz sinnvoll, wenn er weiß, wie du riechst. Falls du mal nachts allein auf den Hof kommen solltest… Gib ihm am besten mal deine Hand!«

»Meine Hand?« Soll sie ihm jetzt die Pfote schütteln, oder was?

»Damit er schnuppern kann!«

Sie wird mit Sicherheit nie nachts allein auf den Hof kommen. Sie wird überhaupt nicht auf den Hof kommen!

Folgsam streckt sie Bob den Handrücken hin. Der Hund bleibt dicht vor Nina stehen, beobachtet sie durch seinen Flokati hindurch genau. Er ist furchteinflößend groß. Für Nina hat er die Dimension eines Kalbes, nur schärfere Zähne. Sie wartet ab, bereit, blitzschnell die Hand zurückzuziehen.

»Bob, das ist Nina!« Bob senkt die feuchte Nase, schnüffelt kurz, dreht sich um und geht aus der Box.

Was ist los – hat sie Körpergeruch? Das falsche Parfum?

»Das reicht ihm«, nickt Birgit und verläßt ebenfalls die Box. Mir auch, denkt Nina und läuft hinterher. »Das ist übrigens mein Junger«, sagt Birgit und deutet auf die Box schräg gegenüber. Ein Rappe drückt seine Nüstern gegen die Stäbe.

»Nett«, Nina will raus, bleibt dann trotzdem kurz stehen. »Wie heißt er?«

»Florian! Ein Bursche mit einem eigenwilligen Charakter!«

»Aha!« Bob und Florian, Begrüßungszeremonien und Charakterstudien. Irgendwie ist das von der realen Welt weit entfernt.

»Ich habe kein solches Verhältnis zu Tieren«, sagt sie entschuldigend im Hinausgehen. »Wir hatten nie welche!«

»Sie spüren das, aber sie werden dich überzeugen!«

»Sie spüren das?« wiederholt Nina ungläubig und beobachtet dabei Bob, der sich gerade schwergewichtig neben ihren Wagen stellt. Seiner Überzeugungskraft möchte Nina lieber aus dem Weg gehen. »Zeigst du mir das Zimmer, Birgit?«

Es ist gemütlicher als vermutet, groß, mit schweren Bauernmöbel und sogar hell gefliestem Bad. Und mit vierzig Mark pro

Tag gerade noch im Rahmen des Möglichen. Nina zählt die Tage bis Weihnachten. Noch sechs. Also werden die Weihnachtsgeschenke für die Zwillinge leider etwas kleiner ausfallen müssen.

Der Montagmorgen ist für Nina völlig ungewohnt. In Gummistiefeln, ihre schwarzen Stiefeletten in der Hand, geht sie durch den Stall zum Auto. Die Pferde wiehern ihr zu, Bob wedelt auf Abstand einen schwachen Guten-Morgen-Gruß. Ninas Magen meldet sich hörbar. Aber bei knapp einer Stunde Fahrt bis zu ihrer Arbeitsstelle wird sie ja wohl an einer Bäckerei vorbeikommen.

Sie hat den ganzen Sonntag verschlafen und fühlt sich jetzt frisch und ausgeruht. Die Geräusche aus dem Stall, der an das kleine Gästehaus angrenzt, gaben ihr gleich in der ersten Nacht ein Gefühl der Geborgenheit, das Federbett ist groß und schwer und erinnert sie an ihre Kindheit. Nina schlief bis tief in den Mittag, dann aß sie alles, was ihr Birgit noch am Samstag an Lebensmitteln besorgt hatte, legte sich eine Stunde in die Badewanne und schlief anschließend weiter. Auf dem langen Weg nach Köln beginnt Nina nun langsam, ihre Situation gut zu finden. Alles läuft völlig entspannt, viel leichter, als zu erwarten war. Die Chefin des Reitstalls, Irene Roller, hatte ihr kurz nach ihrer Ankunft die Zimmerschlüssel ausgehändigt und erklärt, daß das Zimmer bereit und außerdem mit Kühlschrank, Kaffeemaschine und Elektroplatten für Selbstversorger eingerichtet sei. Und damit waren die Formalitäten für sie erledigt. Den ganzen Sonntag lang hat sie niemand gestört. Nina lächelt stolz vor sich hin. Sie hat es gepackt, sie ist einen Schritt weiter. Jetzt kann sie Sven so richtig schön ärgern. Rache ist süß!

Im Sender angekommen, beäugt sie Sven tatsächlich mißtrauisch. »Na«, fragt er sie nach der Morgenkonferenz, »hast du ein schönes neues Zuhause?«

Nina lächelt glücklich. »Mir geht's ausgezeichnet, danke!«

Er betrachtet sie kurz. »Ein etwas seltsamer Duft haftet dir an, meine Liebe. Benutzt du ein neues Parfum? Oder ist dein neuer Freund Bauer?«

Nina lacht glockenhell, obwohl sie sofort unsicher darüber nachdenkt, ob sie etwa nach Stall riecht. »Er ist kein Bauer, ganz im Gegenteil. Er hat mir gestern nur das Gut gezeigt, das seiner Familie gehört. Mit riesigen Ländereien, wunderschönen Pferden und einem Troß von Angestellten. Wie man sich so etwas in so einer Zeit noch leisten kann...«

Sie wirft ihm einen offenen Blick zu, grinst aber innerlich. Genauso hat sie es sich gedacht. Svens Lippen werden schmal, sein Teint um eine Spur blasser. Leute aus alten Familien, womöglich mit Wappen und Titel, Stil und Geld, Gut und Stadtpalais, sind Svens wunder Punkt. Diese Kreise sind ihm verschlossen, dem Herrn Neureich.

Trotzdem hat er heute einen Auftrag für sie. Wahrscheinlich, weil sonst kein freier Mitarbeiter zur Verfügung steht. Sie soll in der Fußgängerzone eine Umfrage starten übers weihnachtliche Kaufverhalten. Was sind die Trends, wieviel Geld geben wir im Durchschnitt für ein Geschenk aus, was denkt die junge Generation über Weihnachten. Nicht gerade neu, aber alle Jahre wieder. Nina zieht mit ihrem Kameramann und einem Assistenten für den Ton los. Wie immer gehen einige der Passanten sofort in Deckung, andere folgen der Kamera wie magnetisiert. Eine ältere Dame, drei Pakete unter dem Arm, formuliert sehr gewählt und kurz: In ihrer Nachbarschaft lebten drei Witwen um die Achtzig an der Armutsgrenze. Die eine sei gehbehindert, die zweite sehe kaum noch etwas, doch eines hätten sie alle drei gemeinsam: die Einsamkeit und die Existenzangst. Deshalb bekomme ihre eigene Familie in diesem Jahr nichts von ihr. Sie hätten sowieso schon alles. Die Geschenke gingen in diesem Jahr an diese Frauen.

Nina ist fasziniert und betrachtet die Frau genauer. Irgendwie kommt sie ihr bekannt vor. Aber es fällt ihr nicht ein. Vielleicht eine Schauspielerin alter Tage? Oder eine Politikerin?

Als sie zum Wagen zurückgehen, bleibt sie an einem Wäschegeschäft kurz stehen. Ihr Kameramann auch. Er betrachtet die champagnerfarbene Strapsgarnitur einer dunklen Schaufensterpuppe und schnalzt anerkennend mit der Zunge. Nina sticht etwas anderes ins Auge. Ein schwarzer, verführerisch geschnittener Body. Sie denkt an ihre erste Nacht mit Nic. An die Bescherung nach der Bescherung sozusagen. Ihr Herz klopft. Ihr Kameramann will weiter, sie geht einige Schritte mit, dreht dann noch mal um. Wo ist das Preisschild? 398 Mark! Ihr Herz schlägt noch schneller, der Kopf wird heiß, die Gedanken wirbeln durcheinander. Soll sie? Diese Summe verdient sie jetzt in etwa durch ihren Einsatz. Was soll's, es ist ihr Geld, ihr Fest – und bald auch ihr Body!

Sie grinst und geht schnell ihrem Kameramann hinterher.

Für den Schnitt bekommt sie Birgit zugeteilt. So ein Glück, denkt Nina und geht fröhlich in den Schneideraum. Birgit ist bester Laune und lädt Nina zum Abendessen ein. Nina sagt gern zu, allerdings kann sie erst um acht, weil sie noch Weihnachtseinkäufe erledigen will. Dann schauen die beiden sich alle Interviews an. Bei der alten Dame schüttelt Nina den Kopf: »Ich könnte schwören, daß ich sie kenne, ich weiß aber nicht mehr, woher. Kennst du sie?«

Birgit schaut genau hin: »Ein bekannter Kopf ist sie, glaube ich, nicht!«

Nina läßt diese Sache zunächst auf sich beruhen und konzentriert sich auf ihren Beitrag. Es läuft gut und reibungslos, um sechs Uhr verläßt sie den Sender, fährt mit dem nächsten Bus direkt in die Fußgängerzone. Bei ihrer Hausbank riskiert sie trotz ihres überzogenen Kontos ihre Scheckkarte. Wenn der Automat sie schluckt, ist alles vorbei! Aber ihre Euroscheckkarte kommt wieder zum Vorschein – weil Weihnachten ist? – und mit ihr die angeforderten vierhundert Mark. Nina steckt sie hastig ein. Nichts wie weg und zu der Wäscheboutique, bevor sie Skrupel bekommt, über ihre Pension nachdenkt, über die Weihnachsgeschenke für Mutti und Vati, Schwester und Schwager, Zwillinge… und Nic! Mein Gott, sie hat nichts für Nic! Während sie noch darüber nachdenkt, fallen ihr im Eingang zu einem Koffergeschäft rote Koffer auf. Sie geht etwas langsamer. Das ist das Geschäft, in dem Sven Stammkunde ist. Nina bleibt stehen und betrachtet die ausgestellten Koffer, knallrote Hartschalenkoffer in verschiedenen Größen, und auch ein passendes Beauty-case steht dabei. Hat Sven die Koffer für seine Neue doch tatsächlich bei Gottfried Keller gekauft. Nicht zu fassen. Sicherlich war die Neue auch noch mit dabei und hat mit großer Geste alles ausgesucht, bevor Sven die Kreditkarte zückte. Welche Frechheit! Am liebsten hätte sie dagegen gepinkelt. Leider ist sie kein Hund, der mal kurz das Beinchen heben und diese widerlich roten Koffer garnieren könnte.

»Haben Sie es sich doch anders überlegt?«

»Was?« Nina fährt herum. Hinter ihr steht Gottfried Keller. Soll sie ihm gleich eine knallen, so daß seine spärlich auf die Seite gekämmten Haare einmal Aufwind bekommen?

»Nun«, er lächelt sie an, »Ihr Mann sagte doch, Sie könnten sich nicht entscheiden. Wegen der Farbe. Aber man gewöhnt sich daran, nicht wahr?«

Nina ist sprachlos. Sie versteht überhaupt nicht, was Gottfried Keller meint. »Die Farbe… ja, Rot ist etwas auffällig…«, redet sie sich heraus.

Gottfried Keller streicht sich über die Haare und nickt: »Bis Weihnachten ist ja auch noch ein wenig Zeit. Sie können es sich in Ruhe überlegen. Es sind noch genügend am Lager!«

»Vielen Dank, sehr nett«, stammelt Nina und geht langsam weiter, dreht sich aber noch mal um. Keller ist weg, nur die

Koffer stehen noch da. Das kann doch nicht wahr sein! Hat Sven den Einzug seiner Freundin nur vorgetäuscht? Spielt er ihr die Geschichte nur vor?

Sie muß lachen.

Oder waren die Koffer am Ende ursprünglich als Geschenk für sie gedacht, und Sven hat so heftig reagiert, weil er auf ihre Umzugskartons gestoßen war?

Nina läuft langsamer und überlegt, aber die Bilder verwischen sich. Wie auch immer, es ist zu spät. Es gibt kein Zurück mehr, und sie will auch kein Zurück. Sie denkt an ihre nächtlichen Pflichtübungen mit Sven, schüttelt sich und bleibt vor dem nächsten Schaufenster stehen. Da liegt er – ihr Body!

Die Atmosphäre im Dessousladen ist gepflegt, leise Musik im Hintergrund, teure Auslagen.

»Kann ich Ihnen behilflich sein?« Ein freundliches Lächeln empfängt sie.

Nina ist es etwas mulmig. In einem solch exklusiven Wäschegeschäft war sie noch nie. Hoffentlich kommt sie da auch wieder ohne Einkäufe heraus, wenn der Body nicht sitzen sollte.

Sie beschreibt den Body, fühlt den abschätzenden Blick der Verkäuferin auf sich ruhen.

»Größe 3?« fragt sie lächelnd.

»Drei?« wiederholt Nina dümmlich, »keine Ahnung. Wirklich, Entschuldigung, ich achte nie darauf.«

Die Dame nickt und zieht einen schwarzen Spitzentraum aus einer Schublade. »Die BH-Größe dürfte 85 D sein, ist das richtig?«

Nina schaut schnell an sich hinunter und zuckt dann leicht die Schultern. »Wirklich, ich weiß es nicht.«

Nina erntet ein weiteres geduldiges Lächeln und geht dann mit *ihrem* Body in die Kabine. Bis auf den Slip zieht sie alles schnell aus. Ihre Haut ist fest, der Bauch glatt, schließlich hat sie in den letzten Tagen kaum etwas gegessen, alles im Hinblick auf das Freudenfest. Sie schlüpft langsam und genießerisch in das Wäschestück. Sie dreht sich etwas, zieht den Body über den Po. Dort bilden sich bei dieser Aktion kleine Dellen. O Gott, Cellulitis, denkt Nina und macht sofort den Kneiftest. Tatsächlich! Das grelle Neonlicht bringt es an den Tag. Auch die kleinen Unebenheiten am hinteren Oberschenkel. Sie wird Nic nur im Dunkeln lieben können. Fast verliert sie die Lust am Body, aber als er endlich übergestreift ist und sitzt, findet sie sich doch hinreißend schön und unwiderstehlich. Ihre Brust wirkt voll und sinnlich, die Taille extrem schlank, und die feinen Seidenspitzen über dem Po lassen alles andere schnell vergessen. Bei aller Bescheidenheit, aber jetzt empfindet sich Nina fast als atemberaubend.

»Paßt er?« fragt eine zurückhaltende Stimme vor dem Vorhang.

»Und wie!« Nina ist froh, ihre tolle Figur endlich jemandem zeigen zu können. Sie schiebt den Vorhang zur Seite.

»Wie angegossen!« Es freut die Verkäuferin augenscheinlich. Vielleicht ist die Freude echt, vielleicht ist es auch die Aussicht auf die Provision, denkt Nina, aber es ist ihr egal. Sie freut sich auch.

Um einen Body reicher und um eine Tagesgage ärmer verläßt Nina das Geschäft. Sie dreht sich noch mal danach um. »Wäschetruhe«, liest sie. Das sollte »Schatztruhe« heißen, denkt Nina und bemüht sich, an den anderen verlockenden Wäschestücken und an einem hauchzarten Negligé vorbeizuschauen. Hier würde man sich einen reichen, uralten Onkel in Amerika, der sie als Alleinerbin eingesetzt hat, wünschen, oder besser noch einen Sechser im Lotto, das wäre unbürokratischer. Eine Parfümerie bremst ihren Schritt. Von ihrem übrigen Geld kauft sie sich die passende Bodylotion zu ihrem Parfum. Sechzig Mark, ein Vermögen. Aber Weihnachten ist nur einmal im Jahr, beruhigt sie sich beim Hinausgehen, und in diesem Jahr mache ich mir die Geschenke selbst. Voller Vorfreude auf Nic und die Feiertage stellt sie sich an der Haltestelle in eine Schlange und fährt mit dem nächsten Bus, schwarz; für die Fahrkarte hat sie kein Geld mehr.

Endlich der 23.! Nina schaut auf ihren Wecker. Acht Uhr. Wie schön, sie kann noch eine Runde schlafen. Sie dreht sich auf die Seite und schließt die Augen. Vergebens. Sie ist viel zu aufgeregt. Morgen ist der Tag! Es ist wie früher, als sie noch Kind war. Da zählte sie auch die Tage: noch dreimal schlafen, noch zweimal, noch einmal... und dann stand sie schon morgens um sechs Uhr bei ihren Eltern im Schlafzimmer.

Sie ist so früh dran, daß sie sogar noch bequem in den Sender fahren könnte. Die feiern dort heute auch Weihnachten, und Elke und Sabrina waren ganz enttäuscht, daß Nina nicht dabeisein wollte. Aber sie will den heutigen Morgen zelebrieren. Mit einem gemütlichen Frühstück bei Kerzenlicht, Weihnachtsmusik und der Gewißheit, daß es der letzte Tag ohne Nic sein wird. Abschied vom Singledasein, sozusagen. Morgen fängt das Leben erst an!

Sie schließt ihre Zimmertür hinter sich und geht die wenigen Stufen hinunter in den Flur. Eine Tür führt in den Stall, die andere direkt hinaus ins Freie. Nina beschließt, durch den Stall zu gehen. Sie öffnet die massive Holztür und bleibt dann schnüffelnd stehen. Wie man sich an einen solchen Geruch gewöhnen kann. Hatte sie früher ausschließlich und einfallslos Pferdeäpfel damit verbunden, so sieht sie jetzt statt dessen große Pferdeaugen vor sich, glaubt den warmen Atem aus weichen Nüstern zu fühlen und seidiges, dichtes Fell zu spüren. Irgendwann einmal will sie reiten lernen. An Nics Seite. Wenn sie wieder Geld für so etwas hat. Sie geht langsam durch die Stallgasse, sieht nach rechts und links zu den Tieren. Sie kann Birgit immer besser verstehen. Vor allem seit ihrem gemeinsamen Abend.

Birgit hat aus ihrem Leben erzählt. Nina war es recht, so mußte sie sich nicht über Sven auslassen. Und vor allem nicht über Nic! Im Laufe des Abends kamen ihr ihre eigenen Geschichten gegen das, was Birgit zu erzählen hatte, allerdings auch ziemlich fad vor. Birgit war tatsächlich wegen eines Mannes nach Köln gekommen und hatte ihr früheres Leben inklusive des Vaters ihres Sohnes aufgegeben. Dazu ihren sicheren Job. In den ersten Wochen glaubte sie auf einer Wolke zu schweben. Ihr neuer Partner war Anwalt. Er hatte ein sicheres Auftreten, sah männlich markant aus, war interessant, intelligent, belesen. Er forderte sie auf, ihm ihre gesamten Einkünfte, Sparguthaben, Aktien und alle Wertgegenstände aufzulisten, damit er eine genaue Basis für die gemeinsame Zukunft errechnen könnte. Birgit dachte sich noch nichts dabei. Sie solle ihm das Geld geben, er würde in kurzer Zeit mehr daraus machen.

Eigentlich brachte ihr Bankberater sie darauf, erklärte sie Nina beim Dessert und schüttelte den Kopf über sich selbst. Liebe macht eben blind, fügte sie hinzu. Aber Nina wollte es genau wissen. Und Birgit erzählte weiter. Irgendwann bin ich durch unseren Kontostand aufmerksam geworden und bin ihm gefolgt. Anstatt in seine Kanzlei zufahren, fuhr er ins Spielkasino. Dort habe ich ihn heimlich beobachtet. Ein manischer Spieler. Am selben Abend stand ich mit meinen Umzugskisten im Flur und wußte nicht, wohin, erklärte Birgit. Dann lachte sie schallend.

»Und darüber kannst du lachen?«

»Ich lache über den gleichen Weg!«

Und da ging Nina ein Licht auf. Birgit hatte also auch schon in der Pension gewohnt.

»Nur gut, daß du wenigstens etwas Geld noch hast«, sagte sie zu Birgit.

»Und meinen Sohn. Er half mir, aus diesem Tief herauszukommen.«

Nina weiß noch, wie sie bei der Heimfahrt über diese Worte nachgedacht hatte. Im Ernstfall hat *sie* niemanden. Und in Birgits Alter kann einem ein Sohn auch nur dann helfen, wenn man ihn irgendwann zuvor einmal bekommen hat.

Aber was hatte die Wahrsagerin in Rio gesagt? Zwei Kinder, einen Jungen und ein Mädchen. Sie brauchte sich also keine Gedanken zu machen. Sie brauchte nur ein wenig Zeit. So ungefähr neun Monate...

Ilse Wessel ist erstaunt, als Nina bereits um zwei Uhr klingelt.

»So früh? Hast du denn keinen Schlüssel?«

»Ich wollte nicht einfach hereinplatzen!«

Im Haus duftet es nach Plätzchen. Nina geht direkt zum Backofen und versucht durch die angelaufene Glasscheibe etwas zu erkennen. »Oh, machst du etwa Spitzbuben?« Begeistert dreht sie sich nach ihrer Mutter um.

Es steht aber ihr Vater hinter ihr. »Wir dachten, das paßt zu einer Tochter, die selbst Christi Geburt kurzerhand vorverlegt. Wenn wir das jemals mit *deinem* Geburtstag gemacht hätten...«

»Vati! Der kriegt's doch überhaupt nicht mit! Und ein Fest der Liebe feiere ich morgen auch! Das ist doch der Sinn der Sache, sagt zumindest die Kirche!«

»Irgendwie habe ich den leisen Verdacht, daß die Kirche damit etwas anderes meint!« Rudi Wessel beugt sich zu Nina hinunter. »Grüß dich, Tochter!« Er küßt sie auf die Wange.

»Wagen schon geputzt?«

»Jetzt werd bloß nicht frech, Nina Sybille!«

Nina grinst. Ihr Zweitname war in ihrer Schulzeit immer das Zeichen für sie, besser klein beizugeben.

Wie schön, erwachsen zu sein.

Zu zweit gehen sie ins Wohnzimmer. Der Tannenbaum steht allerdings noch ungeschmückt. Ihr Vater hat, wie all die

Jahre, an die sich Nina zurückerinnern kann, die Anordnung der Zweige korrigiert. Mit Säge, Bohrer und Leim hat er dem Bäumchen einen gleichmäßigen Wuchs aufgezwungen. Lug und Trug wie beim Schönheitschirurgen.

»Sieht toll aus«, nickt Nina anerkennend, denn sie weiß, daß ihr Vater darauf wartet.

Nina grinst. Als ob sie das nicht wüßte...

»Darf ich ihn schmücken?« fragt sie ihre Mutter.

Ilse Wessel nickt. »Laß uns aber erst einen Kaffee trinken. Dann gehen wir Weihnachten an!«

»Dann gehen wir was??« Sie schaut ihre Mutter groß an, die vor dem Büfett in die Knie geht, um das gute Kaffeeservice herauszuholen.

Rudi Wessel setzt sich. Nina betrachtet ihren Vater. Er hat sich überhaupt nicht verändert. Das kommt wahrscheinlich daher, daß er früher schon wenig Haare hatte. Jetzt hat er nur noch einen Haarkranz, aber das Gesicht ist glatt wie eh und je und sieht rosig wie das eines Kindes aus. Er ist nur etwas fülliger geworden. Das ist meine Altersfigur, und Ilse liebt mich so! sagt er immer.

Jetzt steht er auf und holt einen Zeitungsausschnitt, den er Nina vor die Nase legt. »Mutti hat neuen Umgang, also auch ein neues Vokabular. Von euch kriegt sie ja nichts mehr mit!«

Nina schaut verständnislos auf den Ausschnitt.

»Was ist denn das jetzt?«

Ihre Mutter stellt ihr eine ihrer Sonntagskaffeetassen vor die Nase: »Das sind die drei Damen, die kürzlich zum Abendessen da waren, erinnerst du dich? Ich hatte dich auch eingeladen!«

»Mutti! Alte Leute! Das bringt dir doch nichts! Junge Leute mußt du um dich haben! Das hält jung! Alte machen alt!«

»Danke«, sagt ihr Vater und legt den Kopf schief: »Hört, hört! Dann sitzen wir hier wohl falsch, was dich angeht. Denn wir sind alt. Auf der anderen Seite sitzen wir richtig, was uns angeht. Denn du bist jung. Also was jetzt?«

Nina seufzt und greift nach dem Artikel. Daß einen Eltern aber auch nie verstehen wollen. »Mir geht's doch nur um euch!« sagt sie.

»Dann komm halt öfter«, antwortet ihr Vater.

»He!« Überrascht schaut Nina auf. »Was ist denn das?« Ihre Mutter trägt eben ein Körbchen voller Weihnachtsgebäck herein und stellt es einladend mitten auf den Tisch.

»Spritzgebäck«, antwortet sie, »und Spitzbuben, Bärentatzen und Springerle, die du so magst!«

»Nein, nein, das hier, *das*!« Mit spitzem Finger tippt Nina aufgeregt auf ein leicht undeutliches Zeitungsfoto. »Die kenne ich! Die kenne ich doch!«

»Du kennst doch alle, sagst du immer. Das ist doch nichts Neues«, ihr Vater zuckt gleichmütig mit den Schultern. An seinen Augen erkennt Nina, daß er sie nur foppen will.

»Mutti, Vati ist wieder unmöglich heute. Sag's du mir!«

»Gleich. Ich hole nur noch schnell den Kaffee!«

Gleich, gleich! Dieses Wort hat sie schon in ihrer Kindheit gehaßt. Spielst du mit mir? Gleich! Liest du mir was vor? Gleich! Wann darf ich raus? Gleich!

Was war gleich, *wann* war gleich, *wie lange* war gleich? Keiner gab ihr je eine Antwort darauf.

Nur wenn sie ins Bett sollte, da war *gleich* definiert. In diesem Fall hieß es *sofort*!

»Bekomme ich jetzt eine Antwort oder nicht?!«

Ihre Mutter balanciert ein Tablett mit Kaffeekanne, Zuckerdose und Sahnekännchen herein. »Das sind die drei alten Damen, von denen ich dir erzählt habe. Du brauchst ja nur den Text zu lesen, steht alles drin!«

Ach ja! Nina liest quer.

»Die eine kenne ich. Da bin ich sicher. Ich weiß nur nicht, woher! Das Foto ist so undeutlich!«

Ihre Mutter schenkt vorsichtig ein. »Wie gesagt, sie waren zum Abendessen hier. Es war ein wundervoller Abend. Du wolltest nicht kommen, erinnerst du dich?«

»Ja, doch, schon. Deshalb kann ich sie auch nicht kennen. Ich war schließlich nicht da!«

Ihr Vater zwinkert mit den Augen. »Seit wann kannst du denn logisch denken?«

»Laß mich bloß in Ruhe!« Nina wirft ihm einen halb ernstgemeinten giftigen Blick zu.

Er grinst breit und schiebt sich eine Bärentatze in den Mund.

Ilse Wessel steht seufzend auf: »Lauter Kindsköpfe in der Familie«, sagt sie, dann zieht sie eine Schublade des Wohnzimmerschranks auf und legt ein kleines Fotoalbum vor Ninas Teller.

»Was ist jetzt das?«

»Schau doch hinein«, fordert ihr Vater sie kauend auf.

»Danke für den Tip!« Nina blättert es auf und betrachtet die sorgfältig in Plastikhüllen geschobenen Fotos. Ein festlich gedeckter Tisch ist abgebildet – es ist der Wohnzimmertisch. Das nächste Bild. Viele Leute um den Tisch. Aber der Fotograf war zu weit weg, der Blitz zu schwach. Ein typisches Foto ihrer Mutter! Sie wird's nie lernen! Nina blättert weiter. Jetzt sind die Figuren größer, dafür die Köpfe teilweise abgeschnitten. »Du glaubst doch nicht, daß ich da was erkennen könnte«, mault Nina.

»Du weißt, daß ich das nicht kann!« verteidigt sich ihre Mutter.

»Nicht können gibt es nicht. Nur nicht wollen!« wiederholt Nina *den* Satz ihrer Kindheit.

»Ich staune!« lächelt ihr Vater süß. »Hat unsere Erziehung also doch etwas genützt!«

»Bei mir schon! Bei euch nicht!« kontert Nina und sieht ihren Vater mit ihrem Pubertätsausdruck an: einen frechen Zug um den Mund, die Augen nach Was-willst-*du*-denn-Manier zusammengekniffen, die Augenbrauen verächtlich hochgezogen. Damit hatte sie ihn stets zuverlässig auf die Palme gebracht.

»Das gibt in deinem Alter Falten!« Ihr Vater deutet auf ihre Stirn. »Blätter lieber weiter!«

Nina fällt nichts darauf ein und sie blättert weiter.

»Jetzt weiß ich's«, sagt sie plötzlich und hält bei einer Großaufnahme inne.

»Ich habe ein Interview mit ihr gemacht! Ein Straßeninterview!« Sie zeigt ihrer Mutter das Bild. »Das ist ja ein unglaublicher Zufall!«

Ihre Mutter lächelt. »Sie hat's mir erzählt!«

»Sie hat dir *was*? Wieso denn? Wie konnte sie wissen, daß ich deine Tochter bin?«

Ihre Mutter und ihr Vater tauschen einen kurzen Blick aus.

»Was ist los?« fragt Nina. »Bedeutungsschwere Blicke gelten nicht mehr. Die Zeit ist vorbei!«

»Dieser hier ist aber trotzdem bedeutungsschwer!« Um den Mund ihres Vaters spielt ein leichtes Lächeln.

»So? Warum?« Nina nimmt einen Schluck Kaffee. Dabei überlegt sie angestrengt, aber sie ist sich keiner Schuld bewußt.

»Du hast uns nichts von deinem Autounfall erzählt!«

»Meinem Unfall?« Nina verschluckt sich. Der Unfall mit Svens Wagen! Sie schaut zu ihrer Mutter.

»Dort hast du doch die Bekanntschaft von Frau Heckschneider gemacht!«

Sie nickt ihr zu.

»Frau Heckschneider hat die Regie bei dem Drei-Frauen-Stück geführt und gleichzeitig mitgespielt. Eine außergewöhnliche Frau!«

Nina schweigt. Sie sieht die Szenen wieder vor sich. Die Frau mit dem Umhang am Straßenrand. Der alte Wagen mit dem Handy. Und sie sieht sich auf der Suche nach ihr. Dabei hätte sie nur zu der Einladung ihrer Eltern fahren müssen. Welche Ironie des Schicksals!

»Wie hat sie mich erkannt? Ich meine, ich war doch an dem Abend gar nicht hier!«

»Mutti hat ihr selbstverständlich Fotos von ihren lieben Kleinen gezeigt, so wie stolze Mütter das eben so tun«, erklärt ihr Vater und zieht sich dabei mit zwei Fingern einen Spitzbuben aus dem Korb. »Dabei konnte sie natürlich nicht wissen, daß sie gar keinen Grund hatte, stolz zu sein!«

»Laß doch, Paul«, schaltet sich Ilse ein und schaut ihn streng an. »Es ist beiden nichts passiert, und das ist doch die Hauptsache!«

»Was hat Sven denn dazu...« Plötzlich klingelt es Sturm.

»Nikki«, ruft Nina und springt auf. Selten hat sie sich über die Ankunft ihrer Schwester so gefreut wie gerade jetzt. »Ich mach auf!«

»Das glaub ich!« hört sie ihren Vater noch sagen, aber da ist sie schon an der Tür.

Nikki steht vollbepackt vor ihr und strahlt sie an. Die Zwillinge quetschen sich laut schreiend an ihr vorbei ins Haus, ihr Schwager kommt mit weiteren Geschenken auf sie zu.

»Klasse, daß ihr da seid.« Nina nimmt ihrer Schwester zwei Tüten ab und geht voraus zur Garderobe. Dort legen sie alles ab und begrüßen sich erst einmal richtig mit Umarmung und Küssen. Trotz der liebevollen Begrüßung spürt Nina jedoch schon wieder den leichten, altbekannten Stich in der Herzgegend. Nikki sieht toll aus! Sie hat einfach die bessere Mischung abgekriegt, als Mutti und Vati ihre Gene wild durcheinanderschleuderten. Jedesmal, wenn sie ihre Schwester sieht, kommt sie sich selbst grau und einfallslos vor. Nikki wirkt stets wie eine Karrierefrau auf der Schönheitsfarm: frisch vom Modestylisten, vom Haarstylisten und von der Kosmetikerin. Dabei besteht ihr ausschließlicher Job aus Windelnwechseln, Haus aufräumen und Mann befriedigen.

Die Welt ist einfach ungerecht.

Auf alle Fälle ist der Unfall vergessen, Guido setzt sich an den Tisch und erzählt von der Börse. Nina findet ihn entsetzlich spießig und steht auf, um den Christbaum zu schmücken. Nicole folgt ihr. »Na«, flüstert sie, während sie mit einer Hand eine Kerze befestigt und mit der anderen ihre Kinder abwehrt, »erzähl doch mal, wie ist er denn?«

Jetzt schlägt Ninas große Stunde. Endlich hat sie auch einmal etwas zu bieten. Nic sei nicht nur attraktiv, sondern auch noch ungemein erfolgreich, erzählt sie, dabei ein guter Gesprächspartner, intelligent und warmherzig.

»Habt ihr schon«, Nicole nimmt den Engel für die Christbaumspitze aus dem Karton und dreht sich damit zu Nina um, »habt ihr schon… eine Nacht hinter euch?«

»Vor uns«, sagt Nina schnell und schaut rasch nach der Familie. Aber die sitzt ins Gespräch vertieft am Tisch. »Wir wollen das zelebrieren, verstehst du?« Nina zwinkert Nicole zu. »Es soll nicht hoppla-hopp sein, sondern etwas Besonderes! Deshalb auch das Fest der Liebe! Weißt du, er ist keiner dieser Typen, die nur an sich denken, an ihre eigenen Bedürfnisse! Er respektiert mich und meinen Körper!«

»Gibt's das denn??« Nicole runzelt die Stirn und zupft grimmig die Goldhaare des Engels zurecht.

»Sven war auch nicht so!« Nina greift vorsichtig nach einer roten, großen Kugel und denkt dabei: Hat sie *auch* gesagt?

»Du scheinst da ja einen richtigen Goldfisch an der Angel zu haben!« Nicole steigt auf den Hocker und biegt die Tannenbaumspitze zu sich herunter. »Dann kann ich diese Aktion heute verstehen. Frisch verliebt zu sein ist das Größte.«

»Wie wahr, wie wahr«, Nina lacht aufgedreht, Nicole steckt den Engel auf den Baum und läßt die Spitze los. Das Ende des Tannenbaums schlägt in die andere Richtung aus, der Engel schießt an Nina vorbei mitten auf den Tisch, trifft Guidos Tasse, Porzellan splittert, und der Kaffee spritzt in alle Richtungen und rutscht mitsamt dem Engel Ilse auf den Schoß. Die restlichen Familienmitglieder springen auf.

Timo klatscht begeistert in seine Kinderhändchen und ruft: »Noch mal, Mama, noch mal!«

Nina verkneift sich ein Lachen, Nicole steigt mit rotem Kopf von ihrem Hocker herunter. »Tut mir leid, Mutti, ich hole etwas zum Aufwischen!«

Ilse Wessel hat sich aber schon gefaßt; sie sammelt die Scherben auf und tupft ihr Kleid ab. Als sich die Wogen geglättet haben und Nicole mit weiteren Glaskugeln anrückt, versucht Nina ans alte Gesprächsthema anzuknüpfen.

»Bist du denn nicht glücklich?« fragt sie direkt.

»Ach, glücklich«, sagt Nicole mit einer wegwerfenden Handbewegung, und fast wäre nun auch noch eine Kugel über den Tisch gesaust, »ich habe keinen Grund, nicht glücklich zu sein!«

»Wie hört sich *das* denn an!« Nina hält eine Goldpapierkette in den Händen, die sie als Zwölfjährige gebastelt hat. Das ist das Schöne an Weihnachten, denkt sie dabei, daß man immer an die eigene Kindheit erinnert wird.

»So wie's eben ist!«

»Wie ist es denn?«

Nicole holt tief Luft, und es ist ihr anzusehen, daß sie überlegt, ob man ausgerechnet dieses Thema mit der kleinen Schwester besprechen sollte. Dann zuckt sie die Schultern. »Das wirst du auch noch merken. Kinder verändern alles!«

Nina denkt kurz an die Wahrsagerin in Rio und will es genau wissen. »Wie alles?«

»Na ja, den Sex, wenn du's genau wissen willst!« Sie schaut kurz zu Guido, aber er ist mit Timo und Till beschäftigt, die es auf seine Kaffeetasse abgesehen haben.

»Inwiefern?«

Nicole bewaffnet sich mit einigen Kerzen und kommt dicht an ihre Seite. »Vor den Kindern bist du wild auf Sex, danach denkst du unwillkürlich, so, jetzt haben die Bemühungen ihr Ziel erreicht. Was soll's also noch! Mehr als das, was jetzt da ist, kann ja nicht kommen!«

»Hört sich nicht besonders gut an«, Nina schüttelt den Kopf. »Ist das bei allen so? Oder nur bei euch?«

»Es geben nicht alle zu, aber viele ziehen sich von ihren Männer zurück. Stillen unendlich lange oder haben sonst irgend etwas.«

Nina schaut nach den Zwillingen, die noch immer um die Tasse kämpfen. Sie nimmt Nicole eine Kerze ab und befestigt sie an einem Zweig. »Ich will nicht darüber nachdenken, das deprimiert mich! Obwohl – was tust du denn dagegen?«

Nicoles große Augen verengen sich zu schmalen Schlitzen. »Ausprobieren, ob es an mir oder an Guido liegt«, flüstert sie.

»Ach ja? Und wie soll das gehen?«

»Mit einem anderen Mann natürlich!«

»Ein *Liebhaber*?« entfährt es Nina laut, und sie hält sich den Mund zu. Alle drehen sich nach ihr um.

»Was habt ihr denn für geheimnisvolle Themen?« fragt Guido und gibt einem seiner blonden Sprößlinge einen aufmunternden Klaps auf den Hintern: »Jetzt geht mal zu Mami, Baum schmücken!«

»Wir haben...«, beginnt Nina langsam, »... nur über einen Kinofilm gesprochen«, beendet Nicole, nicht ohne ihrer Schwester einen Blick zuzuwerfen, der sie in die Schranken der Zweitgeborenen zurückweist.

Nina schmückt still weiter den Baum und beobachtet dabei Guido. Er ist groß gewachsen, blond wie seine Söhne, wenn auch mit dünnerem Haar, hat kantige Gesichtszüge, eine fast römische Nase, graue Augen. Eigentlich ein gutaussehender Mann, denkt sie, und trotzdem hätte sie sich nie für ihn interessieren können. Irgendwas fehlt ihm. Feuer? Leidenschaft? Sie kann sich ihn nicht nackt vorstellen. Guido im blauen Blazer und ein abstehendes Glied passen irgendwie nicht zusammen. Und Nicole und Guido eigentlich auch nicht. Wie's da wohl im Bett abläuft? So wie bei Sven und ihr? Kein Wunder, daß Nicole da einen Liebhaber sucht. Nina denkt an Nic, an seine magnetisierende Wirkung auf sie. Sie brennt auf ihn, ihre Phantasie geht ständig mit ihr durch. So einen Mann bräuchte Nicole auch! Sie muß ihrer Schwester nachher unbedingt sagen, daß sie vollstes Verständnis für sie hat.

DIE BESCHERUNG

Um sieben Uhr beschließen sie, das Christkind kommen zu lassen. Die Kinder werden sonst zu müde. Wie früher, zu Ninas Kinderzeit, werden die Zwillinge nach oben geschickt. Nina, Nicole und Guido gehen mit, während Ilse und Rudi die Geschenke um den Baum herum verteilen und die Kerzen anzünden. Nina denkt über Nicole nach. So offen war sie früher nie. Sie hat nie ein Wort über ihre Freunde verloren, selbst wenn Nina, neugierig, wie sie früher als Jüngere war, immer alles ganz genau wissen wollte. Eher bekam sie eine schnippische Abfuhr à la: Werd erst selbst mal so alt! Was wohl in sie gefahren ist, daß sie ihr Heile-Welt-Image ankratzt?

Der helle Klang der Silberglocke reißt sie aus ihren Gedanken. Wie früher! Noch dieselbe Glocke! Gemeinsam gehen sie hinunter, bleiben vor dem erleuchteten Baum stehen. Timo und Till drängen sich unsicher an ihre Mutter, Guido hat den Arm um seine Frau gelegt, nur Nina steht allein da. Sie schaut zu ihren Eltern neben dem Baum und muß lachen. Ihr Vater hat das schwere Akkordeon vom Speicher geholt, und jetzt schmettern sie sämtliche Weihnachtslieder, die sie kennen.

Nachdem die Zwillinge hektisch alle Pakete aufgerissen haben und nun alle am Tisch sitzen, kommt das Gespräch endlich auf den Grund des Abends: Nic.

Nicole versucht mit einem Seitenblick auf Nina abzuwehren: »Für uns ist die Vorverlegung ganz praktisch, dann können wir morgen noch mit Guidos Eltern feiern!« Aber Guido will es genau wissen, und auch Ilse Wessel ist anzumerken, daß sie mit Svens Abgang noch immer nicht einverstanden ist.

Nina versucht es zu erklären. »Es ist einfach die große Liebe, und so etwas läuft einem im Leben eben nicht allzu häufig über den Weg! Du hast dich doch auch für Vati entschieden, weil du ihn geliebt hast, Mutti, oder etwa nicht? Da darf es doch keine Zweifel geben!«

Gegen Mitternacht trägt Guido die schlafenden Kinder in den Wagen, Nicole sammelt die Geschenke ein, dann schließt sie Nina fest in ihre Arme: »Ich wünsche dir morgen die Nacht deines Lebens!«

DIE NACHT IHRES LEBENS

Weihnachten. Es ist soweit! Nina liegt noch im Bett, streckt sich, fährt mit den Händen über ihren Körper, findet sich rundherum zum Anbeißen, schält sich langsam unter ihrer dicken Decke hervor und geht im Schlafanzug die Treppen hinunter zur Küche. Der Frühstückstisch ist gedeckt, Nina schaut nach ihren Eltern. Wie immer an freien Tagen findet sie ihren Vater hinter einer Zeitung im Wohnzimmer, und ihre Mutter gießt leise redend die Zimmerpflanzen.

»Gibst du ihnen ihre Streicheleinheiten?«

Ilse Wessel dreht sich nach ihrer Tochter um. Sie sieht unverschämt frisch für ihr Alter aus, stellt Nina fest. Dabei nimmt sie nur ihre selbstgemixten Cremes, von wegen Liposomen und Vitaminen und was sonst noch alles.

»Guten Morgen, mein Schatz.« Ihre Mutter stellt die kleine Gießkanne ab und drückt Nina an sich. Ihre Wange fühlt sich glatt und geschmeidig an. Nina seufzt innerlich. Muttis Haut und Bindegewebe sind wohl leider auch nur an Nicole gegangen. »Na, magst du frühstücken?« Nina bejaht mit einem kurzen Kopfnicken und geht in die Küche. Viel kann sie nicht essen und schon gar nicht reden, denn dazu ist sie zu aufgeregt. Nach zwei Tassen Kaffee und einem halben Brötchen verdrückt sie sich ins Badezimmer, um sich für das große Ereignis zu richten.

Sie duscht ausgiebig, wäscht die Haare, cremt sich genüßlich ein und betrachtet sich dabei von oben bis unten im Spiegel. Die Taille ist für ihre Verhältnisse superschmal, die Haare unter den Achseln sind ab, das Dreieck sauber rasiert, die Beine auch – und alles unter einer dezenten Bräune nach drei Solariengängen, besser geht es nicht. Zumindest nicht bei ihr.

Sechs Stunden Autofahrt kalkuliert sie von Köln nach München ein. Soll sie gleich den neuen Body anziehen? Und das kleine Schwarze, das sie nur zu besonderen Anlässen trägt? Kommt es dann nicht verschwitzt und verknittert an? Auf der anderen Seite ist es auch blöd, bei ihm mit: »Läßt du mich mal eben zum Frischmachen ins Badezimmer?« aufzutauchen und dabei das Kleid zu schwenken. Sie beschließt, sich gleich komplett fürs Ausziehen anzuziehen.

In den höchsten Tönen singend macht sich Nina fertig, stylt ihre Haare und schminkt sich. Nach etwa einer Stunde geht sie hinunter zu ihren Eltern.

»Donnerwetter!« sagt ihr Vater.

»Der arme Sven!« sagt ihre Mutter zaghaft. »Hast du dir das auch gut überlegt?«

»Mutti!« sagt Nina.

Nina hat es jetzt sehr eilig, von zu Hause wegzukommen. Aber erst als sie den Teer unter den Rädern hat, wird ihr allmählich klar, daß sie unterwegs nach München ist, unterwegs zu ihrem Nic. Sie hat Mühe, vor Freude nicht in Schlangenlinien zu fahren, und die sechs Stunden auf der Autobahn kommen ihr vor wie Monate.

In München verfährt sie sich zunächst einmal hoffnungslos. Sie fühlt sich wie gerädert, denn die Strecke wollte kein Ende nehmen, und wenn ihr Wagen endlich mit viel Anlauf auf Touren kam, bremste ein Tempolimit ihren Elan wieder. Zum Verrücktwerden.

In München gerät sie dann auf den Mittleren Ring, und von dem kommt sie nicht mehr herunter. Sie soll nach Schwabing hineinfahren, hatte Nic ihr gesagt. Leicht gesagt, aber wo ist Schwabing? Ein Tankwart hilft ihr, und endlich steht sie mit ihrem Wagen vor Nics Haus. Es ist ein großer Altbau, mehrstöckig, Grau in Grau. Sie könnte jubeln vor Freude, jetzt kann sie die Sekunden zählen. Da hupt es hinter ihr. »Idiot!« Heute ist Weihnachten, Fest der Liebe, und schließlich bin ich gerade bei meinem Liebsten angekommen.

Aber dann fährt sie doch wieder an, denn sie braucht ja noch einen Parkplatz. Chancenlos. Der Gehsteig ist zugeparkt, keine Lücke, so weit ihr Auge reicht. Das darf nicht wahr sein! Also noch einmal um den Häuserblock. Die nächste links, dann wieder links und noch einmal links, dann müßte sie wieder in der richtigen Straße sein. Sie biegt links ab und beschwört ihren Glücksengel, direkt vor dem Haus Nr. 191 einen Parkplatz frei werden zu lassen. Die nächste links. Ein entgegenkommender Wagen gibt mehrmals Lichthupe. Radar! Er warnt sie! Wie nett! Sie bedankt sich und fährt langsamer weiter. Der nächste blinkt sie ebenfalls an und hupt noch obendrein. Ein menschenfreundlicher Schlag, die Münchner, denkt sie und fährt noch langsamer, um bloß nicht in die Radarfalle zu geraten.

Die Polizei stoppt sie trotzdem. Sie hält, triumphierend, denn der Beamte, der eben aus seinem Wagen steigt und sich dabei die Mütze aufsetzt, kann ihr nichts anhaben. Sie war nicht zu schnell, Führerschein hat sie dabei, Warndreieck ebenfalls, selbst die Latexhandschuhe im Verbandskasten. Soll er also ruhig kommen! Lächelnd dreht sie die Scheibe herunter.

Der Polizist beugt sich zu ihr herunter: »Wissen Sie, daß dies eine Einbahnstraße ist?«

»Einbahnstraße?« fragt Nina verblüfft.

»Und daß Sie in die falsche Richtung fahren?«

»Ich? Ohhh!«

»Ihren Führerschein bitte und die Fahrzeugpapiere!«

Aber es ist Weihnachten, sie trägt ihr kleines Schwarzes, und die Beamten lassen Gnade vor Recht ergehen. Zwinkernd bieten sie ihr sogar an, bis zu Nics Hauseingang vorauszufahren. Nina hält dicht neben den geparkten Wagen am Gehsteig und beschließt zu warten, bis ein Platz frei wird. Während sie bereits leicht zu frieren beginnt und sich überlegt, ob sie nicht doch noch einmal eine Runde drehen soll, hält erneut ein Polizeiwagen neben ihr.

Das darf doch nicht wahr sein. Was ist denn jetzt schon wieder! Ein wahrer Polizeistaat, dieses Bayern, flucht sie leise, da erkennt sie den Beamten auf dem Beifahrersitz.

Er läßt das Fenster herunter, Nina kurbelt mit aller Kraft. »Dort vorne ist ein Parkplatz frei. Wir wollen ja nicht, daß Sie die Nacht hier verbringen müssen!« Er grinst sie an: »Campieren auf öffentlichen Straßen ist in München nicht gestattet!«

Nina lacht zurück. Mein Gott, sie hat einen Verehrer gefunden. Der Polizist nickt ihr zu und nimmt die Mütze ab. Seine Haare kleben strähnig am Schädel.

»Danke«, ruft Nina ihm zu. Danke, nein, denkt sie. Sie parkt ein und blinkt dem Polizeiwagen ein Dankeschön hinterher. Gleichzeitig überlegt sie sich, ob das in Bayern auf öffentlichen Straßen überhaupt erlaubt ist.

Dann überprüft sie ihr Gesicht im Spiegel, greift nach ihrem Mantel und ihrem Gepäck und steigt aus. Neun Namensschilder studiert sie wegen der zunehmenden Dunkelheit mit zusammengekniffenen Augen, das zehnte ist es: Naumann. Ganz oben. Wie schön!

Die mächtige zweiflügelige Eingangstür ist nicht abgeschlossen. Nina drückt sie auf und schaut nach einem Lift. Keiner da. Seufzend klettert sie die fünf Stockwerke hoch. Das bedeutet ja tägliche Marter, denkt sie dabei. Zusätzlich zu den nicht vorhandenen Parkplätzen. In München müßte man fürs Wohnen bezahlt werden und nicht bezahlen müssen!

Aber die Aussicht auf Nic beflügelt sie. Oben angekommen, bleibt Nina erst einmal stehen, um tief Luft zu holen. Hier also wohnt er. Ihr Nic!

Eine alte Jugendstiltür. Komisch, sie hätte bei ihm eher auf ultramodern getippt. Edelstahltür oder schwarzer Lack. Sie ist höllisch aufgeregt. Sie klingelt, und vor lauter Vorfreude schlottern ihr die Knie. Ein schlanker, hochgewachsener Mann in ihrem Alter öffnet ihr. Feine Gesichtszüge, tiefschwarze, modern geschnittene Haare, ein Strahlen in den dunklen Augen.

»Du bist also Nina!« begrüßt er sie und streckt ihr die Hand hin. »Freut mich, daß du da bist«, fährt er fort und tritt zur Seite. »Ich bin Gabriel!«

Gabriel? Wieso Gabriel? Wohnt Nic in einer WG? Davon hat er gar nichts erwähnt. Würden sie am Ende gar nicht allein feiern?

Gabriel? Vielleicht der Bruder, der nur noch auf einen Sprung hereingeschaut hat, um dann das Liebesnest Nic und ihr zu überlassen.

So wird es sein, ja, so wird es wohl sein. »Ja, ich bin Nina, hallo«, sagt sie aufgeräumt und fühlt sich in ihrem Body und dem Schwarzen unschlagbar. »Du mußt Nics Bruder sein!«

»Sein Bruder? Wie kommst du denn da drauf! Nein. Ich bin sein Freund und wohne hier mit ihm! Aber komm doch erst mal rein und stell die Tasche ab!«

Nina tritt ein und steht in einer großen, fast leeren Diele. Der Parkettboden im Fischgrätmuster ist sichtbar alt, zwischen den sechs offenstehenden Türen an den kalkweißen Wänden stehen Plastiken. In der Mitte des Raumes ein knallrotes Ledersofa, von oben beleuchtet. Das Ambiente erinnert Nina an das Foyer eines Museums für moderne Kunst. Gabriel nimmt ihr den Mantel ab.

Freund? Wie meint er das? Freund wie in »mein Freund Nic« oder wie in »mein Partner Nic«?

»Du bist sein *Freund*?«

»Ja, Nic und ich sind zusammen. Hat er nicht davon erzählt? Na, das ist typisch Nic. Dann hat er wohl auch nicht erzählt, daß du heute die einzige Frau sein wirst?«

»Wie? Dann sind außer dir und mir noch andere eingeladen?« Nina fällt von einer Ohnmacht in die andere. Jetzt wird ihr wahrscheinlich gleich noch schlecht. Ich muß mich erst mal hinsetzen. Von wegen Fest der Liebe, Body, Nic und ich, allein.

»Geht's dir nicht gut? Setz dich doch erst mal hin! Ich hole Nic!«

Und während Gabriel eiligen Schrittes in Richtung Küche verschwindet, zerplatzen Ninas Träume. Einer nach dem anderen. Nic. Die Nacht der langen Küsse. Die gemeinsame Wohnung. Umzug nach München.

Sie könnte heulen.

Er ist schwul, schwul, schwul!

Er, der Mann ihrer Träume! Und das ihr!

Zum erstenmal in ihrem Leben hadert Nina mit dem Schicksal, eine Frau zu sein.

Sie schließt die Augen.

Zwei Kinder, welcher Hohn!

Diese Alte in Brasilien sollte sie verklagen, die ist an allem schuld!

Und überhaupt, hat er in Brasilien nicht erzählt, daß er Single sei? Alleine lebe?

Gabriel wird eine Eintagsfliege sein – reif für die Ablösung! Sie ist nicht sechs Stunden gefahren, um sich einen Gabriel vor die Nase setzen zu lassen. Sie wird kämpfen. Um ihren Stolz. Und um Nic und ihre gemeinsame Zukunft. Mit den Waffen der Frau. Wäre doch gelacht. Wozu hat sie den Body und den ganzen Fummel dabei! Sechs Wochen gibt sie Gabriel, um seine Sachen zu packen!

Nina steht auf, atmet einmal tief durch und geht Gabriel mit wackligen Knien hinterher.

Die Küche ist schwarzweiß gefliest, und auch die Möbel sind schwarzweiß.

Nic hebt sich in seinem schwarzen Pullover kaum davon ab. Mit ausgebreiteten Armen kommt er auf sie zu: »Nina, ich freue mich so, daß du da bist!«

»Ich mich auch«, sagt Nina und läßt sich in ihn hineinsinken. Sie spürt ihn. Mein Gott, sie spürt ihn, nur getrennt durch einen Pullover, einen dünnen Kleiderstoff und einen schwarzen Body. Fast Haut an Haut. Fast! Er hält sie von sich, schaut sie lachend an und drückt ihr rechts und links einen dicken Kuß auf. Es trifft beide Male die Mundwinkel, denn Nina denkt mit.

»Komm, ich zeig dir die Wohnung!« Er legt ihr den Arm um die Schultern und führt sie herum. Er tut so, als sei alles in bester Ordnung. Aber da spiel ich doch allemal mit. Der soll mich kennenlernen. Ein riesiges Wohnzimmer mit Erker und durch zwei Flügeltüren getrenntem Eßzimmer, das, großbürgerlich in der Anlage, durch die skurrilen Möbel und Accessoires jedoch wie eine Bühne für ein futuristisches Stück wirkt.

»Du hast eine tolle Wohnung«, sagt Nina und überlegt sich zugleich, wann er ihr je so lange den Arm um ihre Schulter gelegt hat. Nie, denkt sie. Das ist das erste Mal. Warum jetzt? Warum ausgerechnet jetzt, direkt vor Gabriels Augen?

»Ein paar meiner Freunde sind schon da, sie schauen sich einen neuen Film von mir an.«

»Oh, den würde ich auch gern sehen!«

Nic geht mit ihr über die Diele zu dem einzigen Raum, dessen Tür geschlossen ist. »Das ist mein Arbeitszimmer«, flüstert er und öffnet. Sieben Männer zählt Nina. Ganz hinten nimmt Nina Platz. Hier kann sie sich still auf einen Stuhl setzen und in aller Ruhe Nics Gäste begutachten.

Zwanzig Minuten später ist der Film zu Ende. Nina ist sich nicht so sicher, was sie davon halten soll. Er ist mit schneller Kamera gedreht, aus ungewöhnlichen Perspektiven, mit wilden Schnitten – aber eine Handlung konnte sie nicht ausmachen. War nun dieses schwindsüchtige, ausgemergelte Mädchen mit den großen Rauschgiftaugen die Hauptperson oder doch eher diese Gestalt, bei der sie bis zum Schluß nicht erkennen konnte, ob es ein Männlein oder ein Weiblein ist? Und all diese baufälligen Fabrikhallen, schmuddeligen U-Bahn-Schächte und verkommenen Matratzenlager, soll das etwa eine schlechte Persiflage auf echte Straßenkinder sein? Sie stellt fest, daß sie die Zeichen der Zeit vor lauter Liebestaumel offensichtlich verschlafen hat, und beschließt, sich bei der Bewertung zurückzuhalten.

Die anderen sind völlig begeistert, drücken Nic einen Kuß auf und sagen große Filmpreise voraus. Für die nahe Zukunft. Nina überlegt gerade, wie sie am elegantesten aus der Nummer herauskommen könnte, da klingelt es. Gabriel geht an die Wohnungstür, und Nic nutzt die Gelegenheit, Nina mit allen bekannt zu machen. Nina schüttelt eine Hand nach der anderen. Sie sehen alle gut bis sehr gut aus. Die meisten schwarz gekleidet, topmodisch, und wie sie bis jetzt erkennen kann, mit geschliffenen Umgangsformen und ihr gegenüber sehr zuvorkommend. Dann bittet Nic zum Aperitif ins Eßzimmer, und langsam setzen sich alle in Bewegung. Nina geht als letzte. Komisches Gefühl, denkt sie, daß ihr während des ganzen Abends wahrscheinlich niemand auf den Busen starren wird, und sie fühlt sich mit ihrer Weiblichkeit wie ein vom Aussterben bedrohtes exotisches Tier.

Sie will sich eben an den langen gedeckten Tisch setzen, als Gabriel ihr von der Tür zaghaft zuwinkt. Was er wohl will? Mit ihr über Nic reden? Sie wird die Fronten gleich klären! Nina steht entschlossen auf, geht zu ihm hinüber. An ihm vorbei sieht sie zwei keuchende Männer abgedeckte Silbertabletts hereintragen. Aha, Nina versteht. Noch ist das Duell im Morgengrauen nicht gefragt. Hier geht es ganz profan um ihre hausfrauliche Eignung.

Trotz ihrer Talentlosigkeit in der Küche ist sie froh, eine Aufgabe zu haben. Fachmännisch kniet sie mit Nic vor dem Backofen und versucht, die Zeichen zu deuten.

»Hast du keine Gebrauchsanweisung für den Herd?«

»Möglich...«, er grinst und zuckt mit den Schultern. Dieses Lächeln, dieses Gesicht, dieser Mann! Am liebsten hätte sie ihn angefallen. Hier auf der Stelle! Das gleiche Verlangen wie damals, völlig unpassend, nach dem Überfall im Bus. Rio! Es ist schon so lange her! Fast, als sei es nie gewesen!

Nina liest die Anleitung zu den vorbereiteten Speisen. Nun, das kapiert sogar sie. Das Kartoffelgratin und der Braten müssen noch mal zehn Minuten bei 200 Grad erhitzt werden. Bei Heißluftöfen nur 180 Grad.

»Heizt der mit Heißluft?« fragt sie Nic, der noch immer wie hypnotisiert vor seinem Backofen hockt, als sähe er eine Live-Übertragung der Filmfestspiele in Cannes.

»Heißluft?« Er schaut sie ratlos an.

»Männer und Technik!« Nina kann es kaum glauben.

Nic lacht und stößt seinen Kopf leicht gegen ihren.

Nic Naumann, ich will jetzt, daß du hier alle rauswirfst und nur mit mir feierst! Hat sie als Kind nicht geglaubt, sie verfüge über Zauberkräfte? Und kann sie nicht, wenn sie noch nicht aufstehen will, den Wecker zum Klingeln und das Telefon zum Läuten bringen? Sie kann. Immer, wenn sie es nicht will, klappt's!

Soll sie jetzt Nic nicht wollen? Wird er ihr dann vielleicht doch verfallen und die Beziehung zu Gabriel lösen?

Nic steht abrupt auf. Nina erschrickt. Wo will er hin? Am liebsten hätte sie ihn sofort wieder zu sich nach unten gezogen. »Ich sehe schon, du hast das voll im Griff«, befindet er ihr mit einer leichten Kopfbewegung.

Klar, wer eine Vagina sein eigen nennt, ist dafür prädestiniert, alles im Griff zu haben, denkt sie und schaltet den Backofen auf 200 Grad.

Es klingelt wieder. Diesmal ist es das Telefon. Gabriel winkt ihr wieder. Sie? Sie hat ihrer Mutter die Nummer für Notfälle hinterlassen. Notfälle!

Schnell steht sie auf und will hinauslaufen, aber Gabriel bringt bereits das Handgerät.

»Mutti? Ist was passiert?«

Ihre Mutter berichtet ihr aufgeregt, daß soeben Sven angerufen habe, um der Familie Wessel frohe Weihnachten zu wünschen. Dummerweise sei Vater am Apparat gewesen, der ihm, von Mann zu Mann natürlich, gleich berichtet habe, daß Nina überhaupt nicht zu Hause sei.

»Und deswegen rufst du an, Mutti? Das ist doch völlig egal! Sven und ich sind getrennt!«

Ein Adrenalinstoß durchfährt Ninas Körper. Sie sieht, wie Nic Gabriel im Vorbeigehen einen zärtlichen Kuß aufdrückt. Und sie dumme Kuh hat in Suzanna eine Konkurrenz gesehen! Sie war zu blöd!

»Ist bei dir denn alles in Ordnung, Nina? Bist du jetzt glücklich?« hört sie ihre Mutter aus dem Hörer sagen.

Und das zu Weihnachten! Am liebsten hätte sie mit einem »Ach, Mutti!« losgeheult, aber sie kratzt das letzte bißchen Selbstbeherrschung, das sie noch hat, zusammen: »Es ist wunderbar, Mutti, danke. Und mach dir wegen mir keine Gedanken. Ich komme schon zurecht!«

»Zurecht?«

Mütter!

Nic schaut um die Ecke. Das fehlt ihr noch! Was soll sie ihrer Mutter bloß über Nic erzählen, wenn er dabei zuhört? Er streckt ihr ein Glas Champagner entgegen und sieht sie fragend an.

»Ja, Mutti, eben kommt Nic mit einem Glas Champagner, es ist alles bestens, ich rufe dich morgen an!«

Nach der furiosen Liebesnacht, wird ihre Mutter jetzt denken. Soll sie doch! Was nicht ist, wird noch werden.

Nach und nach füllt sich die Küche. Jeder will sehen, jeder will anpacken. Die Vorspeisen werden flugs verteilt, beim Braten greifen alle kräftig zu, und auch das Tiramisu findet noch begeisterte und hungrige Abnehmer. Zum Abschluß setzt Nina noch einen Kaffee auf und beginnt allmählich, sich einigermaßen zu entspannen und sich an die ungewohnte Situation zu gewöhnen. Aber eigentlich kann sie es immer noch nicht glauben. Gabriel sitzt ihr schräg gegenüber, und sie mustert ihn heimlich. Er lacht lauthals über irgendwas und entblößt dabei eine Reihe ebenmäßiger, schneeweißer Zähne. Er sieht einfach zu gut aus, denkt Nina, es ist zum Verrücktwerden! Als hätte Gabriel ihre Blicke gespürt, lächelt er ihr jetzt zu, sie lächelt zurück und fühlt sich dabei wie eine Schlange. Am liebsten hätte sie ihm direkt in seinen schlanken, sehnigen Hals gebissen.

Dann, nach dem Kaffee und dem Grappa, merkt sie, daß sich die Stimmung ändert. Bisher war Nina voll integriert, in jedes Gespräch mit einbezogen gewesen, jetzt beschleicht sie das leise Gefühl, daß sie die Pärchen unter den Gästen stört. Sie schaut auf die Uhr, kurz nach Mitternacht. Es ist noch nicht geklärt, wo sie schlafen wird. Hier jedenfalls nicht, so viel ist wohl sicher.

Nic sitzt in ein Gespräch mit zwei seiner Freunde vertieft. Der eine, Marcel, arbeitet auch fürs Fernsehen, so viel hat sie zwischenzeitlich mitbekommen.

»Entschuldige, Nic, aber ich möchte mich verabschieden!«

Er schaut überrascht auf. »Gefällt's dir nicht? War jemand grob zu dir?«

Grob? Nina muß fast lachen. Wie wenig war dieses Fest in dieser Hinsicht mit anderen zu vergleichen! »Nein, ich denke nur... es wird sonst zu spät!«

Nic schlägt sich mit der flachen Hand gegen die Stirn. »Entschuldige, ich bin ein Idiot. Du schläfst selbstverständlich hier! Ich habe dir das Zimmer neben unserem gerichtet! Warte, ich zeig's dir!«

Er steht auf, Nina schluckt trocken. Das wird sie nicht aushalten.

Die halbe Nacht liegt sie wach, wälzt sich auf ihrer dünnen Matratze hin und her und lauscht auf jedes Geräusch von nebenan. Mit der Zeit meldet sich ihre Blase, der Druck verstärkt sich. Aber sie kann doch jetzt unmöglich in ihrem knappen Negligé über die Diele schweben. Als es aus der Ferne vier schlägt, hält sie es nicht mehr aus. Sie lauscht an der Tür. Stimmengemurmel. Sie sitzen also immer noch alle im Wohnzimmer. Nina schlüpft aus der Tür, läuft schnell über den breiten Flur zum Bad. Es ist frei, ein Glück. Lange hätte sie es nicht mehr ausgehalten! Für den Rückweg greift sie sich ein Badetuch aus dem Schrank. Darin wickelt sie sich ein und öffnet leise die Tür. Mit einem Ruck schließt sie sie bis auf einen schmalen Spalt aber sofort wieder, denn soeben zieht sich Nic fröhlich scherzend in das gemeinsame Schlafzimmer zurück – mit Gabriel im Arm. Nina läßt sich auf den Toilettendeckel sinken. Ihr ist schlecht. Entsetzlich schlecht. Sie hat kein so'n Ding, womit sie Nic beglücken könnte! Und vielleicht ist es ja auch gar nicht *das* allein. Vielleicht findet er Busen wabbelig und doof, oder er liebt Brusthaare, die sie ihm leider auch nicht bieten kann. Nichts an ihr ist richtig. Trotz Diät!

Die pure Neugierde treibt sie in ihr Zimmer zurück. Dort lehnt sie regungslos lauschend an der Wand, starrt durch das kleine Fenster den Vollmond an, der in ihr Zimmer scheint, denkt sich Zauberformeln aus, mit denen sie Nic von Gabriel lösen und in ihr Zimmer locken könnte, überlegt, wie Gabriel unschädlich zu machen wäre.

Schließlich schlägt es fünf. Sie friert jämmerlich und beschließt, endlich ins Bett zu gehen. Entweder sind die Wände zu dick, oder die beiden waren zu müde. Vielleicht aber denkt Nic ja auch an sie?!

Am nächsten Morgen schaut ihr aus dem Spiegel eine Nina mit verquollenen Augen und strubbeligen Haaren entgegen. »Ich kenne dich zwar nicht, aber ich grüße dich trotzdem«, sagt sie laut, um sich etwas aufzumuntern, aber es gelingt nicht so richtig.

Es ist zehn, und es rührt sich noch nichts. Nina geht leise durch die Wohnung. Eigentlich hätte sie erwartet, den einen oder anderen auf einem improvisierten Nachtlager zu finden, aber es ist niemand mehr da. Sogar der späte Versuch, hier und da aufzuräumen, läßt sich erahnen.

Als sich auch nach einer halben Stunde noch nichts rührt und sie schon geduscht und gepflegt aus dem Bad kommt, geht sie in ihr Zimmer zurück und legt sich angezogen wieder hin. Und wenn die nun den ganzen Tag im Bett bleiben? Sie schlichtweg vergessen haben? Oder möglicherweise sogar...

Sie liegt eine Stunde tatenlos auf ihrem Bett, dann wird es ihr endgültig zu dumm. Jetzt braucht sie endlich einen Kaffee.

Sie sucht gerade im Küchenschrank das Filterpapier, als Nic überraschend in der Tür steht. In einem engen Slip. Ach, du mein Gott!

Er scheint auch nicht mit ihr gerechnet zu haben, denn er macht instinktiv einen Schritt zurück. »Ach, du bist schon auf?«

Nina hat das sichere Gefühl, daß er sie ganz und gar vergessen hat. Mach dem Spiel ein Ende, sagt sich Nina und nickt. »Ja, und nach dem Kaffee muß ich dann auch nach Hause fahren!«

»Ach schon?« Er kratzt sich mit einer Hand an der behaarten Brust.

Dieser Körper! Nina würde ihn gern fotografieren. Um überhaupt etwas von ihm zu haben.

»Hast du heute denn noch etwas vor?«

Wahrheitsgemäß schüttelt Nina den Kopf. »Eigentlich nicht...«

»Weißt du, ich hätte nämlich einen Vorschlag. Heute abend ist so ein Event, ein blödes Fest, aber aus strategischen Gründen muß ich dabeisein. Hättest du nicht Lust mitzukommen? Dein Cocktailkleid würde sich gut neben mir machen!«

Nina bleibt der Mund offenstehen. Mit oder ohne Gabriel, fragt sie sich, traut sich aber nicht, es laut zu wiederholen.

Nic scheint vergessen zu haben, in welcher Aufmachung er vor ihr steht. Er drückt sich an ihr vorbei, öffnet eine Schranktür. »Hier sind übrigens die Filtertüten, falls du die suchst. Gabriel macht aber einen phantastischen Milchkaffee mit geschäumter Milch. Ich würde noch eine Minute warten!«

Nina müßte nur die Hand ausstrecken, dann hätte sie seinen strammen Hintern in der Hand, erotisch durch den feinen Stoff hervorgehoben. Sie hätte seinen Slip auch gern von vorn betrachtet, aber sie kann ihm nur in die Augen schauen, er steht zu nah, da wäre eine solche Musterung zu auffällig.

»Überleg's dir, ich würde mich freuen.«

Nic zwängt sich wieder dicht an ihr vorbei, Nina kann ihn riechen. Er duftet wie ein Kind, das morgens aus dem warmen Bett kommt. Ein bißchen nach Veilchen, ein bißchen nach geheimer Welt.

»Gabriel feiert heute abend bei seinen Eltern«, im Hinausgehen lächelt er ihr zu.

Nina muß sich an der Spülkante festhalten. Gabriel ist nicht da? Die ganze Nacht nicht? Ist das vielleicht ihre große Chance? So ganz ohne Kampf und ohne Probleme?

Nic verschwindet wieder in seinem Zimmer, Ninas Finger zittern, als sie die Filtertüte aus dem Schrank herausnimmt. Dann dämmert es ihr plötzlich: Nic braucht sie als Alibifrau!

Ein offizieller Anlaß. Sie mit ihm, das gefällt ihr. Sollten Journalisten da sind, könnte sie sogar an seiner Seite fotografiert werden. Und wer weiß, wenn sie erst einmal zusammen auf Farbfotos in verschiedenen Gazetten zu sehen sind, wird er sich vielleicht an den Anblick gewöhnen und schließlich glauben, in ihr seine ideale, die einzig wahre Lebenspartnerin gefunden zu haben.

Als Nina anfängt, die Wohnung aufzuräumen, kommt Gabriel gut gelaunt herein und drückt ihr links und rechts einen Kuß auf. »Guten Morgen! Ich höre, du vertrittst mich heute abend beim Produzentenball, das finde ich lieb von dir!«

Wenn du wüßtest, denkt Nina und nickt ihm zu: »Du hast ja keine Zeit, hat mir Nic gesagt!« Besser, ich tu so, als würde ich es nicht kapieren, sagt sie sich und balanciert einen Stapel Teller in die Küche. Gabriel trägt eine enge Jeans und darüber lose ein Jeanshemd. Er ist barfuß, seine Haare glänzen noch naß. Ganz der Junge, der keine Sorgen hat. Er würde auch gut nach Saint-Tropez auf eine Jacht passen. Nina war zwar noch nie in Saint-Tropez, aber genau so stellt sie es sich vor.

»Du kannst das eigentlich stehen lassen«, unterbricht Gabriel ihre Gedanken. »Unsere Putzfrau hat heute eine Sonderschicht versprochen.«

»Wieso kein Putzmann?« rutscht es ihr heraus.

»Wie?« Er lacht. »Ein Putzmann? Warum denn das?«

»Ich fände es konsequenter«, sagt sie langsam und denkt dabei, hättest du doch die Klappe gehalten!

Seinen Blick kann sie nicht deuten, als er sagt: »Wir wollen ja keine Männerwelt aufbauen – wir lieben nur Männer. Das ist alles!«

Wie beruhigend, daß Frauen zumindest noch putzen dürfen, denkt sie, beschließt aber, das Thema hiermit abzuhaken. »Du machst einen phantastischen Milchkaffee, hat Nic gesagt.«

»Das darfst du gleich selbst beurteilen!« Gabriel geht an den Herd.

Es gibt einen richtigen Gammelnachmittag. Das Wetter lockt nicht nach draußen, sie liegen auf der Couch vor dem großen Fernsehgerät im Wohnzimmer und schauen sich alte Filme auf Video an. Dabei unterbricht Nic immer wieder, indem er zurückspult und sich Schnitte zwei-, manchmal sogar dreimal anschaut.

Nina mixt sich zwischendurch einen Campari-Orange und ruft ihre Mutter an. Sie schwärmt und erzählt von dem bevorstehenden Abend, und diesmal fällt ihr die Begeisterung leicht. Gegen sieben Uhr verabschiedet sich Gabriel. Er hat sich einen dunklen Anzug angezogen und sieht aus wie frisch der Männer-Vogue entsprungen. Nic wirft ihm einen bewundernden Blick zu. Mal gespannt, ob er sie nachher auch so anschaut, überlegt Nina eifersüchtig und beschließt, rechtzeitig ins Bad zu gehen, um genügend Zeit für ihre Verschönerung zu haben.

Sie treffen kurz vor neun auf der Veranstaltung ein. Nic hat einen schwarzen, gerade geschnittenen Anzug an und trägt dazu ein weißes Hemd mit schwarzweiß gepunkteter Krawatte.

Trotz seines eleganten Aufzugs wirkt er jedoch so lässig, als trüge er Jeans. »So, meine Schöne«, sagt er zu Nina, als er ihr den Mantel abnimmt. Es tut Nina zwar gut, aber der Blick war nicht mit dem zu vergleichen, den er Gabriel zugeworfen hat. Freundlich-interessiert, aber nicht stolz und verliebt.

Er stellt sie überall vor. Nina kommt sich vollkommen unerfahren vor, denn die vielen Namen sagen ihr nichts.

Irgendwann setzen sie sich an einen langen Tisch. Ihre Tischnachbarn nicken ihnen einen Gruß zu, aber ein Gespräch ist nicht möglich, die Musik, Rock aus den siebziger Jahren, ist zu laut.

Aber dafür kann Nina die Tanzfläche gut beobachten. Die typisch ungelenken Bewegungen der Herren, die normalerweise nur Foxtrott tanzen, und nun, von ihren Tanzpartnerinnen alleingelassen, selbst etwas mit sich und ihren Armen und Beinen anfangen müssen, während sich ihnen gegenüber ihre jungen, hübschen Partnerinnen winden und verbiegen. Das ist nun also die Münchner Bussi-Bussi-Gesellschaft. Die High-Society. Sehen und gesehen werden. Bewundert, hofiert und fotografiert. Nicht ihre Welt. Weiß Gott nicht!

Sie beobachtet Nic von der Seite. Er spürt es und wirft ihr einen verschmitzten Blick zu. Dann beugt er sich dicht zu ihr: »Na, was hältst du davon?« raunt er.

»Zuviel Schickimicki!« flüstert sie.

Er lacht. »Laß uns ans Buffet gehen. Und dann machen wir noch mal die Runde!«

Um eins verlassen sie das Fest. Nic hat ihr einiges zu den Herren und Damen erzählt, die sie bisher nur aus Zeitschriften kannte und in natura niemals erkannt hätte, und macht sie auch mit einigen Schauspielern bekannt, die gegen Mitternacht eintreffen. Aber Nina spürt, daß jeder nur auf der Suche nach noch größeren Berühmtheiten ist, und somit ist sie als Gesprächspartnerin völlig uninteressant. Einige freundliche Floskeln, dann gleitet der Blick an ihr vorbei. Sie ist deshalb nicht unglücklich, als Nic zum Aufbruch drängt. »Das reicht«, sagt er und lockert die Krawatte. »Mehr muß nicht sein!«

Aber mehr könnte schon sein, denkt Nina und verschwindet kurz in die marmorgeflieste, elegante Toilettenanlage, um sich aufzurüsten.

»Ich danke dir für deine Begleitung«, sagt er im Taxi zu Nina.

»Und *ich* danke dir für deine Einladung«, antwortet sie und bedauert, daß er so weit von ihr weg sitzt. Mußte ausgerechnet eine Mercedes-Limousine anrollen? Ein alter, enger Peugeot wäre ihr lieber gewesen.

Sie legt sich gerade eine Strategie für die folgende Stunde zurecht, da sagt Nic mit leuchtenden Augen: »Ich bin gespannt, ob Gabriel schon da ist!«

Gabriel? Kommt er etwa heute nacht zurück??

Kreuzdonnerwetter, Gabriel! Er funkt ihr wieder dazwischen! Wie kann sie ihn nur loswerden?!

»Hast du mir in Brasilien nicht erzählt, daß du alleine lebst?«

»Stimmt, das war auch so. Aber Gabriel funkte dazwischen, und einen wie ihn kann man doch nicht gehen lassen...«

Nic lächelt versonnen, dann fragt er Nina, während er sein Jackett öffnet: »Und was ist mit deinem Freund? Hast du überhaupt einen?«

Nina will nicht so allein dastehen und sagt: »Ja!« Dabei denkt sie, daß bei ihrer Familie und ihren Freunden ja nun eigentlich *er* als ihr Freund gilt.

Wer das denn sei, will Nic wissen, ob das der sei, von dem Leo schon erzählt habe, und ob sie ihn mal mitbringen wolle. Nina muß fast lachen. Ausgerechnet Sven, der mit Homosexuellen gar nichts zu tun haben will. Sie zögert, denn eigentlich hätte sie gedacht, daß er während des Schnitts in Köln ihre Verbindung zu Sven mitbekommen hat. Anscheinend aber wohl doch nicht. So läßt sie Sven lieber ganz aus dem Spiel, sie will nicht mehr mit ihm in Zusammenhang gebracht werden. Sie wechselt schnell das Thema. »Woran arbeitest du zur Zeit eigentlich?«

Er sieht sie verwundert an. »Darüber habe ich auch gerade nachgedacht. Ich habe ein Angebot bekommen, über das ich mir noch nicht so ganz schlüssig bin!« Es handele sich um eine Serie, und zwar ausgerechnet in Leipzig. Das sei ihm einfach zu weit weg von München, obwohl ihn die Geschichte reize. Nina überlegt sofort. Wie weit ist Köln von Leipzig entfernt?

Sie lächelt still vor sich hin. Adieu, Gabriel!

»Also, ich würde mir das gut überlegen! Sieh es doch als Sprungbrett«, redet sie ihm vorsichtig zu; er aber wiegt nur nachdenklich den Kopf.

Gabriel schläft schon, als Nic und Nina nach Hause kommen. Nina geht ins Badezimmer, kurz danach klopft es. »Stört es dich, wenn ich nebenher meine Zähne putze?« raunt Nic durch die Tür. Nina schlüpft in Windeseile aus ihrem Kleid, einen Teil ihres Reißverschlusses reißt sie dabei vor Ungeduld sogar heraus.

»Wenn es dich nicht stört, daß ich nur noch einen Body anhabe!?« Sie schiebt schnell den Busen wirkungsvoll nach oben und öffnet.

»Nein, stört mich nicht, ich schaue gar nicht hin«, sagt Nic und geht an ihr vorbei. Mist, denkt Nina und stellt sich dicht neben ihn, um sich weiter abzuschminken. Aber nun schaut er doch.

»Da hast du aber ein schickes Teil an«, sagt er anerkennend und drückt sich Zahnpasta auf die Zahnbürste. Schick, denkt sie. Verführerisch! Erotisch! Umwerfend! Einfach unwiderstehlich!

Er schrubbt sich gewissenhaft die Zähne, Nina nimmt eine Körperlotion und beginnt, ihre Arme, ihr Dekolleté und den hochgeschobenen Busen mit langsamen Bewegungen einzucremen.

Er schaut ihr interessiert zu. »Machst du das jeden Abend?«

»Der Haut tut's gut!«

»Aha, und was nimmst du da?«

Nina zeigt ihm ihre teure Bodylotion, er schnuppert daran. »Duftet gut.«

Nina hält ihm den Arm hin: »Und dringt schnell ein!«

Er streicht prüfend darüber. »Stimmt! Toll!«

Nina spürt eine Gänsehaut über ihren Rücken laufen. Nic bückt sich zu ihrem Oberarm und schnüffelt genießerisch an ihrer Haut. Nina schließt erwartungsvoll die Augen. Jetzt, jetzt, jetzt!

»Gibt's das für Männer auch?«

»Für Männer??« Nina zuckt zusammen.

»Ja, ich dachte gerade daran, Gabriel die passende Körpercreme zu seinem Rasierwasser zu schenken!«

Mord, denkt Nina! Mord, Mord, Mord!

Zwanzig Minuten später liegt sie auf ihrer Matratze und überlegt sich, wie sie Gabriel loswerden könnte. Am besten wäre es natürlich, er würde sich in jemand anderen verlieben!

Aber in wen?

Sie hat keinen schwulen Adonis in der Handtasche. Sie starrt aus dem Fenster den Vollmond an. Es gäbe noch Voodoo und den bösen Blick. Aber beides beherrscht sie nicht. Wie wäre es mit Nitroglyzerin in seiner verdammten Bodylotion? Es ist ihr letzter Gedanke, dann schläft sie erschöpft ein.

Am nächsten Morgen fährt Nina nach dem gemeinsamen späten Frühstück los. Nic und Gabriel bringen sie zu ihrem Auto, verabschieden sie herzlich und winken ihr nach. Nina hupt zweimal kurz zum Abschied, aber sie vermeidet es, noch mal in den Rückspiegel zu sehen. Dort hinten stehen ihre zerplatzten Träume, zerfällt ihre Zukunft, hängt ihre große Liebe in den Krallen eines anderen. Es ist zu deprimierend.

In ihrem Pensionszimmer angekommen, legt Nina sich gleich ins Bett. Sie will schlafen, nur noch schlafen, tief und möglichst lange, um vielleicht ein bißchen Abstand zu gewinnen und morgen klare Gedanken fassen zu können.

Als sie unglücklich, aber ausgeruht am Montagmorgen die Redaktion betritt, sind Elke und Sarah schon da und eine Neue, die Sven ihnen während der Morgenbesprechung als weitere freie Mitarbeiterin vorstellt. Elke und Sarah schauen zu Nina. Die verzieht keine Miene, obwohl sie genau weiß, was das bedeutet. Sven will sie ersetzen. Ganz offensichtlich und völlig skrupellos verpaßt er ihr vor aller Augen einen Fußtritt.

Als Sven gegangen ist, wartet sie fünf Minuten, dann stürmt sie in sein Zimmer. Seine Sekretärin will sie aufhalten: »Er hat gesagt, er will nicht gestört werden!«

»Das ist mir so was von egal«, schnauzt Nina sie an und reißt die Tür auf. Sven hat die Füße auf der Schreibtischplatte und telefoniert. Er schaut verblüfft auf.

»Ich muß mit dir reden, Sven! So geht das nicht!«

Er hält die Muschel zu: »Was ist denn das für eine Unverschämtheit, so einfach hier hereinzuplatzen. Hast du vergessen, wer ich bin?«

»Nein! Aber ich weiß, wer *ich* bin!«

Sie läuft auf ihn zu, und bevor er überhaupt reagieren kann, verpaßt sie ihm mit aller Kraft eine Ohrfeige. »Du bist der erbärmliche Abklatsch eines wirklichen Mannes, ein Möchtegern ohne Stil und ohne Charakter. Fahr zur Hölle!« Damit dreht sie sich um und geht zur Tür. Sie hört, wie er den Telefonhörer auf den Apparat knallt, aber kein Brieföffner fliegt ihr in den Rücken und auch nicht der Briefbeschwerer aus Marmor. Und noch hängt er nicht würgend an ihrem Hals. Sie verläßt den Raum, erstaunt, daß es so leicht gegangen ist. Seine Sekretärin wirft ihr einen sprachlosen Blick zu. »Sie können mich aus der Kartei streichen. Ich habe genug!« Dann stürmt Nina in die Redaktion zurück. Elke unterbricht ihre Arbeit, Sarah beendet ihr Telefongespräch. Die Neue ist nicht da.

»Was ist los?« fragt Elke.

»Ich gehe! Ich habe die Schnauze voll!«

»Komm, Nina, doch nicht wegen Sven. Das ist er doch gar nicht wert!« Sarah reckt den Mittelfinger.

Nina setzt sich auf ihren Schreibtisch. »Es ist mir einfach zu mühsam. Er läßt mich doch am ausgestreckten Arm verhungern, das seht ihr doch!«

Elke nickt: »Ich habe mir auch schon überlegt, was man da machen könnte. Wir gehen einfach geschlossen zum Chef!«

»Stimmt!« wirft Sarah leidenschaftlich ein. »Sven kann dich nicht hinauswerfen, bloß weil dir sein Pimmel nicht mehr paßt!«

»Der Chef hat doch auch einen. Der eine wird sich mit dem anderen solidarisieren!« wehrt Nina müde ab.

»Was hat er?« fragt Elke verdutzt nach und runzelt verständnislos die Stirn.

»Pimmel! Er hat einen Pimmel! Und Pimmel hilft Pimmel, kapiert?« erklärt Nina ungeduldig.

»Ja, und?« Elke zuckt mit den Schultern. »Möse hilft Möse. Wo liegt da das Problem?« Sie greift bereits nach dem Telefon. »Ja, Petra, ich bin's, Elke. Wir brauchen einen Termin bei Herrn Carstens. Es ist dringend!«

Nina hält die Luft an. Das Ganze weitet sich zum Skandal aus.

»Aha! Typisch!« Elke blickt auf. »Er ist im Urlaub. Erst nach Silvester!«

Nina hebt hilflos die Arme. »Da siehst du's!«

»Dann eben seine Stellvertreterin!« Elke wählt schon wieder.

»Die Hahn?« schießt es aus Nina heraus, »bist du verrückt? Die ist doch selber scharf auf ihn!«

Elke hält inne. »Quatsch!« sagt sie entschieden. »Was will denn die Hahn mit Sven? Wie kommst du denn auf so einen Blödsinn!«

»Ich habe sie doch ein paarmal miteinander gesehen – und es sah alles danach aus, als wolle sie sofort bei ihm einziehen!«

Elke prustet los. »Wer hat dir denn *das* erzählt. Sven?«

»Nun ja…« Nina druckst herum.

»Oder hast du dir das selbst zusammengereimt?« Elke schüttelt den Kopf.

»Und warum nicht?« fragt Nina trotzig.

»Weil sie schon einen Typen hat. Deswegen. Einen Megatypen! Die hat deinen Sven gar nicht nötig.« Sie wählt wieder.

Nina geht das alles zu schnell. »Nein, laß!« sagt sie, aber Elke legt den Finger auf den Mund.

»Frauenconnection«, flüstert sie grinsend.

Zwanzig Minuten später gehen sie geschlossen in die obere Etage zu Nadine Hahn. Das Sekretariat ist unbesetzt, die Tür zu ihrem Büro steht offen. Sie sehen Nadine am Tisch sitzen, sie winkt ihnen zu, steht auf und geht ihnen entgegen.

»Na«, sagt sie, nachdem sie jeder die Hand gegeben hat, »das nenne ich geschlossenen Aufmarsch! Da bin ich aber gespannt!« Sie zeigt auf eine Sitzgruppe: »Wollen wir uns setzen?«

Elke erklärt die Situation. Sarah nickt ständig, und Nina rührt sich nicht. »Tja, Liebe am Arbeitsplatz kann schön sein!« sagt Nadine schließlich mit einem Seitenblick zu Nina. »Aber auch gefährlich!«

Blöde Floskeln, denkt Nina.

»Aber Liebe hin oder her, es geht nicht, daß private Probleme auf diese Weise in der Firma ausgetragen werden«, doziert sie. »Wir lassen Sven einmal heraufkommen!«

Sven? Sie duzen sich also, denkt Nina. Wenn diese Aktion hier mal nur kein Fehler ist! Sie schaut zu, wie Nadine wählt. Sie kennt die Nummer auswendig. Und wenn ihr Megatyp doch keine so steile Nummer ist und die beiden sich nachher über Nina und die anderen totlachen?

Es dauert nicht lange, und Sven betritt betont männlich lässig den Raum. »Kriegsrat, was?« Er blickt in die Runde. »Weiberkriegsrat!«

»Diese Bemerkung ist wohl kaum angebracht«, weist ihn Nadine scharf zurecht. »Setz dich!« Sie zeigt auf einen freien Sessel zwischen Sarah und Elke. Der Widerwille ist Sven anzusehen, aber er setzt sich.

»Frau Wessel leistet gute Arbeit! Ich kenne die meisten ihrer Beiträge, und es gab nie etwas daran auszusetzen. Weshalb also setzt du ihr eine Neue vor die Nase und willst sie aushungern, wie ihre Kolleginnen mir berichten?«

Nina horcht auf. Das hört sich ganz und gar nicht nach Geschmuse an, sondern sehr ernst gemeint. Das Wort *aushungern* spuckte Nadine beinahe aus.

»Pure Einbildung«, wehrt Sven ab. »Wir haben ganz einfach zu wenige Leute, denn Nina saß vor Weihnachten die halbe Zeit im Schneideraum. Wir brauchen aber Beiträge und somit mehr Leute, die auch rausgehen wollen! Deshalb gebe ich einer neuen Mitarbeiterin eine Chance! Zusätzlich zu Nina!«

»Wie edel!« entfährt es Nina.

Nadine schaut sie an: »Was sagen Sie dazu?«

»Ich war im Schneideraum, weil ich bei sämtlichen Morgenkonferenzen leer ausgegangen bin!«

»Du hast Weihnachten eine Umfrage gedreht!« Svens Augen sind kalt auf sie gerichtet.

»Ja, einen Beitrag in zwei Wochen!«

»Es war nicht mehr da!«

Nadines Augen verengen sich. »Es war nicht mehr da? Wir haben keine Aufträge, aber wir brauchen eine zweite Mitarbeiterin, das verstehe ich nicht!«

»Auf Probe. Ich habe das mit Herrn Carstens abgesprochen!« Sven windet sich sichtlich.

Nadine schüttelt den Kopf. »Herr Carstens hat mir davon nichts gesagt. Normalerweise besprechen wir solche Dinge.

Darüber hinaus verstehe ich deine Logik nicht, bei einer geringen Auftragslage eine zweite Kraft zu engagieren. Sollen zwei hungern?«

»Vor Weihnachten war eben Flaute!«

Elke und Sarah wechseln einen Blick. »Das stimmt doch nicht!« Elke schüttelt entschieden den Kopf. »Wir haben sogar Aufträge nach draußen vergeben, und zwar nicht, weil wir unterbesetzt waren, sondern aus allen möglichen anderen Gründen, die, davon bin ich überzeugt, alle an den Haaren herbeigezogen waren!«

Nadine legt ihre Stirn in Falten. »Stimmt das, Sven?«

»Es waren spezielle Aufträge, die von uns nicht zu bearbeiten waren.«

Nadine schaut ihn schweigend an. »Ich denke, darüber reden wir, wenn Herr Carstens zurück ist. Jetzt dürfte aber vorerst einmal klar sein, daß Nina Wessel in der Abteilung bleibt. Und weiterarbeitet!«

Sven zuckt die Achseln und steht auf. Die Frauen verabschieden sich von Nadine, fahren mit dem Lift in ihr Stockwerk und gehen langsam den Gang entlang in Richtung Redaktion. Nina bedankt sich gerade überschwenglich für den schwesterlichen Einsatz, da kommt ihnen Sven entgegengestürzt. Er drückt Nina eine Papiertüte in die Hand. »Stell endlich einen Nachsendeantrag, sonst verheize ich das Zeug!« sagt er und fügt im Weggehen höhnisch hinzu: »Ich hoffe, dein neuer Macker hat genug Kohle!«

Sarah schaut ihm kopfschüttelnd nach: »Was soll denn das jetzt. Hat er ein Problem oder was?«

»Sieht so aus!« Nina öffnet die Tüte. Zuoberst liegt ein Brief ihrer Bank. Ihr Magen krampft sich zusammen. Jetzt ist es passiert.

An ihrem Schreibtisch will sie ihn mit einer Schere öffnen, da sieht sie, daß er ganz offensichtlich bereits geöffnet war. Der Brieffalz ist verrutscht und knittrig. Sie zieht ihn auf. Es geht leicht, der Klebstoff hält nicht mehr richtig. Ninas Herz pocht rasend. Das war Sven! Aber sie kann es ihm natürlich nicht beweisen!

Ihr Telefon klingelt, und gleichzeitig geht die Tür auf. Nina nimmt ab und schaut auf. Die neue Mitarbeiterin kommt herein. Sie ist hübsch. Dunkel wie Nina, nur größer. Und hübscher. Aber bei ihrem derzeitigen Selbstbewußtsein findet Nina jede und vor allem *jeden* hübscher als sich selbst. »Ich möchte mit Nina Wessel sprechen«, dringt es an ihr Ohr.

»Ja, bitte!« sagt sie unkonzentriert.

»Ach, du bist es. Hier ist Nic. Ich wollte wissen, ob du gestern gut nach Hause gekommen bist. Ich wollte mich gestern schon melden, habe aber deine private Telefonnummer verlegt!«

»Oh, Nic!« Nina schließt die Augen.

»Mensch, du hörst dich aber nicht gut an!«

Noch ein Wort, und ich heule los, denkt Nina.

»Mir geht es nicht so besonders gut. Ich glaube, ich habe ein paar Probleme!«

»Das tut mir wirklich leid.«

»Es ist lieb, daß du anrufst!«

»Ich soll dir auch Grüße von Gabriel bestellen, er findet dich sehr nett!«

»Oh! Ja, danke!« Sie spielt mit der Schere. »Ich ihn auch. Grüße zurück!«

Sie legt langsam auf und zieht dann vorsichtig den Brief von der Bank heraus. Sie liest schnell quer: Kontostand völlig überzogen, Dispositionskredit ausgereizt, die zuletzt von ihr ausgestellten Überweisungen können nicht ausgeführt werden, dringend Konto ausgleichen oder Gespräch mit ihrem Kundenberater vereinbaren.

Er hat es gelesen, das Schwein, und er weiß, daß er mich bald soweit hat. Bald liege ich am Boden und kann nicht mehr, weil mir die Luft ausgeht.

Aber du wirst mich nicht am Boden liegen sehen, schwört sie einen heiligen Eid auf den Brief und schaut sich nach der Neuen um. Elke spricht gerade mit ihr. Sicherlich erklärt sie ihr die Situation. Elke hat immer alles im Griff. Beneidenswert. Elke hätte sich wahrscheinlich auch nie in einen schwulen Mann verliebt. Und Elke würde sich nie mit einem Vorgesetzten einlassen. Elke tut immer das Richtige!

Das Telefon klingelt wieder, Nina nimmt ab. »Nur, damit du nicht glaubst, daß du so davonkommst. Ich bin noch nicht fertig mit dir. Die Ohrfeige bekommst du so oder so zurück!« Es ist Sven. Seine Stimme klingt beherrscht, aber scharf.

Bevor Nina antworten kann, ist die Leitung bereits wieder tot. Nina legt langsam auf. Ihre Situation ist trostlos. Es ist keiner da, der die Sache für sie in die Hand nehmen wird, das Bankkonto auffüllt, Sven eins in die Fresse haut und Gabriel zum Mond befördert. Es ist keiner da, der sie in die Arme schließt und ihr sagt, daß alles wieder gut wird. Niemand in Sicht, hinter dessen breitem Rücken sie sich verstecken könnte. Was sie selbst nicht tut, wird nicht erledigt. Wenn sie den Mut verliert, geht sie unter.

Eine Hand legt sich auf ihre Schulter, sie blickt auf. »Entschuldigen Sie, ich habe nicht gewußt, was hier vor sich geht!« Es ist die Neue, die neben Ninas Stuhl steht. »Mein Name ist Alissa Sauter, aber sie brauchen ihn sich nicht zu merken, ich komme wahrscheinlich nicht mehr her.«

Nina schüttelt entschieden den Kopf. »Das ist nicht Ihre Schuld. Was hat Sven Ihnen denn erzählt?«

»Er hat mich angerufen und mich gefragt, ob mich der Job hier reizen würde.«

»Sie angerufen?« Nina runzelt die Stirn. »Woher kannten Sie sich denn?«

»Vom Pressetisch einer Karnevalssitzung. Er saß mir schräg gegenüber und hatte offensichtlich Krach mit seiner Freundin.«

»Mit seiner Freundin?« wiederholt Nina ungläubig. »Mit welcher Freundin!?!«

»So eine schmale Rothaarige. Sie hat ihn an dem Abend abblitzen lassen und ist gegangen!«

Ihr erster Impuls ist »geschieht ihm recht«, dann fragt Nina zögernd nach: »Wann war denn das?«

Jetzt wird auch Elke aufmerksam.

Und auch Sarah hört interessiert zu. »Nun, im Februar. Dieses Jahr!«

Gott, sie weiß überhaupt nicht, daß *ich* seine Freundin bin – das heißt, war, korrigiert sie sich selbst.

Elke schiebt Alissa einen Stuhl hin.

»Das interessiert uns jetzt aber«, sagt sie und setzt sich auf Ninas Schreibtischkante. »Wer war denn diese rothaarige Dame?«

Alissa setzt sich langsam: »Wieso, stimmt was nicht?«

Nina holt tief Luft: »*Ich* war zu diesem Zeitpunkt eigentlich mit ihm zusammen. Und er war auf jedes männliche Wesen eifersüchtig, das sich mir auf fünf Meter näherte. Er selbst hat es offensichtlich nicht so genau genommen…« Nina verstummt, denn plötzlich muß sie auch an Aids denken und bekommt einen Schreck. Wer weiß, was er nebenher so alles getrieben hat. »Hat er diese Frau denn wirklich als seine Freundin ausgegeben?«

Alissa nickt: »Sie hat beim Weggehen die Wohnungsschlüssel verlangt. Und er sagte nachher, seine Freundin habe anscheinend keinen besonders guten Tag erwischt!«

»Und das war wirklich Sven?« fragt Nina mißtrauisch. Es hört sich einfach zu abenteuerlich an.

»Sonst hätte er mich ja nicht anrufen können«, entgegnet Alissa. Das klingt einleuchtend.

»Wollen wir gleich rauf zu ihm?« fragt Elke angriffslustig, aber Nina winkt ab.

»Ich wüßte gern, wer das war.«

Alissa schüttelt den Kopf. Ihre dunklen Haare fliegen locker, ihr Teint wirkt wie aus Porzellan. »Da kann ich wirklich nicht helfen! Keine Ahnung!«

Nina sagt nichts darauf. Ihr ist eingefallen, wo sie an Karneval war: Ski fahren mit Karin. Da war ihr Bett natürlich frei. Wer weiß, wo er im Anschluß an die Sitzung mit Alissa noch gelandet ist? Und, überhaupt, warum erzählt sie das alles?

Fünf Minuten später verabschiedet sich Alissa und geht.

»Sie erinnert mich an dich.« Elke räumt ihren Schreibtisch auf und schaut dabei zu Nina hinüber. »Als du zu uns in die Redaktion gekommen bist, warst du genauso. So ein bißchen naiv, eben vom Land, entschuldige. Aber ich denke, Sven braucht kleine Mädchen, die zu ihm aufschauen. Du bist ihm zu schnell gewachsen. Jetzt versucht er dich wieder kleinzukriegen. Und wenn das nicht klappt, zieht er sich wahrscheinlich die Nächste!«

Nina schweigt. So also haben sie sie gesehen, als sie vor zwei Jahren kam. Der naive Zögling vom Ressortchef, das Betthäschen. Wahrscheinlich ist sie das in den Augen der ganzen Firma. Vielleicht sollte sie sich mal beim Bayerischen Rundfunk bewerben, bei Pro 7, MTV Europe, RTL 2, TM 3 oder was es in München sonst noch so gibt.

Der Abend ist trostlos und die Nacht auch. Der Brief der Bank drückt sie mehr als Svens Seitensprünge, obwohl sie sich vornimmt, einen Aidstest machen zu lassen. Sie liegt im Bett und lauscht den Geräuschen, die dumpf aus dem Stall herüberkommen. Sie kuschelt sich tief in ihre warme Decke. Bald ist Silvester. Wo soll sie feiern? Und mit wem? Und dann fällt ihr wieder ihre Pensionsmiete ein, und ihr Herz schlägt schneller. Sie braucht jetzt Aufträge, denn sie kann sich nicht auch noch vor Birgit blamieren, indem sie die Miete nicht bezahlen kann. Morgen pack ich's an, sagt sie sich und wiegt sich mit einem frisch entfachten kleinen Funken Zuversicht in den Schlaf.

Verschnupft sitzt Nina am nächsten Tag in der Morgenkonferenz. Sie war mit einem Kratzen im Hals und einer völlig verstopften Nase aufgewacht. Im Zimmer war es kalt, ja eisig. Fröstelnd ist sie unter der Decke hervorgekrochen und zum Heizkörper gelaufen. Kalt. Auch das Badezimmer war eisig.

Nina verzichtete auf die Dusche, zog sich schnell an und ging dann auf die Suche nach Irene Roller. Die versprach, sich darum zu kümmern, und bat bei der Gelegenheit um die Miete der ersten Woche. Sieben mal vierzig, 280 Mark. Nina hat versprochen, das Geld am Abend vorbeizubringen. Also muß sie noch zur Bank. Oder im schlimmsten Fall zu ihrer Mutter.

Sven gibt sich gut aufgelegt, so als könne kein Weiberkriegsrat dieser Welt ihn ärgern oder verunsichern. Er schiebt Nina eine Einladung zu. »Die Mittelstandsvereinigung tagt heute und morgen. Ich hätte gern einen Beitrag über ihre Haltung zu den jüngsten Vorschlägen der Bundesregierung.«

Nina starrt auf das Papier. Die Tagesordnung sieht nichts dergleichen vor. Kein einziger Punkt bezieht sich auf dieses oder ein anderes aktuelles Thema.

Sie hat in der letzten Zeit vor lauter Liebeskummer kaum Nachrichten gehört. Geschweige denn Zeitung gelesen. Außerdem, muß sie eingestehen, ist Politik auch nicht ganz ihr Fach. Woher soll sie jetzt wissen, was Sven will?

Er will sie aufs Kreuz legen, das ist ihr klar. Er will sie bloßstellen. Er wird ihr jetzt täglich solche Themen auf den Tisch legen. Er will ihr die Arbeit so vermiesen, daß sie freiwillig geht.

Aber in Nina wächst der Zorn und auch der Kampfgeist. Sie läuft zum Archiv, um sich schnell ein paar Informationen zu beschaffen. Als sie mit einem Packen Material zurückkehrt, sieht sie, wie Alissa aus Svens Zimmer kommt. Etwas an ihrem

Gesichtsausdruck gefällt ihr nicht. Es ist ein entschlossenes, kaltes Lächeln. Und es ändert sich sofort, als sie Nina entdeckt.

»Ach, hallooo«, sagt sie freundlich.

Nina schaut ihr direkt ins Gesicht: »Hast du deinen Entschluß geändert, oder warum bist du noch hier?«

»Entschluß?« wiederholt Alissa fragend, obwohl sie genau weiß, was Nina meint. In dem Augenblick wird Nina klar, daß Alissa gelogen hat. Es gab keine Rothaarige bei der Karnevalssitzung. Und Alissa wußte gestern auch ganz genau, daß Sven und Nina damals ein Paar waren. Sie wollte Nina einfach nur quälen, sie an sich selbst zweifeln lassen. Sie spielt ein Spiel mit ihr noch unbekannten Größen.

»Du wolltest doch nicht wiederkommen?« erinnert Nina sie an ihre gestrige Aussage.

»Ja?« Alissa zuckt die Schultern. »Sven hat mich angerufen und mir so gute Konditionen geboten, daß ich nicht nein sagen konnte!«

Soll sie das jetzt glauben?

Als sie mit ihrem Kameramann und dem Assistenten loszieht, ist es ein Sprung ins kalte Wasser. Aber sie hofft, daß ihr der Vorsitzende die richtigen Antworten auf die falschen Fragen geben wird, denn schließlich liegt ein aussagekräftiges Statement auch in seinem Interesse.

Ihr Beitrag wird nicht gesendet. Zu flach, keine erkennbare Aussage, am Wesentlichen vorbei. Das ist Nina noch nie passiert.

»Mach dir nichts draus, war eben nicht dein Thema«, versucht Sarah sie zu trösten, aber Nina ist vor allem sauer auf sich selbst. *Nicht dein Thema* gibt es bei einem Journalisten nicht. Man kann alles zu *seinem* Thema machen, hört sie in ihrem Innersten den Lokalchef der Tageszeitung sagen, bei der sie volontiert hat. Wenn man Zeit zur Recherche hat. Die hatte ich nicht! Aber ein Journalist hat über alles informiert zu sein, was aktuell in Politik und Wirtschaft läuft, sagt ihr Gewissen.

Sie vergräbt ihren Kopf in ihren Armen und denkt nach.

»Kommst du mit? Wir gehen noch auf ein Kölsch!« Nina blickt auf, ihre Kolleginnen packen gerade ihre Sachen zusammen. Sie schaut auf ihre Armbanduhr. Fünf Uhr.

»Natürlich auch was essen«, fügt Elke hinzu und klopft sich grinsend auf den Bauch.

Spontan will Nina ja sagen, da fällt ihr ein, daß sie heute noch die Miete bezahlen muß. Sie hat gar kein Geld!

»Ich würde gern, aber ich kann nicht!«

»Jetzt hör aber auf! Trübsal blasen macht den Beitrag auch nicht besser!«

»Ich weiß gar nicht, was ich diesem Vorsitzenden morgen sagen soll, wenn er anruft und wissen will, warum das Interview nicht gesendet wurde.« Nina holt tief Luft.

»Sag ihm einfach, weil er kompletten Mist geredet hat! So war's ja schließlich auch!«

Elke erteilt ihr die Absolution. Nicht sie war zu blöd, sondern ihr Interviewpartner. Wie nett von ihr. Eine wahre Freundin.

»Was ist. Kommst du *jetzt* mit?«

Nina schüttelt langsam den Kopf. »Meine Heizung ist heute nacht ausgefallen, ich muß mich darum kümmern, sonst liege ich morgen flach!« Zur Bekräftigung zieht sie die Nase hoch und greift nach einer Packung mit Papiertaschentüchern.

Elke klopft ihr leicht auf den Rücken. »In Ordnung. Wir trinken eines auf dich mit!«

»Laß den Kopf nicht hängen«, versucht Sarah sie noch aufzumuntern und schneidet eine Grimasse.

Dann ist Nina allein. Sie denkt nach. 280 Mark für die Miete, wo kann sie die jetzt so schnell auftreiben? Soll sie ihre Bank anrufen und sagen, daß sie jetzt noch in Windeseile zu einem Gespräch erscheint? Vielleicht räumt ihr die Bank ja einen Kredit ein, dann wäre sie wieder flüssig. Und außerdem – sie arbeitet ja! Ihr Honorar kommt, wenn auch stark verzögert und im Moment etwas spärlich, aber es kommt! Sie ist ja kein Sozialfall!

Sie hört, wie die Tür langsam aufgeht, und blickt hoch, aber wer immer es auch war, er war schneller. Blitzschnell ist die Tür bis auf einen kleinen Spalt wieder zugezogen. Anscheinend hat dieser Jemand nicht damit gerechnet, daß einer um diese Uhrzeit noch in der Redaktion sitzt. Sie könnte jetzt schnell aufstehen und auf dem Gang nachschauen, aber sie hat keine Lust dazu. Sie läßt den Kopf wieder sinken, dann tut es ihr doch leid. Sie hätte nachschauen sollen. War es Sven? Wollte er sich einen Kaffee holen und traute sich dann nicht? Oder Alissa? Ist sie noch im Haus? Ein Einbrecher, der ihre Schreibtischschublade nach Geld durchwühlen wollte? Fast muß sie lachen.

Aber nur fast, denn ihr fallen die 280 Mark wieder ein.

Das ist doch kein Vermögen, sagt sie sich, das wirst du doch irgendwo auftreiben können! Dein Body hat 200 Mark mehr gekostet, na bitte!

Sie sitzt und denkt.

Nina, die Versagerin!

Nina, neunundzwanzig Jahre alt, ohne Perspektive.

Dann hört sie Schritte auf dem Gang. Diesmal springt Nina auf und stellt sich hinter den Schrank. Die Tür wird aufgeschoben. Nicht forsch aufgemacht, wie das die Kollegen normalerweise tun, sondern vorsichtig aufgeschoben. Nina hält die Luft an. Sie hört zögernde Schritte. Ein Mann? Oder klingt es nicht doch wie ein leichter Frauenschritt? Sie wartet und lauscht. Ein surrendes Geräusch, ein Computer bootet hoch. Jetzt kann sie es wagen, der Eindringling muß ihr zwangsläufig den Rücken zudrehen. Sie linst behutsam am Schrank vorbei. Ein schlanker, schmaler Rücken, blondes langes Haar.

Nadine! An ihrem Computer! Nina steht wie gebannt. Nadine zieht sich den Bürostuhl heran, schiebt eine Diskette ein und kopiert. Kopiert sie etwas runter oder rauf? Was hat die stellvertretende Chefredakteurin an ihrem Computer zu suchen? Was macht das für einen Sinn?

Ninas Herz schlägt bis zum Hals, aber trotzdem verläßt sie ihre Deckung und geht langsam auf Nadine zu. Als sie hinter ihr steht, fährt Nadine herum. Sie muß ihre Anwesenheit gespürt haben. Sie schauen sich kurz schweigend an, dann zeigt Nina auf den Bildschirm. »Hat das irgendeine Bedeutung?«

Nadine wirkt kein bißchen ertappt, im Gegenteil. Nach der ersten Schrecksekunde bekommt ihr Gesicht einen erleichterten Ausdruck.

»Haben Sie mich erschreckt. Wo haben Sie denn gesteckt?«

Nina deutet mit dem Daumen über ihre Schulter zum Schrank.

»Im Schrank?« Nadine lacht und wirft ihre Haare zurück.

»Nein, dahinter!« erklärt Nina mürrisch und versucht, auf dem Bildschirm etwas zu erkennen. »Was fummeln Sie eigentlich da herum? Das ist mein Computer!«

»Soso!« Nadine deutet auf den Bildschirm. »Ja, schauen Sie nur genau hin!«

Nina geht näher heran. Es ist ganz eindeutig eine Zitatsammlung, chronologisch aufgelistet mit Datum, Ortsangabe und Anlaß. Nina drückt die Pfeiltaste nach unten und überfliegt den Text. Es folgen ausformulierte Fragen und dazu in Klammern gesetzte Stichworte. Danach zwei, drei Sätze zum Hintergrund. Insgesamt vier Seiten.

Nina blickt auf: »Was soll das?«

Nadine ist aufgestanden, nimmt ihre Diskette aus dem Turm. »Nun, unser spezieller Freund hat vor, Sie morgen unvorbereitet auf einen SPD-Kongreß nach Düsseldorf zu schicken, wo die Genossen diskutieren. Ich könnte mir vorstellen, daß Sie eine kleine Hilfeleistung gut gebrauchen können. Jetzt brauchen Sie die Liste nur noch auszudrucken. Und daß Sie sie jetzt schon haben, ist sogar noch besser, dann können Sie sich heute nacht damit beschäftigen!«

Nina holt tief Luft. Also hatte sie richtig vermutet. Sven will sie auflaufen lassen.

»Warum tun Sie das?«

Nadine steckt die Diskette in ihre Jackentasche, wiegt den Kopf. »Sagen wir mal, weil ich unfaires Verhalten nicht mag!«

Nina schaut ihr direkt in die Augen. »Ich weiß nicht, was ich sagen soll. Ich meine, danke schön ist eigentlich zuwenig!«

»Vergessen Sie es einfach... Wenn Sie es erst morgen beim Einschalten entdeckt hätten, hätten Sie sich ja auch nicht bedanken können. Bei wem auch!« Sie streckt ihr die Hand entgegen. Nina ergreift sie.

»Und warum so heimlich?« will sie wissen.

Nadine macht ein paar Schritte zur Tür hin, dreht sich aber nochmals nach ihr um. »Weil ich nicht der Typ rettender Engel bin. Das verträgt sich nicht mit meinem Ruf und wäre schlecht fürs Image. Vergessen Sie's!«

Damit ist sie draußen.

Nina läßt sich auf den Bürostuhl sinken. Sie liest den Text, dann druckt sie ihn aus. Sie kann kaum glauben, was sie eben erlebt hat. Frauenconnection? Will sie damit Nina Wessel helfen? Oder will sie damit Sven eins auswischen?

Als sie wieder auf die Uhr schaut, ist es bereits nach sechs. Sie ist jetzt zwar auf wundersame Weise für morgen gewappnet, aber noch immer nicht für heute abend. Wo kriegt sie diese verfluchten 280 Mark her?

Die Augen brennen, das Kratzen im Hals wird stärker. Morgen ist der 29. Bald ist das Jahr rum. Hoffentlich wird das neue besser.

Nina legt die vier Seiten in ihre Tasche und geht. Draußen ist es dunkel und feuchtkalt. Nina fröstelt und hält ihre Jacke mit einer Hand am Kragen zu. Die Kälte kriecht überall herein. Es schüttelt sie, vielleicht wird sie wirklich krank. Sie fingert in ihrer Tasche nach ihrem Autoschlüssel und sucht dann mit klammen Fingern das Türschloß. Warum kann es nicht richtig kalt sein, mit Schnee und Frost und klarem Sternenhimmel? Nina setzt sich ins Auto, will starten. Rrr, rrr, rrr, der Motor orgelt. Das hat sie befürchtet, die Batterie gibt auf. Oder sind es die Zündkerzen? Sie hat weder Geld für eine neue Batterie noch für Zündkerzen. Noch nicht einmal für die Pension. Bloß nicht zuviel Gas, sonst säuft er auch noch ab. »Liebes Auto«, flötet sie und streichelt das Lenkrad, »laß mich jetzt bitte nicht im Stich. Sei lieb, bitte, nur jetzt! Nur heute, das eine Mal!« Morgen ist morgen, denkt sie dabei und dreht den Schlüssel noch einmal herum. Rrr, rrr!

Eine Hand klopft an ihre Scheibe. Nina erschrickt. Da erkennt sie das Gesicht, es ist Birgit.

»Sollen wir dich anschieben?«

Nina öffnet die Tür. »Wir?« Erst jetzt entdeckt sie eine dunkle Person neben Birgit.

Birgit schiebt ihren Begleiter vor. »Das ist Tom, mein Sohn. Er hat mich abgeholt, weil wir zusammen essen gehen wollten!«

Nina schätzt Tom auf Mitte Zwanzig. Er beugt sich zu ihr in den Wagen, ein unscheinbares, blasses Gesicht mit braunen, lockigen Haaren. »Tag«, sagt er ernst, »wir haben ja schon miteinander telefoniert!«

Nina nickt ihm zu.

»Leg mal den zweiten Gang ein, schalt die Zündung ein, bleib mit dem Fuß auf der Kupplung, und laß sie erst kommen, wenn wir genug Fahrt haben, okay?« Ohne viel Umschweife bugsieren Birgit und Tom sie aus der Parklücke heraus und schieben sie dann im Laufschritt über den Parkplatz. »Jetzt!«

schreit Tom von hinten. Nina läßt die Kupplung kommen, der Wagen hüpft dreimal und bleibt dann stehen.

»Oh, nein!« Zornig haut Nina mit der Faust auf das Lenkrad. »Ich hab's versaut!«

Tom kommt vor. »Wir probieren es noch mal!«

Beim zweiten Anlauf klappt es. Der Wagen läuft, Nina will anhalten, um sich zu bedanken.

»Fahr zu, fahr zu«, Tom winkt heftig ab, »die Batterie muß sich erst aufladen.«

»Oder willst du mit uns essen gehen?« hört sie Birgit schwach aus der Ferne rufen, aber das kann sie nun gut übergehen, indem sie es einfach nicht gehört hat. Nina winkt einen Gruß aus dem offenen Fenster, hupt kurz und fährt zu. Sie kann mit niemandem essen gehen, schon gar nicht mit Tom und Birgit. Den beiden hätte sie ja zumindest ein Getränk zahlen müssen. Sie wird jetzt direkt in ihre Pension fahren und den Zahltag auf morgen verschieben.

Ein rotes Licht auf ihrem Armaturenbrett beginnt zu leuchten. Die Batterie etwa? Nein, die Benzinanzeige. Wird sie noch bis zur Pension kommen? Hin schon, aber morgen früh nicht zurück! Was soll sie tun? Sie fischt nach ihrem Geldbeutel. Fünfzig Mark, ihre eiserne Reserve für Notfälle. Das hier ist ein Notfall, beschließt sie. Zwanzig Mark tanken, dreißig Mark für den nächsten Notfall!

Auf dem Hof läuft sie Irene Roller direkt in die Arme. Mit Bob macht die Reitstallchefin den letzten Rundgang, prüft, ob auch alle Türen gut verschlossen sind. Unter der hellen Lampe am Stalleingang bleibt Irene stehen, wartet auf Nina, die schnell ihr Auto abschließt und dann auf sie zugeht. Bob wedelt freundlich, und Nina überlegt während der wenigen Schritte krampfhaft, wie sie den Bogen zu der fehlenden Miete schlagen könnte. »Es ist schön bei Ihnen«, beginnt sie und reicht ihrer Wirtin die Hand, »ich bin sehr froh, daß ich da sein kann!«

Irene Roller erwidert den Händedruck, mit der Linken streichelt sie weiter Bobs breiten Hinterkopf. Sie wirkt männlich herb mit ihrem kurzen Haarschnitt, den weißen Strähnen in den braunen Haaren, den dicken Stiefeln und dem langen Steppmantel. »Die Heizung funktioniert wieder«, sagt sie mit einem leicht berlinerischen Akzent, »tut mir leid wegen der kalten Dusche heute morgen!« Sie betrachtet Nina kurz und prüfend, dann huscht ein Lächeln über ihr Gesicht. »Wahrscheinlich haben Sie überhaupt nicht geduscht!«

Nina schüttelt lachend den Kopf, würde es Irene im umgekehrten Fall jedoch zutrauen.

»Das habe ich mir gedacht. Sie können es jetzt in aller Ruhe nachholen. Ich schenke Ihnen diese Nacht, habe ich mir überlegt. Als Wiedergutmachung sozusagen. Es wäre aber trotzdem schön, wenn Sie dann morgen die Wochenmiete hätten.« Ihr Blick ruht noch immer auf Ninas Gesicht, und Nina fallen ihre wieselflinken, klaren Augen auf, aber auch die feinen Linien auf ihrer Haut. Sie muß älter sein, als sie wirkt. »Wir brauchen das Geld«, sie nickt wie zur eigenen Bestätigung, »leider«, fügt sie noch hinzu, bevor sie sich zum Gehen wendet.

»Vielen Dank«, ruft Nina ihr noch hinterher und steigt zu ihrem Zimmer hinauf. Die Geschichte dieser Frau würde sie auch interessieren, es ist unter Garantie keine alltägliche.

Ihr Kühlschrank ist fast leer, und Nina legt sich hungrig ins Bett. Mit der Hand fährt sie an ihrer Bauchkuhle entlang. Um ihr Gewicht braucht sie sich in der momentanen Lage wirklich keine Sorgen zu machen, sie hat mehr abgenommen, als sie eigentlich wollte. Sie denkt an Sarah und Elke beim Kölsch und Birgit und Tom vor irgendeinem üppigen Essen in irgendeinem gemütlichen Restaurant. Ihr Magen knurrt. Wenn sie zaubern könnte, dann würde sie sich jetzt eine riesige Salamipizza bestellen mit doppelt Käse. Und dann ein Tiramisu zum Hineinlegen!

Als Nina am nächsen Morgen in der Redaktion sitzt, kann sie sich bei Svens Eintreten ein siegessicheres Grinsen kaum verkneifen. Er macht sich seinen obligatorischen süßen Kaffee, dann setzt er sich auf die Kante eines Schreibtisches und bespricht die heutigen Themen.

Mitten in seine Ansprache platzt Alissa: »Entschuldigt die Verspätung«, sagt sie, »ich war noch im Personalbüro!«

Nina und Elke schauen sich an. Aha, dann ist ihre Mitarbeit jetzt also amtlich. Nina ist gespannt, was kommt.

»Nina, da du dich in der Vergangenheit über deine Aufträge beklagt hast, habe ich heute zum Ausgleich für dich ein wahres Zuckerchen, ein gelungenes Fressen für jeden Journalisten!«

Nina nickt ihm gelassen zu. »Das freut mich«, sagt sie, und Sven ist anzusehen, welchen Spaß es ihm schon jetzt bereitet, daß Nina sich gleich überhaupt nicht mehr freuen wird.

»Die SPD hält ihre Silvesterversammlung in Düsseldorf ab. Dabei dürfte vor allem eines interessant sein. Du kannst es dir ja denken!«

»Klar«, sie zuckt die Achseln, »das Verhältnis Lafontaines zu Schröder. Läßt er ihn ans Ruder oder nicht.« Und sie zählt einige Äußerungen auf, die Lafontaine in der Vergangenheit über Schröder getan hat und Schröder über Lafontaine. Und schließlich erzählt sie unter Berufung auf die jüngsten Umfragen, daß Oskar Lafontaine Kohls Lieblingsgegner sei, da die Zeichen bei diesem Vergleichskampf eher für Kohl stünden, wohingegen Schröder eindeutig ein stärkerer Kontrahent wäre. »Das ist wahrlich ein Zuckerchen«, schließt sie begeistert ihren Vortrag, »wie nett von dir, Sven!«

Sven schweigt.

Anscheinend hat er Mühe, sich so schnell mit der veränderten Situation abzufinden.

Alissa ist da cleverer. »Frag auch nach dem Wahlprogramm«, wirft sie ein.

»Wieso«, kontert Nina, »das will die SPD doch erst in Leipzig auf ihrem Wahlparteitag beschließen! Haben wir schon April '98?«

Alissa will sich aber nicht so schnell geschlagen geben. »Aber vorfühlen kannst du ja schon einmal«, sagt sie lahm.

»Was willst du vorfühlen, wenn bis jetzt noch nicht einmal die Eckwerte des Regierungprogramms feststehen?«

Alissa räuspert sich, und Sven sagt, um überhaupt etwas zu sagen: »Na denn, hier sind die Unterlagen dazu!« Er legt sie neben sich auf den Schreibtisch.

»Danke«, sagt Nina artig, und ihr Blick fällt auf Alissa, und plötzlich weiß sie, wer dahintersteckt. Ganz offensichtlich ist Alissa die treibende Kraft. Und sicherlich war es auch ihre Idee, Nina mit politischen und wirtschaftlichen Themen schachmatt zu setzen.

Aber du kennst mich nicht, denkt Nina und beschließt, auf dem Weg nach Düsseldorf sämtliche Nachrichtenmagazine zu kaufen, um sich fit zu machen. »Bis wann willst du den Beitrag haben, und wie lang soll er sein?«

»Drei Minuten, bis morgen abend!«

»Und wo muß ich mich akkreditieren?«

Sven tippt auf die Einladung. »Steht alles da drin!«

Als er draußen ist, klopft Elke Nina mit einem Seitenblick zu Alissa auf die Schulter: »Dem hast du's aber gegeben! Recht so!«

Nina schlägt das Herz bis zum Hals, denn erst jetzt wird ihr so richtig klar, was da auf sie zukommt. Pressegerangel konnte sie noch nie leiden, jeder kämpft sich vor, jeder Kameramann will einen noch besseren Standort haben, wie ein Fackelträger bei Olympia muß sie mit ihrem Mikrophon ans Ziel kommen, ein Reporter gegen alle. Das ist nicht ihr Ding. Sie liebt Features, Reportagen, Berichte, für die sie in Ruhe recherchieren kann, die in ihren Augen einen Sinn haben. Beiträge mit sozialkritischen Themen oder Beiträge über besondere Leistungen, Filme eben, die Herz und Verstand ansprechen. Aber keine aufgeblähten Wortphrasen von Politikern, die morgen nicht mehr wahrhaben wollen, was sie gestern noch gesagt haben.

Elke legt ihr im Vorbeigehen einen Zettel auf den Tisch. Nina dreht ihn um und liest: »Nimm Walodja als Kameramann, der kennt sich aus, der hilft dir!«

Jetzt ist es schon soweit, daß man hier nicht mehr offen miteinander reden kann, denkt Nina und schaut zu, wie Alissa den hinteren Schreibtisch, der ihnen bisher als Ablage für Bücher, Manuskripte und Taschen diente, entrümpelt. »Kein Problem, der ist gut genug für mich«, sagt sie zu Nina, die seufzend den Blick abwendet.

Das kann ja heiter werden.

Eine Alissa im Nacken und deren willfähriges Spielzeug als Vorgesetzter. Alissa muß ganz schnell erkannt haben, daß Sven durch seine unausgegorenen Rachegelüste Wachs in ihren Händen ist.

Eigentlich gibt's dagegen nichts einzuwenden, denkt Nina und steht auf. Die Frau kennt ihren Weg!

»Ich bin mal schnell in der Dispo«, sagt sie zu den anderen und geht hinaus. Sie hat Glück, Walodja ist frei, und sie findet ihn in der Werkstatt.

Er ist klein und bullig und muß schon deshalb besonders zäh sein, weil er als Kameramann in der zweiten Reihe nur Rücken sehen kann. Der Mann weiß, wie man nach vorn kommt. Nina spricht ihn an und erklärt ihre Situation, vor allem, daß sie auf dem politischen Parkett unerfahren ist.

»Warum tust du dir das dann an? Politik machen sollte nur, wer's auch machen kann!« Er schraubt an einer Lampe herum und würdigt sie kaum eines Blickes.

»Jemand will, daß ich mich bis auf die Knochen blamiere!«

Jetzt schaut er doch. Sein Gesicht muß eine Boxerkarriere hinter sich haben. Und zwar keine siegreiche. »Mit mir blamiert man sich nicht«, sagt er mit tiefer Stimme, und Nina glaubt ihm jedes Wort. »Ich bin die Garantie für gute Bilder!«

»Ja, das ist toll, aber ich muß auch ein gutes Interview liefern!«

Er wischt sich die Nase am Ärmel ab und dreht sich wieder zu seiner Lampe. »Wenn ich dir sage, ich bin die Garantie, dann bin ich die Garantie. Verlaß dich drauf!« Er schraubt wieder, dann hält er nochmals kurz inne. »Wann soll's losgehen?«

»Heute abend um sieben!«

Er schüttelt entschieden den Kopf: »Unmöglich. Ich bin seit heute früh im Dienst! Da hat die Gewerkschaft was dagegen! Und ich auch!«

Nina fühlt sich auf einer abschüssigen Bahn: »Ich... es geht aber nicht anders!«

Er schüttelt angewidert den Kopf: »Immer die Aktuellen!« Seine Stimme trieft vor Verachtung, er schraubt weiter und gibt nicht zu erkennen, ob er nun mitkommt oder nicht. Nina bleibt unentschlossen stehen. Was soll sie jetzt tun? Da wirft Walodja ihr einen langen Blick zu. »Na, mal sehen«, sagt er schließlich.

Nina beschließt, die Zeit bis dahin zu nutzen und sich ihrem Bankberater zu stellen. Vielleicht gibt es ja doch eine Lösung für ihre Geldprobleme. Sie öffnet die Tür zum Redaktionsraum.

Sarah steht an ihrem Tisch und telefoniert. »Ach, da kommt sie ja«, ruft sie bei Ninas Anblick und winkt ihr aufgeregt zu. »Für dich«, flüstert sie, »ein Mann!« Dabei verdreht sie bedeutungsvoll die Augen.

Nina greift nach dem Hörer, es ist Nic.

Eine heiße Welle jagt durch ihren Körper. Was ist nur an diesem Mann, daß sie ihn nicht vergessen kann, denkt sie.

»Nina? Gut, daß ich dich erwische! Hast du Silvester schon etwas vor?« Jetzt geht das schon wieder los!

»Nein, bisher nicht!«

»Nichts mit deinem Freund?«

»Er ist in... im Ausland. Beruflich!«

»Das ist toll!« Nic klingt erleichtert. »Ich habe eine Einladung nach Köln ins Maritim. Großer Bahnhof. Gesellschaftlich und geschäftlich ganz wichtig. Hast du Lust?«

Lust! Und wie sie Lust hat! Klar hat sie Lust! Auf ihn!

»Und was ist mit Gabriel?«

»Na ja«, er lacht unschuldig, »Gabriel feiert mit Freunden in München, eine lockere Privatfeier gefällt ihm besser als dieser Gesellschaftszirkus, wie er ihn immer nennt.«

So, so!

»Was sagst du dazu, Nina?«

»Ich wohne außerhalb, ich dachte eben an den Alkohol. Da werde ich wohl mit dem Taxi...«

»Nein, nein«, unterbricht er sie. »Ich habe genug Platz im Zimmer. Wenn es dir nichts ausmacht, kannst du natürlich bei mir schlafen!«

Fast wäre ihr vor Freude der Hörer aus der Hand gefallen. Hat er überhaupt eine Ahnung, worauf er sich da einläßt?

»Es macht mir nichts aus, rein gar nichts«, hört sie sich sagen und sieht ihn im Slip vor sich. Du liebe Güte, du großer Gott, neben ihm im Bett?

Weil Nic beide Eintrittskarten hat, verabreden sie sich um Punkt acht vor dem Eingang zum Maritim. Nina legt auf und greift nach ihrer Tasche.

»Ist was?« Sarah schaut sie an. »Du siehst so... seltsam aus!«

»Ich habe eben ein verlockendes Angebot bekommen«, antwortet sie abwesend.

Dann geht sie wie eine Schlafwandlerin zur Tür hinaus. Mein Gott, Träume werden doch wahr! Mit Nic in einem Zimmer. In einem Bett. Sie muß zum Friseur!

Voller Tatendrang fährt sie zu ihrer Bank, parkt vor dem Eingang im Halteverbot, weil sie ja nur kurz bleiben will, läuft hinein und setzt sich ohne Umschweife an den Tisch vor ihren Berater. »So, da bin ich!«

Er schaut kurz auf, eher irritiert als ärgerlich.

»Ähem, Frau Wessel, wenn ich mich nicht irre?«

Das ist doch die Höhe. Zuerst zitiert er sie her, und dann erkennt er sie noch nicht einmal.

»Ja, Konto 78043390. Sie haben mir einen Brief geschrieben.«

»Ach ja, einen Moment bitte, ich muß mir den Vorgang erst einmal holen.«

Bevor er seinen Vorgang hat, habe ich meinen Abgang, denkt Nina genervt. Hoffentlich beeilt er sich! Was sie alles noch erledigen muß, bevor sie heute abend die Politjournalistin spielen darf!

Herr Haumann trägt einen gediegenen dunkelgrauen Anzug, ein hellblaues Hemd und eine blaugrau gestreifte Krawatte. Seine mausfarbenen Haare liegen unauffällig korrekt. Er wird nie verstehen, wie man sich in einen Schwulen verlieben kann und deshalb Geld für eine neue Frisur braucht. Sicherlich hat er zwei Kinder und eine Frau, die sich auch ihren Mann zurechtträumt!

»Nun ja«, beginnt er und schaut sie aus wäßrig-blauen Augen an. »Die Situation hat sich ja wieder etwas gebessert!«

»Wie? Gebessert? Was meinen sie damit?« Sie versucht, über seinen Tisch auf den Computerbildschirm zu linsen.

»Nun, gestern ist ein Honorar von 3000 Mark eingegangen, damit haben Sie Ihr Soll von 2500 Mark wieder ausgeglichen und ein Guthaben von 500 Mark. Vergessen Sie in Zukunft aber bitte nicht wieder, daß Ihr Dispositionskredit auf 1500 Mark begrenzt ist. Mit 2500 Mark haben Sie den erheblich überzogen«, er macht eine bedeutungsvolle Pause,

»aber jetzt können wir zumindest Ihre restlichen Überweisungen bearbeiten, die uns noch vorliegen.«

»Na prima, dann tun Sie das.« Nina lächelt ihm zu.

»Das wird keine dauerhafte Lösung sein«, entgegnet er näselnd.

»Wie wäre es denn mit einem Kredit«, wirft Nina schnell ein.

»Kredit?« Er zieht das Wort lang wie Kaugummi. »Ja, haben Sie denn ein regelmäßiges Einkommen, ein Auto, dessen Brief sie bei uns hinterlegen könnten, sonstigen Besitz oder einen Bürgen?«

»Ein Auto habe ich, ja«, sagt Nina ernst und fügt hinzu: »Ich dachte an etwa zwei- bis dreitausend Mark!«

»Da müßten Sie mit der Kreditabteilung…«

»Schon gut, schon gut. Die fünfhundert tun es ja auch erstmal!«

Er nickt ihr zu, und Nina geht zum Schalter. Drcitausend Mark sind auf ihrem Konto eingegangen, wenn das kein Grund zur Freude ist! Das muß das Geld für den Dreh in Brasilien sein. Blöd, daß ihre gesamte Post mit allen Kontoauszügen immer noch bei Sven landet. Sie hat einfach keinen Überblick mehr und muß sich dringend etwas überlegen!

Aber jetzt gilt es zunächst mal die Gunst der Stunde zu nutzen: Nina läßt sich neue Euroschecks ausstellen, anschließend hebt sie 400 Mark ab. 280 Mark für die Miete, 120 Mark für den Friseur. Mit den 30 Mark im Geldbeutel, ihrem Notfallgeld, geht sie im Lebensmittelmarkt einkaufen, und die 100 auf der Bank bleiben eiserne Reserve.

Fröhlich läuft sie zu ihrem Auto. Ein länglicher Zettel klebt hinter dem Wischblatt. Sie zieht ihn heraus. Die Stadt Köln macht sie darauf aufmerksam, daß sie falsch geparkt hat. Buße: 30 Mark.

Walodja hat sich der »Kleinen« erbarmt, so sagt er jedenfalls, als sie im Produktionswagen gemeinsam nach Düsseldorf fahren. »Wenn sie dich erst mal auf dem Kieker haben, hast du sowieso keine ruhige Minute mehr«, fügt er wenig aufmunternd noch hinzu.

Nina, in ihrer Vorfreude auf Silvester, erzählt ihm von ihrer Beziehung zu Sven und dem anstrengenden Ende.

»Was erwartest du von einem Mann?« fragt Walodja und kaut auf seiner fünften Roth-Händle.

»Wie?« fragt Nina erstaunt. Er wirft ihr einen Blick zu, als sei sie nicht nur geistig minderbemittelt, sondern zudem noch hochgradig unerfahren.

»Mann bleibt Mann!« sagt er und spuckt einen Krümel Tabak aus. »Daran werdet ihr mit eurem ganzen Emanzengeschwätz auch nichts ändern!«

Nina schaut ihn groß an. »Und was heißt das?«

»Daß dein Ex wahrscheinlich schon eine Neue hat und dir keine Träne nachweinen wird!«

Nina schaut zum Rücksitz. Der Assi schweigt und grinst. Sie will es sich mit Walodja nicht verderben, schließlich braucht sie ihn noch. Aber ganz unkommentiert kann sie das auch nicht im Raum stehen lassen. »Und wenn's umgekehrt wäre? Wenn ich schon einen Neuen hätte und den Ex schon vergessen?«

Er lacht laut und dröhnend. »Guter Witz, das. Dabei bist du doch gar nicht blond!«

Ach, du mein Gott! Nina läßt sich in ihren Sitz zurücksinken. Gibt es tatsächlich noch solche Dinosaurier auf der Welt? Hat er nichts begriffen?

Für den Rest der Fahrt schweigen sie. Aber Elke hatte recht, für die Arbeit ist Walodja wirklich nützlich. Er läßt sich durch nichts aufhalten, mit seiner Parkberechtigung an der Windschutzscheibe stellt er den Wagen nahe an den Eingang und schiebt sich dann vor Nina und dem Assistenten, der Mikro und Stativ trägt, durch das Gewühl. Walodja scheint tatsächlich bekannt zu sein, denn die meisten machen ihm unaufgefordert Platz.

Nur ein einziger steht jetzt noch vor ihnen, ein schmaler Mann, dem man die schwere Kamera auf der Schulter überhaupt nicht zutraut.

»Welche Poolfarbe hast du?« raunzt Walodja ihn an.

»Welche was?« Erstaunt dreht sich der Kameramann nach ihnen um.

»Mann, tu nicht so, als ob du das nicht wüßtest. Ganz vorn hat gelb! Hast du etwa gelb?« Walodja reckt seine Boxernase hoch, denn der andere ist gut einen Kopf größer als er.

»Ich habe, ich hatte keine Ahnung.« Sein Adamsapfel hüpft nervös auf und ab.

»Information ist das halbe Leben«, knurrt Walodja und schiebt sich an ihm vorbei. Dabei ist aus seiner Miene deutlich abzulesen, daß er von zaghaften Kollegen in etwa soviel hält wie von Frauen. »So!« Er baut sein Stativ auf. »Ich nehme jetzt auf, was wichtig ist, Mädchen, und du, Kleiner, paßt gefälligst auf den Ton auf!«

Der Assistent, schmal und langhaarig, grinst wieder einmal und nickt. »Und geh endlich mal zum Friseur, sonst nehme ich dich nicht mehr mit oder bearbeite dich das nächstemal mit einer Gartenschere!«

»Ist gut, Chef!« nickt er wieder und grinst unverändert weiter. Nina steht unsicher daneben. Für sie ist das hier ein einziger Horrortrip.

»Wieso stehst du jetzt plötzlich da hinten?« hört sie eine ärgerliche Stimme hinter sich.

»Du hättest mir auch sagen können, daß hier Poolfarben ausgegeben werden, Mensch. Ich stand ganz schön blöd da wegen dir!«

Nina dreht sich vorsichtig um. Der Reporter, im grünen Anzug mit knallgelber Krawatte, steht neben seinem Kameramann. »Bist du bescheuert?« flüstert er. »Es gibt gar keine Poolfarben, und jetzt stehst du noch blöder da, denn jetzt kannst du schauen, wie du wieder vorkommst!«

»Aber der…«, versucht sich der Vertriebene zu verteidigen und weist auf Walodja.

»Wenn du auf den reinfällst, kannst du gleich deinen Job wechseln. Der reitet auf diese Tour. Schau, daß du wieder vorkommst!«

Nina, in ihrer anerzogenen Höflichkeit, lieber anderen Platz zu machen, als selbst hervorzutreten, hätte am liebsten Walodja gebeten, den armen Kerl wieder nach vorne zu lassen. Sie weiß genau, wie er sich fühlen muß. Aber auch Walodja hat Ohren, er dreht sich um und lächelt ihn an: »Das nächste Mal, Junge! Aber stell dich dann besser nicht ausgerechnet vor mir auf!« Er bleckt beim Lächeln die Zähne und wirkt dabei ungefähr so freundlich wie eine englische Bulldogge vor einer Katze.

Am Schluß bringen die drei einen Beitrag nach Hause, der vor allen bestehen wird, dessen ist sie sich sicher. Walodja tritt ihr, wenn es wesentlich wird, immer rechtzeitig auf den Fuß und schiebt sie schließlich, als die Fragerunde eröffnet wird, als erste vor. Nina stirbt fast den Heldentod, aber sie staunt, welche Fragen sie dank Nadine in petto hat. Erst nach ihr melden sich andere zu Wort. Walodja nimmt noch zwei Minuten auf, dann schubst er sie durch die Menge zurück zum Auto. Sie sind bereits wieder auf dem Heimweg, als die Masse der anderen zu den Wagen strömt.

»Und wenn jetzt noch irgend etwas Wichtiges geschehen ist, und wir waren zu früh weg?« sorgt sich Nina.

»Das Wichtige, das jetzt geschehen wird, ist, daß sie sich die Bäuche vollschlagen.«

Sie fahren schweigend bis zum Parkplatz des Senders.

»Okay«, sagt Walodja, während er den Wagen einparkt, »für eine blutige Anfängerin gar nicht so schlecht!«

Von wegen blutige Anfängerin, will Nina aufbrausen, aber sie verkneift sich jeden Kommentar, bedankt sich stattdessen für die Hilfe und schwört sich, durch intensives Zeitungslesen aus dem Stadium der Halbwissenden herauszukommen.

Der Assi reicht ihr die beschriftete Kassette für den Schnitt, Walodja verabschiedet sich mit einem kräftigen Fingerquetschen. »Aber trotzdem, Mädchen«, sagt er dabei und lächelt sie schief an, »such dir 'nen anderen Job!«

Such dir einen anderen Job, dieser Satz zieht sie ins Bodenlose. Nina geht in die Redaktion, um die Kassette zu deponieren. Das ist oberstes Gebot. Falls der Reporter auf der Fahrt verunglücken, im Bett sterben oder sonst ein Unheil über ihn hereinbrechen sollte, muß zumindest sein letztes Werk für die Weiterbearbeitung zugänglich sein. Sie legt die Kassette zusammen mit ihrem Manuskript in ihre Schreibtischschublade und schaltet schnell den Computer ein. Vielleicht war ja wieder ein Heinzelmännchen am Werk.

Es steht jedoch kein neuer Titel über den anderen. Mit »Nina« und drei Ausrufezeichen hatte Nadine ihre Nachricht gestern markiert. Zusammen mit Walodjas Satz erscheint es ihr fast wie Hohn. Such dir 'nen anderen Job, hört sie ihren Kameramann sagen. Wohl wahr, ihre Tage in Köln sind gezählt. Da sieht sie einen kleinen weißen Zettel neben dem Telefon. »Deine Mutter bittet um Rückruf«, steht säuberlich in Großbuchstaben darauf. Klar, denkt Nina und verzieht das Gesicht. Sie hat ihrer Mutter noch mit keinem Ton über Weihnachten berichtet. Sie seufzt. Ihrer Mutter etwas vorlügen? Das konnte sie noch nie. Auf der anderen Seite, soll sie sie mit der Wahrheit belasten? Job beim Teufel, Sven als Feind, Unterkunft in einem Pferdestall, keine Kohle, neue große Liebe schwul?

Das kann sie ihrer Mutter nicht antun. Nicht nach all ihrer Schwärmerei, der Glückseligkeit, der Aussicht auf ein neues, unbeschreiblich schönes Leben. Und dem verschobenen Weihnachtsfest. Sie schaut auf ihre Armbanduhr. 22.30 Uhr, Tagesthemen. Schnell greift sie zum Telefon, bevor sie es sich wieder anders überlegt.

»Kind, wo steckst du eigentlich? Seit Tagen versuche ich dich zu erreichen. Sven sagt, du seist ausgezogen. Mehr nicht. Ich mache mir Sorgen!«

Nina schluckt und verzieht dann das Gesicht zu einem Lächeln; das wirkt sich sofort auf die Stimme aus. Gelernt ist gelernt. »Aber, Mutti, mir geht es glänzend«, sagt sie fröhlich, »ich komme morgen zu euch, dann erzähle ich dir alles. Silvester feiere ich mit Nic im Maritim, stell dir vor, die kleine Nina im Maritim. Ganz großer Bahnhof!«

»Aha! Stellt die kleine Nina ihren großen Nic auch einmal bei uns vor?«

Oh, Scheiße! »Aber sicherlich, Mutti, er freut sich schon, euch kennenzulernen!« Dafür kommt sie in die Hölle, sie weiß es. Oder zumindest wird irgend etwas Unangenehmes passieren.

Als ihr Wagen eine Viertelstunde später problemlos anspringt, weiß sie, daß es schlimmer kommen muß. Für Irene Roller hat sie ein Kuvert mit ihrer Miete vorbereitet. Sie wirft es in ihren Briefkasten und flüchtet sich dann schnell ins Bett.

Die Katastrophe bricht am nächsten Morgen über sie herein. Sie hat bei der Gärtnerei an der Ecke einen Tulpenstrauß für zwölf Mark erstanden, schleicht sich damit zu Nadine, um sich herzlich zu bedanken und gleichzeitig zu berichten, wie wunderbar alles geklappt hat. Dann verabredet sie einen Schnitttermin, setzt sich zur Morgenkonferenz in die Redaktion und schaut siegesgewiß in die Runde. »Danke«, flüstert sie Elke noch zu, »der Tip mit Walodja war Gold wert!«

Elke grinst: »Ein völlig verdrehter Kopf, aber ein Profi. Das zahlt sich aus!«

Sven läßt sie in Ruhe, setzt ihr nur den Abnahmetermin auf vierzehn Uhr, für einen Dreiminüter eine Leichtigkeit, und Alissa schlägt ein Feature über Hundefriedhöfe in Mönchengladbach, Krefeld und Duisburg vor.

»Und was hat das mit Köln zu tun?« will Nina wissen.

Alissas Mundwinkel verziehen sich spöttisch nach unten. »Fast jeder hier hält sich irgendein Haustier und ist bereit, für eine ordentliche Beerdigung zu zahlen. Eine grüne Wiese am Stadtrand, alle sechs Jahre wird umgebaggert, das bringt Geld in die Stadtkasse. Warum läßt sich Köln eine solche Einnahmequelle durch die Lappen gehen?«

Sven nickt ernsthaft. Elke schüttelt den Kopf: »Also ein hochpolitisches Thema, sehe ich das richtig?«

»Wenn man Politik mit Wirtschaft verwechselt, ja!« Alissa streicht mit einer flüchtigen Handbewegung eine Haarsträhne aus ihrem porzellanhaften Gesicht.

Elke sieht für einen Moment so aus, als nähme sie bereits Maß für eine gezielte Fünffingeraktion. Dann dreht sie sich zu Sven um. »Kannst du die nicht dahin zurückschicken, wo sie herkommt? Wir brauchen so eine intellektuelle Schreckschraube nicht«, sagt sie ruhig zu ihm.

»Ähem«, ein roter, nervöser Fleck zeigt sich auf seiner Stirn, »ich werde das Thema trotzdem vorschlagen. Boulevardthemen sind immer gefragt!«

»Ach so!« Elke lehnt sich in ihrem Bürostuhl zurück, schaut ihn herausfordernd an. »Ich dachte, es sei ein Wirtschaftsthema. Jetzt ist es plötzlich Boulevard. Denkst du nur noch mit dem Schwanz, oder was?«

Sven schießt hoch und zeigt mit dem Zeigefinger auf sie, dann auf Nina und schließlich auch noch auf Sarah: »Ich habe die Schnauze voll von euch, von euch allen! Intrigant und amateurhaft! Damit wollt ihr hier großtun! Aber der Chef in dieser Abteilung bin immer noch ich, merkt euch das!«

Damit stürzt er wutschnaubend hinaus.

Elke grinst Alissa an: »Willst du nicht gleich hinterher, Prinzessin Unschuldslamm?«

Alissa setzt sich gleichgültig an ihren Computer, schaltet ihn ein. »Wo er recht hat, hat er recht!« Lakonisch zuckt sie mit den Achseln.

»Was uns der liebe Gott so alles beschert.« Elke wendet sich mit einem kurzen Stoßseufzer wieder ihrer Arbeit zu.

Nina schaut auf die Uhr. Um zehn hat sie ihren Schneidetermin, sie muß sich beeilen. Sie greift hastig in ihre Schreibtischschublade, fühlt aber nichts. Nanu, sie schaut hinein. Stapel von Notizblättern, eine Haarbürste, ein Lippenstift, ein Synonymwörterbuch, aber keine Kassette und auch kein Manuskript.

Ein Adrenalinstoß durchfährt sie. Das kann doch nicht sein!

Nina zieht die Schublade ganz heraus. Sie glüht bis zu den Haarwurzeln, Angstschweiß rinnt ihr von der Stirn. Hat sie es vielleicht in eine andere Schublade...? Nina durchwühlt alles, erst langsam, dann immer hektischer.

Schließlich sinkt sie auf ihrem Drehstuhl zusammen. »Weg«, schluchzt sie, »einfach weg!«

»Was ist denn los?« Elke legt die Hand auf die Muschel. »Mach doch nicht so ein Geschrei«, flüstert sie, »siehst du nicht, daß ich telefoniere?«

»Ich bring sie um!« Mit wutverzerrtem Gesicht springt Nina auf und fällt über Alissa her, so daß sie vom Stuhl gegen die Wand knallt. Nina stürzt sich auf sie und schlägt ihr mit voller Kraft in ihr puppenhaftes Porzellangesicht, daß die Lippe aufspringt. »Gib die Kassette her, du Luder, her mit der Kassette! Mir klaust du nichts!« Dann würgt sie sie aus voller Kraft. Alissa stemmt sich mit den Beinen gegen Nina, sie verhaken sich ineinander, liegen verkrallt am Fußboden, Fingernägel krallen sich fest, Schmerzensschreie.

Elke wirft den Hörer hin und wirft sich zwischen die beiden, Sarah hüpft aufgeregt um das kämpfende Knäuel herum und schreit abwechselnd: »Mach sie fertig, Nina!«, und: »Gib's ihr!«

Der Lärm ist ohrenbetäubend, und als auch noch ein Regal krachend umstürzt, wird die Tür aufgerissen. Kai Ahrendt von der Sportredaktion stürzt herein.

»Was ist denn bei euch los?« brüllt er über das Chaos hinweg, dann sieht er die Frauen auf dem Boden. »Was soll das denn geben?«

Alissa kämpft sich in ihrem völlig verrutschten roten Kostüm gerade nach oben und tritt Kai, weil er ihr bei dieser Aktion im Weg steht, mit ihrem Stöckelabsatz mit voller Wucht so gegen sein Schienbein, daß er aufjaulend einen Satz zurückspringt. Dabei reißt krachend die Naht ihrer Kostümjacke, und der Rock schiebt sich über den Strumpfansatz. Während sie aber noch verbissen versucht, sich auf Nina zu setzen, rammt die ihr das Knie in den Bauch, und schon rollen sie wieder über den Boden, bis Nina die Oberhand gewinnt und mit aller Kraft versucht, Alissas Oberarme auf den Boden zu drücken. Ihre Wut ist grenzenlos, aber lieber hätte sie jetzt Sven unter sich, der ihr das alles eingebrockt hat. Der wird auch gerade von Kai geholt und kommt zur Tür herein, als Nina zum finalen Schlag ausholen will.

»Das reicht jetzt wohl«, sagt er kühl, aber Nina ist noch längst nicht fertig, sie schießt hoch, und die volle Wucht des Schlages, ursprünglich für Alissa gedacht, trifft jetzt Sven auf halber Höhe in den Solarplexus. Er klappt wie ein Pappkamerad zusammen und kniet im nächsten Moment nach Luft ringend auf dem Boden, Auge in Auge mit Nina. Und weil sie gerade so schön in Fahrt ist, scheuert sie ihm auch noch eine, daß er zur Seite wegkippt. »Und das ist für meinen zerschnittenen Body!« schreit sie und knallt ihm noch eine, »und das für dein beschissenes Spiel hier, und das...« Nina liegt bereits auf ihm und bearbeitet ihn mit ihren Fäusten, »... für diese Mistkuh Alissa«, aber jetzt bekommt er wieder Luft und schlägt zurück.

»Was bildest du dir eigentlich ein«, schreit er und versucht sie wegzuschleudern. Sie kniet aber auf seinem Hals wie auf einem Rodeopferd und hat nicht die Absicht, sich abwerfen zu lassen.

»Mir meine Beta zu klauen, du hinterhältiger Schweinepriester«, schreit sie und wirkt wie eine zu allem entschlossene Furie. Sie rollen über den Boden, bis sie mit voller Wucht gegen Ninas Schreibtisch prallen. Eine Schere fällt durch den Schlag herunter, Sven greift danach, Elke stürzt sich dazwischen.

»Schluß, Schluß, Schluß«, brüllt sie, »jetzt ist endgültig Schluß, oder ich hole einen Eimer Wasser!«

Alissa steht bereits wieder und richtet ihr Kostüm. »Die ist vollkommen verrückt«, sagt sie und klopft ihren Rock ab.

»Halt du die Schnauze!« fährt Sarah sie drohend an.

»Phh«, Alissa befühlt mit der Fingerspitze die zerschrammte Wange.

»Steh nicht so blöd rum«, schreit Elke Kai an, »tu was!«

»Was denn?« fragt Kai hilflos.

Elke kniet sich in ihrem Mini hinter Sven und nimmt ihn in den Würgegriff, Sarah entringt ihm die Schere.

Nina und Sven lassen voneinander ab, Sven steht langsam auf, schaut in die Runde, Nina steht ebenfalls auf. Ihre schwarze Hose und der schwarze Pullover sind voller Staub, ihr Gesicht hat rote Striemen, die Handrücken sind blutig gekratzt.

»Wer von euch hat meine Kassette geklaut? Die Beta über die SPD-Versammlung von gestern abend ist zwischen halb zehn gestern nacht und neun Uhr heute morgen aus meiner Schublade verschwunden. Und jetzt sagt bloß nicht, daß ihr nichts damit zu tun habt!« keucht sie. Ihr Atem geht stoßweise, und die Sätze klingen gepreßt, aber sie hat sich ruhig auf die Schreibtischkante gesetzt und schaut von Sven zu Alissa und von Alissa zu Sven.

»Du bist entlassen!« entgegnet Sven.

»Das ist keine Antwort!« Nina lacht bitter.

»Für mich schon! Pack deine Sachen und mach, daß du hier rauskommst!« Seine Stimme schwillt an, zuletzt überschlägt sie sich fast: »Und laß dich hier bloß nie mehr sehen!«

»Hat der Herr ein Problem? Vielleicht mit sich?« Nina duckt sich, denn sie hat seinen Schlag kommen sehen.

Elke fängt seinen Arm ab. »So, ich glaube, das reicht jetzt«, sagt sie und schaut Sven streng an. »Du bist ein Mann, du solltest dich schämen!«

»Ach, jetzt auf einmal?« höhnt er. »Sonst seid ihr doch auch immer so emanzipiert!«

»Willst du von mir auch noch eine?« fragt Elke ruhig.

Er steht auf, hebt die Hände beschwichtigend nach oben. »Macht das unter euch aus. Ich schreibe derweil schon mal für Nina das Zeugnis! Kannst es dir gleich abholen!« Damit ist er aus der Tür hinaus, und mit ihm Kai und Alissa.

»Das heißt noch gar nichts«, Sarah geht zu Nina und legt ihr den Arm auf die Schulter. »Carstens ist auch noch da!«

»Das will ich meinen«, Elke nickt bekräftigend. »Wenn er aus seinem Urlaub zurück ist, muß er mal über die Dinge informiert werden, die hier so laufen!«

Nina bricht in Tränen aus. »Dabei war das wirklich ein guter Beitrag, ich schwör's euch! Es ist eine solche Gemeinheit!«

»Das ist es!«

»Stimmt!«

»Ich fahre jetzt zu meiner Mutter!«

»Das kann ich verstehen!«

»Frohes neues Jahr, Nina«, Elke tätschelt ihren Rücken, »und Kopf hoch. Im neuen Jahr klären wir das. Dann ist auch

Sabrina aus ihrem Urlaub zurück, und damit sind wir um eine stärker. *Das* wollen wir doch mal sehen!«

»Ja«, sagt Nina und »danke« und weiß genau, daß dies ein Abschied für immer ist.

Sie geht runter zu ihrem Wagen, legt ihre Tasche auf den Beifahrersitz, setzt sich hinters Lenkrad und fängt an zu heulen. Hat sie früher jemals so viel geheult wie in letzter Zeit? Sie weiß es nicht. Wahrscheinlich hatte sie keinen Grund dazu. Jetzt hat sie einen, was heißt einen, sie hat Tausende von Gründen, und sie heult, weil sie heulen will. Und heulen muß. Alles zu seiner Zeit, und jetzt ist die Zeit zum Heulen!

Kleine Sünden bestraft der liebe Gott sofort, große etwas später. Sie hat ihre Mutter gestern angelogen. Das war die Strafe und ein Grund, noch mehr zu heulen.

Soll sie ihrer Mutter alles beichten? Das kann sie nicht.

Also wird sie wieder lügen müssen.

Und also...

Welch ein Inferno, welch ein Desaster, welche Mühsal auf Erden.

Sie könnte sich umbringen.

Aber das wäre dann schon wieder eine Sünde.

Scheiß Religionsunterricht, warum kreisen immerzu diese katholischen Phrasen in ihrem Kopf herum, sie ist aus der Kirche ausgetreten, sie ist Atheistin, sie kann sich umbringen, so lange, soviel und sooft sie will.

Und vor allem, sie ist todtraurig und heult und heult und heult.

Irgendwann hebt sie ihren Kopf. Sie steht noch immer auf dem Parkplatz, die Scheiben sind beschlagen, die Welt außerhalb ihres alten Golfs existiert nicht mehr. Sie ist ganz allein mit sich, ihren Gedanken und der Kälte. Es ist ekelhaft kalt! Erfrieren will sie nicht, das ist kein Tod nach ihrem Geschmack. Sie startet. Der Wagen läuft. Na, wenigstens etwas. Sie hätte ihn sonst zur Strafe einfach stehenlassen.

Sie fährt langsam los, ohne Ziel, ohne Richtung und landet prompt vor ihrem Elternhaus. Ohne noch lange zu überlegen, geht sie an die Tür und klingelt Sturm.

»Ja, ja, ja, ich komm ja schon«, hört sie von innen die wohltuende Stimme ihrer Mutter. »Kind! Wie siehst du denn aus, bist du überfallen worden?«

»Ja, Mutti, das kann man wohl sagen!«

Ihre Mutter schiebt sie an den Schultern in Richtung Wohnzimmer. »Warst du bei der Polizei?«

»Mutti, ich habe mich mit Sven in die Haare gekriegt!«

»Mit Sven? Da muß ich mich setzen!« Sie rückt Nina einen Stuhl zurecht.

Nina bleibt stehen, denn es sitzt noch jemand am Tisch. Ein Gesicht, das sie kennt.

»Ach ja«, Ilse Wessel besinnt sich, »das ist übrigens Rosa Heckschneider, Frau Heckschneider, das ist meine Tochter Nina. Aber jetzt erzähl, Kind, doch nicht schon wieder ein Autounfall?«

Nina wirft einen scheuen Blick zu der alten Dame und sieht sie noch vor sich mit ihrem Umhang und dem Handy auf asphaltnasser Straße. Und später als Interviewpartnerin bei der Weihnachtsumfrage. Daß sie damals nicht gleich darauf gekommen war!

»Nein, Mutti, ich sagte doch, Sven und ich hatten Krach. Wir haben uns geprügelt!«

»Geprügelt! Wie entsetzlich!«

Rosa Heckschneiders Mimik scheint aber eher lebhaft interessiert als schockiert. »Wie kommt es denn zu so etwas, zwischen Mann und Frau?«

Und Nina erzählt. Von den Schikanen, die sich Sven ausgedacht hat, seitdem sie ausgezogen ist, bis hin zu Alissa, die er ihr einfach vor die Nase gesetzt hat und die jetzt mit tödlicher Sicherheit ihr Band geklaut hat. »Stell dir vor, Mutti«, schließt sie völlig außer Atem, »ein wichtiger Beitrag, der im Programm bereits eingeplant ist, ist einfach verschwunden. Weg, nicht mehr da! Allein das ist schon ein Kündigungsgrund. Wäre das später passiert, hätten sie jetzt ein Loch!«

»Ein Loch?«

»Eine Lücke im Programm«, erklärt die alte Dame. »Trotzdem, es kann Ihnen doch keiner einen Vorwurf machen. Sie haben das Band schließlich nicht verschwinden lassen!«

»Das kann ich aber nicht beweisen!«

»Kind, Kind! Möchtest du etwas trinken? Du bist ausgezogen bei Sven? Wo wohnst du überhaupt?«

»In einem Pferdestall!«

»In... was?« Ilse Wessel stellt das Weinglas härter vor ihr ab als beabsichtigt.

»Originell!« lacht Rosa Heckschneider, und ihr Gesicht bekommt etwas Warmes, Weiches.

»Mutti, ich möchte keinen Wein, ich hätte lieber eine Tasse Tee. Kamillentee, wenn's dir nichts ausmacht!«

Ihre Mutter nickt verständnisvoll und geht in die Küche.

»Das hat aber nichts mit Weihnachten zu tun, daß Sie momentan in einer Krippe liegen, nehme ich an?«

Nina verkneift sich ein »ha, ha!«, dann geht ihr auf, daß die Alte gar nicht so unrecht hat. Es hat tatsächlich etwas mit Weihnachten zu tun. Bloß, daß der Zimmermann Nic heißt – und Maria blöderweise Gabriel. Und daß sie kein eigentliches Wunschkind ist, sondern eher ein Kuckucksei. Sie wird ausschlüpfen und den anderen schön langsam aus dem Nest drängen, bis er tief, tief fällt, einen schönen, tiefen Sturz macht, bodenlos und ohne Wiederkehr!

O Gott, sie braucht doch eher einen Schnaps als einen Tee, sie hat sich bald nicht mehr unter Kontrolle!

»Und was machen Sie jetzt?« Rosa Heckschneider mustert sie.

»Was ich jetzt mache? Heulen! Das ist das einzige, was mir momentan einfällt!«

»Man sieht's!«

»Ach ja?«

Ilse Wessel kommt herein, stellt den Tee vor Nina. »Er ist noch heiß, Nina, und muß noch ziehen!«

»Das sagst du mir seit *hundert* Jahren, Mutti! *Jedesmal!*«

»Eines Tages wird sie es nicht mehr sagen!«

»Wie?« Nina schaut auf, die Hände leicht um die heiße Tasse gelegt. Sie betrachtet ihre Mutter, das selbstverständlichste Wesen auf der Welt. Eines Tages wird sie nicht mehr da sein! Nicht auch das noch!

Das würde sie nie akzeptieren. Von keiner Macht dieser Erde!

Nie!

»Bist du krank, Mutti?« Während sie fragt, fällt ihr auf, daß sie sich eigentlich nie um das Wohlergehen ihrer Mutter gekümmert hat. Sie ist da, sie hat da zu sein, das ist das Natürlichste auf der Welt. Die Mutter kümmert sich um alle, nur nicht um sich selbst, und alle kümmern sich um sich, nur nicht um die Mutter! »Sag, bist du etwa krank?«

»Nein, danke, wie kommst du darauf? Mir geht's gut!«

Wußte sie es doch. Beruhigt lehnt sich Nina zurück.

Dann will Ilse Wessel wissen, warum sie in einem Pferdestall wohnt.

Weil sie bei Sven zwecks Trennung heraus mußte, bei Nic in München ohne Job aber nicht einziehen kann.

»Ich denke, er ist ein so berühmter Regisseur, kann er dir nicht helfen?«

Mütter denken immer so praktisch, so verdammt praktisch, und haben überhaupt keine Ahnung vom wahren Leben!

»Sonst könnte ich Ihnen vielleicht helfen!«

»Sie??« Erstaunt schaut Nina Rosa Heckschneider an. »Wie denn das?«

»Nun, wir sind jetzt zwar auf Tournee, aber ursprünglich kommen wir aus München, meine Damenriege und ich. Ich kenne viele Leute in München, vom Theater, von Film und Fernsehen, da müßte man sich eben mal umhören!«

»Oh, das wäre toll!« Nina ist Feuer und Flamme, notiert sich sofort Rosa Heckschneiders Handy-Nummer, schildert in kurzen Worten ihren Werdegang, erklärt ihr, daß sie beim Interview so sehr von ihrer Grandezza beeindruckt gewesen sei, und schließlich, kurz bevor der 31. Dezember anbricht, sprechen sie auch noch über den Autounfall. Danach fühlt sich Nina auf wunderbare Weise erleichtert und steigt nach Mitternacht, gerade als ihr Vater die Haustür aufschließt, beschwingt in ihr Jugendbett.

Kurz vor acht Uhr abends steht Nina aufgeregt vor dem Maritim.

Sie hat eine kleine Reisetasche dabei und ist in einen langen, schwarzen Mantel gehüllt, den sie am Morgen in ihrem Jugendschrank wiederentdeckt hat. In der Manteltasche knistert der Hundertmarkschein, den ihre Mutter ihr vorhin noch zugesteckt hat. Damit sie wenigstens ihr Essen selbst bezahlen kann, hat sie besorgt gemeint. Nina hat erst gar nicht versucht, ihrer Mutter zu erklären, daß es bei einer Silvestergala kein Extraessen zu bezahlen gibt, sie hat sich bedankt und den Blauen genommen. Sie kann ihn auch so gut gebrauchen. Aber das Bewußtsein, um hundert Mark reicher geworden zu sein, hilft ihr jetzt auch nicht.

Nina friert, tritt von einem Bein aufs andere und fühlt sich wie bestellt und nicht abgeholt, denn viele Leute, festlich gekleidet und ohne Reisetasche, defilieren an ihr vorüber, alle wichtig, wichtig, wichtig. Nur sie wartet in der Kälte auf einen Mann, der ihre Eintrittskarte in die exklusive Welt hat und ihr das Hotelzimmer zahlen wird.

Sie ist sich sicher, daß man ihr das ansieht. Nina Wessel wartet vor dem Hoteleingang auf den großen Gönner. Was sie für das Zimmer bezahlen muß, ist im Leistungskodex aller Mätressen, Kurtisanen und ausgehaltenen Geliebten dieser Welt nachzulesen: Zahlst du mir mein Abendessen, werd ich deinen Stengel fressen. Lädst du mich zum Schlafen ein, quetsch ich deinen Stengel rein.

Nina fühlt sich von ihren eigenen Gedanken belästigt und beschließt, an etwas anderes zu denken. Sie ist nicht die hübsche Kleine, die auf den reichen alten Sack wartet, sondern sie ist die Starreporterin Nina Wessel, die es nicht gewohnt ist, ihr Gepäck selbst in ihre Luxussuite zu tragen, und deshalb auf ihren Sekretär wartet. Das gefällt ihr besser, und sie verharrt ein bißchen in ihrer Phantasie, bis ihr jemand einen Kuß auf die Wange gibt.

Sie erschrickt, denn sie hat Nic gar nicht kommen sehen. »Du strahlst ja förmlich, was gibt es denn so Lustiges?«

»Oh, schön, daß du da bist! Ich habe mich ein bißchen amüsiert!«

»Ich dachte schon, du seist vielleicht ärgerlich, weil ich zu spät komme. Das Taxi steckte im Stau, und ich konnte dich leider nicht erreichen, weil du kein Handy hast!«

Handy! Klar, eine Starreporterin braucht auch ein Handy! Aber sie bräuchte für das Handy besagten alten Sack. Also besser kein Handy!

Nina geht an seiner Seite hinein und fühlt sich glänzend. Nic ist ein Bild von einem Mann, neben ihm wird sie zu Grace Kelly, und so, wie sie jetzt erhaben durch das Foyer schreitet, stellt sie sich in etwa den Einzug der jungen Schauspielerin 1956 ins Fürstentum Monaco vor.

Nic regelt die Formalitäten an der Rezeption und bekommt danach die Zimmerkarte ausgehändigt. Nina steht abwartend neben ihm, und ein Gedanke verdrängt die Nonchalance einer Grace Kelly: Hätte sie ihren Anteil korrekterweise selbst bezahlen müssen? Aber Nic erledigt alles so rasch und selbstverständlich, daß es nicht so aussieht, als ob er darauf warten würde.

»Komm«, sagt er und nimmt sie leicht am Arm.

Nina fährt mit Nic im gläsernen Aufzug nach oben, geht neben ihm einen langen Gang entlang, und das Verlangen nach ihm bringt sie fast um, schnürt ihr die Luft ab. Jetzt gleich ins Bett stürzen, sich liebestrunken in der Badewanne wälzen, unter dem kräftigen Wasserstrahl in der Dusche lieben, das neue Jahr mit dem heißesten Orgasmus ihres Lebens begrüßen, o Lust, o Freude, keine Sekunde würde sie das Tamtam da unten vermissen, sie würde drei Tage und Nächte Nic spüren wollen, als Auftakt für weitere unendliche Tage und Nächte.

Nic bleibt stehen, zieht die Zimmerkarte heraus. Sie starrt auf seinen Nacken. Wie oft hat sie sich schon im Schneideraum beherrschen müssen. Nur einmal die Hand in seinen ausrasierten Nacken legen, ihn mit dem Mund liebkosen, die kleinen nachwachsenden Härchen an ihren Lippen fühlen.

Sie holt tief Luft. Wenn sie so etwas nur ein einziges Mal bei Sven gespürt hätte. Aber nein, hier bei Nic treibt die Sehnsucht nach seinem Körper sie um, quält sie, verhöhnt sie.

Er zieht seine Zimmerkarte durch den Magnetstreifenleser, und plötzlich fährt ihr der Schreck in die Glieder: Was, wenn er ein Zimmer mit zwei getrennten Betten bestellt hat? Mit einem unüberwindlichen Nachttischchen zwischen ihm und ihr?

Er öffnet, nimmt das Gepäck und geht voraus. Nina folgt langsam, hält die Luft an und kneift die Augen bis auf einen schmalen Schlitz zusammen.

»So!« sagt er. Nina reißt die Augen auf. Ein King-size-Bett! Gott sei Dank! Da kann er ihr, der Wärme ihres Körpers, der Weichheit ihrer Haut nicht entkommen!

»Gehen wir gleich runter?« Nic hängt seinen Kleidersack schnell auf, deponiert sein Necessaire im Badezimmer. Nina muß dringend auf die Toilette, aber sie traut sich nicht, hier vor seinen Ohren.

»Ja, nur noch einen Augenblick.« Sie hängt ihren Mantel auf, überprüft kurz ihr Make-up im Badezimmerspiegel. Edel, edel, alles in Weiß gehalten, viel zu schade, um gleich wieder zu gehen.

Nic steht schon an der Tür, mustert sie kurz. »Sieht gut aus«, sagt er dann anerkennend.

»Oh, mir ist eben aufgefallen, daß ich dummerweise das gleiche Kleid anhabe wie an Weihnachten. Stört's dich?« Daß sie gar kein anderes Cocktailkleid hat, braucht er ja nicht zu wissen.

»Nein, ich fand es an Weihnachten schon sehr sexy!«

Sexy! Und das aus seinem Mund!

Unten müssen sie nur noch ihre Eintrittskarten zeigen, und schon sind sie mittendrin, das Fest tobt bereits. An dicht umlagerten kalten und warmen Buffets schlendern sie zum Festsaal, um ihren Tisch zu suchen. Precious Wilson ist der Stargast, und die Wirkung ist unübersehbar, das Stimmungsbarometer bei den festlich gekleideten Gästen ist schon sehr weit oben.

Ihr Tisch ist ziemlich weit vorn an der Bühne, das gefällt Nina, denn so entgeht ihr nichts. Nic nimmt die Speisekarte und zwinkert ihr zu: »So, dann laß uns mal gleich zum Buffet gehen!«

Es ist leichter gesagt als getan, denn viele scheinen den gleichen Gedanken zur gleichen Zeit gehabt zu haben. Während sie in der Schlange stehen, hat Nina Zeit, das Angebot zu lesen.

»Oh, mein Gott, da kann ich mich ja nie entscheiden«, sagt sie.

»Zarte Wildentenbrust mit Sprossengemüse in einem Mantel von Ingwer-Koriander-Glace auf Maisküchlein«, liest sie laut vor, »oder doch eher Gratin von Red-Snapper-Filet und Jakobsmuscheln in Safranschaum mit kanadischem Wildreis? Was nimmst du?«

»Zunächst mal eine Vorspeise!« Nic nimmt ihr die Karte aus der Hand. »Hier, Languste en belle-vue mit Ketakaviar!« Er grinst. »Viel belle vue wird die Languste allerdings nicht gehabt haben…«

»Hör auf, sonst kann ich überhaupt nichts mehr davon essen!«

Endlich sind sie dran. Nina läßt sich von allem ein bißchen geben. »Das ist ein salomonischer Vorspeisenteller«, flüstert sie Nic zu.

»Mir erscheint er eher wie ein Patchworkteller!« erwidert er schmunzelnd.

»Wie auch immer, das ist auf jeden Fall mein erster Höhepunkt heute«, sagt sie verschmitzt und trägt ihren Teller mit riesengroßem Appetit zu ihrem Tisch.

Ninas zweiter Höhepunkt des Abends naht nach dem Essen in Form eines älteren, sehr vornehm wirkenden Herrn, der zur Begrüßung ihre Hand schüttelt und dabei mit einem Seitenblick zu Nic meint: »Und das ist doch sicherlich die bezaubernde Gattin?«

Nic grinst und streichelt ihr leicht über die Wange, und Nina sagt forsch: »Noch nicht!«

Einer der Rundfunkräte, erklärt Nic ihr nachher und will sich über das »Noch nicht« von Nina schier ausschütten. »Das war wirklich ein gelungener Witz!« Und Nina lacht mit. Was bleibt ihr anderes übrig?

Sie ziehen gemeinsam durch den Saal, unterhalten sich mal da, mal dort, bedienen sich am Dessertbuffet, und plötzlich fällt Nina beglückt ein, daß Nic um Mitternacht nicht anders können wird, als sie zu küssen. Denn jeder wird hier um Mitternacht mit seinem Partner anstoßen und ihn küssen. Das wird ihr dritter Höhepunkt werden!

Sie späht heimlich auf die Uhr. Noch dreißig Minuten. Es könnte aber auch sein, daß er sich rechtzeitig verdrückt. Das muß sie verhindern. Sie greift zwei Gläser Sekt, die eben auf einem Tablett an ihr vorbeibalanciert werden, und hält eines davon Nic hin.

»Hmmm«, er zögert, »du weißt doch, ich mag das nicht so sehr!«

Er verträgt keinen Sekt, sehr gut, er wird leichtfertig dadurch, noch besser, er verliert seine Sinne, nichts anderes hat sie vor.

»Aber heute«, sagt sie und lächelt ihn an, »alter Kumpel, ist Silvester. Und an Silvester trinkt man Sekt oder Champagner. Das gehört dazu, sonst rutschst du nicht richtig ins neue Jahr!«

»Du kommst mir schon vor wie Gabriel!«

Ach, wie nett! »Ach ja?«

»Er denkt auch immer, ich müßte tun, was er sagt!«

Dann hast du ja schon Übung! Um so besser! »Das haben Frauen eben so an sich!«

Oje, hoffentlich hat sie sich jetzt nicht im Ton vergriffen. Nur noch zwanzig Minuten bis Mitternacht, die darf sie sich nicht verderben.

Aber Nic lacht lauthals.

Er scheint wirklich über völlig andere Witze zu lachen als sie.

»Au, dort steht Michel, Redakteur beim ZDF. Wir haben vor ein paar Monaten über ein dickes Projekt gesprochen, mal hören, was sich da tut!«

Nic zieht sie mit. Ninas Herz klopft. ZDF wäre auch nicht schlecht. Aber die warten bestimmt nicht gerade auf so eine kleine Journalistin wie sie!

Andreas Michel freut sich offensichtlich darüber, Nic zu sehen, und sie sind schnell in ein Insidergespräch vertieft.

Nina steht daneben, versucht zunächst sich zu beteiligen, hat aber zunehmend Mühe zu kapieren, worum es überhaupt geht, denn nebenbei lauscht sie mit einem Ohr dem Moderator, der die Minuten bis Mitternacht ansagt.

Sechs Minuten vor zwölf zupft sie Nic energisch am Ärmel.

»Ja, was ist?« fragt er sie, ohne richtig hinzuhören.

»Es ist gleich zwölf! Wollen wir nicht mit den anderen hinaus, zum Feuerwerk?«

»Ja, eine gute Idee«, sagt er und redet unbeirrt weiter. Ein Kellner nimmt ihnen die leeren Sektgläser ab.

Vier Minuten vor zwölf schaut sich mit einemmal Andreas Michel hektisch um. »Meine Frau wird sauer sein, wenn ich... entschuldigen Sie kurz«, und weg ist er.

»Also dann.« Energisch läuft Nina jetzt dem Pulk hinterher. Sie drängen zu einer kleinen Nottür, die über eine schmale Außentreppe direkt auf die Deutzer Brücke führt. Die ist bereits schwarz von Menschen, aber Nic findet genau in dem Moment, als der dicke Peter des Doms zwölf schlägt, noch einen guten Platz. Und schon knallt es um sie herum los, Feuerwerkskörper explodieren am Himmel, alles ist abwechselnd in rotes, blaues und goldenes Licht getaucht. Um sie herum fallen sich die Menschen in die Arme, küssen sich, wünschen einander Glück.

Nina steht Nic gegenüber. Sie wird den ersten Schritt nicht tun. Dann aber nimmt er sie in den Arm, drückt sie fest und kameradschaftlich und haucht ihr dann einen Kuß auf die Stirn. »Schön, daß es dich gibt«, sagt er dazu, »ich wünsche dir fürs neue Jahr deine persönliche Sternschnuppe, ich wünsche dir, daß das, was du dir am meisten erträumst, in Erfüllung geht!«

In Ninas Augen sammeln sich die Tränen. Sie küßt ihn, als ob es ein verwischter Wangenkuß sei, gezielt auf den Mundwinkel und flüstert: »Und ich wünsche dir, daß du mit dem Menschen, der dich über alles liebt, glücklich wirst!«

»Wo ist der Sekt?« Nic löst sich von ihr und lacht. »Wir müssen unbedingt auf Gabriel anstoßen, ich habe es ihm versprochen!«

Um zwei Uhr beschließen sie endlich, wie Nina findet, schlafen zu gehen. Ninas Herz hämmert, als er die Zimmertür aufschließt. Das Bett wurde aufgedeckt, auf jedem der Kopfkissen liegt ein Betthupferl.

»Willst du zuerst ins Bad?« fragt Nic völlig unbefangen und schaltet den Fernseher an.

»Geh du ruhig zuerst«, antwortet sie, denn sie würde gern hören, welche Vorbereitungen er trifft. Duscht er ausgiebig? Legt er noch einen neuen Duft auf? Was wird er tragen?

Nic nickt und zieht sich vor ihren Augen aus. Nina versucht angestrengt, irgendwo anders hinzuschauen, aber allein die Gewißheit, daß er sich keine zwei Meter von ihr entfernt auszieht, bringt sie fast um.

Schließlich schlüpft er im Slip ins Badezimmer, schließt die Tür hinter sich, öffnet sie aber gleich wieder einen Spalt. »Das dauert aber – macht dir das wirklich nichts aus?«

Nina versucht eben mit verrenktem Arm, den ohnehin defekten Reißverschluß im Rücken ihres Kleides zu öffnen. »Nein, überhaupt nicht!«

»Laß dir doch helfen!« Er kommt noch mal ins Zimmer, zieht langsam und vorsichtig ihren Reißverschluß auf. Nina stellen sich sämtliche Härchen am ganzen Körper auf, sie hofft inbrünstig, daß er das bemerkt!

»Okay so?« fragt er nett, als sie mit halbentblößtem Rücken vor ihm steht.

»Ja klasse, danke«, antwortet sie und verdreht die Augen. Mach, daß du in dein Bad kommst, oder ich werde ohnmächtig.

Sie hört ihn ausgiebigst duschen, dann endlos rumoren, bis er schließlich duftend in einem frischen Slip wieder auftaucht. »Das tat gut!« Er spannt seine Brustmuskeln, dehnt und streckt sich.

»Du bist gut gebaut.« Nina steht vor ihm in ihrem 398-Mark-Body und betrachtet ihn von oben bis unten.

»Ja? Findest du?«

»Doch, wirklich! Ein toller Körperbau!« Was rede ich da, denkt sie dabei, langsam werde ich völlig meschugge!

»Du bist aber auch nicht von schlechten Eltern!« Er betrachtet sie, und Nina streckt automatisch den Busen raus und zieht den Bauch ein. »Dir werden die Kerle ganz schön auf den Fersen sein!«

»Ach, geht so«, sagt Nina wegwerfend und wiegt sich in den Hüften.

»Ich stelle mir diese ewige Anmache ziemlich lästig vor!« Im Vorbeigehen schnippt er am Träger ihres Bodys, dann räumt er die Süßigkeiten von den Kopfkissen weg und zieht die Bettdecke zurück.

Mach mich doch an, denkt Nina, mach mich doch an! Wo ist nur meine Sternschnuppe?

»Schläfst du lieber links oder rechts?«

»In der Mitte«, rutscht es ihr heraus.

»Ich auch«, nickt er grinsend. »Du wirst es schon noch merken, Gabriel muß mich immer zurückschieben, sonst würde ich ihn nachts wahrscheinlich zerdrücken!«

Zerdrück mich ruhig, denkt Nina.

»Ich fang einfach mal an der Telefonseite an, okay?«

Ich auch, denkt Nina und geht ins Bad. Sie hat nicht die Geduld, lange zu duschen, sie hat Angst, er könnte einfach einschlafen.

Also schminkt sie sich nur hastig ab, duscht kurz, putzt sich in Windeseile die Zähne und huscht im Body wieder ins Zimmer. Er telefoniert. Deshalb also die Telefonseite. Gabriel!

»Sag ihm einen Gruß«, flötet Nina, und gib ihm Gift von mir, fügt sie im stillen hinzu.

»Einen besonders lieben Gruß zurück, und du sollst aufpassen, daß du heute nacht nicht zerquetscht wirst!«

Ha, ha!

Sie lächelt ihn pflichtschuldig an und schlüpft neben ihn unter die Bettdecke. Egal, so oder so werden sie sich heute nacht in der Mitte treffen. Wenn nicht Nic auf sie rollt, wird sie eben auf ihn rollen. Im Schlaf ist alles möglich!

Nic legt auf, schüttelt sein Kopfkissen zurecht und rutscht zu ihr. »Schlaf gut«, flüstert er und drückt ihr einen Kuß auf die Wange. Dann bleibt er dicht bei ihr liegen, dreht sich auf die Seite und schläft mit dem Rücken zu ihr unversehens ein.

Nina ist hellwach. Sie spürt seine Wirbelsäule an ihrem Arm, sein Po drückt sich gegen ihr Becken, getrennt nur durch zwei dünne Fetzen Stoff. Die Beine hat er in Embryostellung angezogen. Sie liegt regungslos, in unbequemer Haltung und spürt, wie ihr der Schweiß ausbricht. Es ist unerträglich heiß unter der Decke, aber sie wagt es nicht, sich zu bewegen. Sie würde den Zauber zerstören, sie weiß es, er würde sich ans andere Ende des Betts wegdrehen, und sie würde sich verraten, wenn sie direkt hinterherrutschen würde. Nur ihre schwesterliche Rolle erlaubt diese intime Nähe. Sie ist sich dessen bewußt, hält still, zügelt den Drang, ihn zu streicheln, schwitzt und träumt vor sich hin.

Der erleuchtete kleine Zeiger des Radioweckers rückt auf drei, dann auf vier. Es ist die unbequemste Nacht ihres Lebens, und noch nie hat sie so gelitten. Sie stellt sich vor, morgen mit ihm aufzuwachen, ein Frühstück ans Bett serviert zu bekommen, sich danach selig vor Glück zu lieben und irgendwann danach ein gemeinsames Leben zu führen. Sie sieht sich zusammen mit ihm arbeiten, in fernen Ländern Filme drehen, sieht ihre Namen gemeinsam auf dem Abspann neuer Kassenschlager, ein Duo, ein Team, prädestiniert, die Welt zu erobern, berühmt zu werden.

Irgendwann schläft sie ein. Als sie aufwacht, liegt sie in seinem Arm. Wie das passiert ist, weiß sie nicht, aber jetzt traut sie sich überhaupt nicht mehr, sich zu rühren, geschweige denn nach der Uhr zu schauen. Er atmet tief und gleichmäßig, gleich an ihrem Ohr, sie liegt mit ihrem Kopf in der kleinen Mulde zwischen Schlüsselbein und Schulter, sein Arm hält sie fest.

Es muß frühmorgens sein, draußen ist es noch still, und auch auf dem Gang rührt sich nichts. Sie wartet eine Weile, dann schlingt sie ihr Bein um ihn. Sollte er jetzt aufwachen, dann schließt sie einfach die Augen. Er brummelt ein bißchen, schläft aber weiter. Nina liegt nun Körper an Körper mit ihm. Sie spürt seine Morgenerektion, die nicht ihr gilt, wahrscheinlich überhaupt niemandem, aber sie genießt das Gefühl seiner Begierde an ihrem Bauch und träumt sich den Rest zurecht. So liegen sie eng umschlungen, bis er sich nach einiger Zeit löst, sich umdreht und auf dem Bauch weiterschläft.

Nina findet es zwar schade, aber zumindest in Gedanken hat sie ihn gehabt. Sie kuschelt sich vorsichtig an seine Seite und schläft noch mal zufrieden ein.

Sie frühstücken nicht im Bett, sondern ausgiebig im Frühstücksraum. Nic ist völlig entspannt, scheint alle Zeit dieser Welt zu haben, obwohl bereits um dreizehn Uhr sein Rückflug geht.

»Jetzt erzähl mal, was machst du denn so in Köln, wenn du nicht gerade Brasilienbeiträge schneidest?«

»Mein Gott!« Nina schlägt sich leicht auf den Mund. »Weißt du, was wir total vergessen haben?«

Er köpft sein Ei mit einem gezielten Schlag, schaut auf: »Vergessen? Was?«

»Unser Film lief doch gestern! Du meine Güte, ich hab's nicht einmal meinen Eltern gesagt!«

»Sie kriegen eine Kopie von mir. Kein Problem, ich hab's aufgenommen!«

Nina lehnt sich erleichtert zurück. Ein Mann, der für sie mitdenkt. Ach, warum kann es nicht so bleiben?

»Also, erzähl!«

Nina schreckt aus ihren Träumen auf, pickt an ihrem Omelett und dem gebratenen Speck herum und sagt schließlich die Wahrheit. Oder zumindest *fast* die Wahrheit. Trennung vom Freund, Rausschmiß aus der Wohnung, Mobbing in der Firma, kein Job, keine Wohnung. Jetzt ist ihr wohler.

Sie hätte es schon viel früher tun sollen.

Nic hat den Löffel beiseite gelegt.

»An Weihnachten war das mit deinem Freund doch noch okay?«

»Ja, aber er glaubt, daß ich einen anderen hätte, weil ich Weihnachten nicht da war.« Sie zögert und schaut Nic groß an: »Dich!«

»Ach!« Nic lacht. »Ich fühle mich geschmeichelt!« Dann heften sich seine klaren Augen auf sie. »Und warum klärst du ihn nicht auf?«

»Das habe ich, aber er glaubt es nicht. Und gestern waren genug Kölner da, die uns zusammen gesehen haben…« Wunderbar, denkt sie.

»Wenn dir etwas daran liegt, rufe ich ihn an!«

»O nein«, wehrt Nina schnell ab, »es liegt mir nichts daran. Auf einen Mann, der mir nicht glaubt und mir nicht vertraut, kann ich verzichten!« Wie pathetisch, denkt sie.

»Nun gut«, Nic belegt sich nachdenklich ein Brötchen mit Parmaschinken, »und jetzt? Wie geht's weiter?«

»Es wird schon irgendwie weitergehen«, antwortet Nina schnell, »mach dir keine Gedanken um mich!«

»Du bist gut«, sagt er laut. »Ich reite dich da hinein und soll mir dann keine Gedanken machen!«

Die Leute an den Nebentischen werden denken, ich bekomme ein Kind von ihm. Nina schaut sich verstohlen um.

»Ich rufe Gabriel an, du kommst zu uns!« entscheidet er.

»Aber nein«, wehrt Nina ab, »das kann ich doch nicht annehmen!«

O ja, o ja, o ja, meine Sternschnuppe geht in Erfüllung, ihr Herz droht zu zerspringen.

»Übergangsweise. Bis du etwas gefunden hast. Gabriel wird Verständnis haben – das heißt natürlich, falls du überhaupt nach München willst!«

Das neue Jahr fängt gut an. Das wird *ihr* Jahr! O Junge!

»Frag doch Gabriel erst einmal!«

»Wir haben Platz genug, du kannst das Zimmer haben, in dem du schon an Weihnachten geschlafen hast!«

Übergangsweise, denkt Nina. Nur übergangsweise.

EINZUG

Als Nic in seinem Taxi sitzt, das ihn zum Flughafen bringen wird, kann sich Nina über ihre Gefühle nicht klar werden. Alles wirbelt durcheinander. Trauer darüber, daß er schon wieder weg ist, rasende Freude über sein Angebot, Sorge, was ihre Mutter über den Umzug denken wird, eigenes Bedauern, aus Köln wegzugehen, befriedigte Rachegedanken wegen Sven, Zufriedenheit darüber, daß sie nun tatsächlich zu ihrer großen Liebe zieht, wenn auch unter anderen Vorzeichen, als es nach außen scheinen wird.

Alles ist so kompliziert.

Nina ist so aufgeregt, daß sie noch eine Weile durch die Innenstadt läuft. Sie nimmt nichts um sich herum wahr, sie muß sich einfach durch Bewegung abreagieren. Dann geht sie in die nächste Telefonzelle und ruft Birgit an.

Sie ist zu Hause und freut sich für Nina. »Tatsächlich zu Nic, nach München? Ich gratuliere!« Sie zögert. »Ich hätte geschworen, er ist schwul. Da sieht man, wie man sich täuschen kann!« Nina lacht etwas hysterisch, wieso merkt Birgit das, und sie selbst hatte keine Ahnung, und lenkt ab.

»Ich könnte die Umzugskisten bei meinen Eltern unterbringen…«

Birgit unterbricht sie. »Mach dir deshalb keine Sorgen, Nina. Du hinterläßt mir deine Nummer in München und die Nummer deiner Eltern, und falls die Box wieder belegt wird, werde ich das für dich regeln!«

Womit hat sie Menschen wie Birgit verdient? Womöglich hat sie sie überhaupt nicht verdient.

Sie ruft Karin an und erzählt auch ihr von ihrem Umzug.

»Prima, dann kann ich dich ja gleich mal besuchen, ist ja mehr oder weniger um die Ecke!« Daran hat Nina gar nicht gedacht.

»Außerdem bin ich rasend gespannt auf deinen Nic!« Du lieber Himmel! Sie wird diesen Besuch entweder hinauszögern müssen, bis Nic von ihr bekehrt ist, oder Karin bei nächster Gelegenheit aufklären. Es sieht eher so aus, als müsse sie Karin bei Gelegenheit aufklären.

Dann fährt Nina zu ihren Eltern.

Ihre Mutter setzt einen Tee auf und verkneift es sich, beim Servieren darauf hinzuweisen, daß er noch ziehen müsse und heiß sei.

»Du kannst es ruhig sagen.« Nina schaut sie erwartungsvoll an.

»Was?« Ihre Mutter setzt sich neben ihren Mann.

»Daß er noch heiß ist und ziehen muß!«

Nina überlegt, wie sie anfangen soll. München ist weit weg, da kann sie nicht mehr mal eben auf einen Tee hereinschauen, wenn ihr danach ist, oder sich bei ihrer Mutter Rat holen, wenn sie nicht mehr weiterweiß, sich pflegen lassen, wenn sie sich krank fühlt, und sie wird sich auch nicht mehr in ihr altes Bett verkriechen können, um heimlich ihre Wunden zu lecken.

Was will sie eigentlich in München?

»So, Kind, dann erzähl mal! Du siehst nach Neuigkeiten aus!« Ihre Mutter reicht ihr den Kandiszucker.

»O Mutti, ich weiß gar nicht, wie ich anfangen soll!«

»Sie ist schwanger!«

»Rudi!« mahnt Ilse.

»Wolltest du nicht das Auto waschen?« fragt Nina.

Ihr Vater brummelt etwas und hört dann zu, wie Nina erst zögernd, dann aber immer selbstbewußter ihre Geschichte erzählt. »Ausgerechnet zu den Bayern!« sagt er schließlich. »Weißt du überhaupt, was du dir damit antust? Die sind stockkonservativ. Brauchst nur mal die Nachrichten zu hören. Und dann haben sie diese seltsame Schickeria, die so unglaublich cool ist. Und damit die anderen auch sehen, daß man wer ist, least man sich einen Supersportwagen, den man immer, erstes Gebot, direkt vor das Lokal stellt, in das man rein will, auch wenn man dann den Strafzettel nicht bezahlen kann. Und dann Volksmusik und Dirndl! Und die Sprache, von der man kein Wort versteht. Und alles klatscht sich beim Tanzen auf die Lederhosen und schnürt sich den Busen ab. Das ist ein völlig eigenes Land, da kannst du gleich ins Ausland ziehen!«

Nina muß lachen. »Wo hast du denn diese Weisheiten her?«

»Das weiß man eben!«

»So, so!«

Aber irgendwann fügen sich die Eltern. Nina wird die Chance in München wahrnehmen, wird sich an Rosa Herzschneider wenden, und wenn alles schiefgeht, kann sie jederzeit wieder in ihr Jugendzimmer ziehen.

»Mit dreißig!« spottet Nina.

»Du kannst auch noch mit vierzig kommen«, meint ihr Vater.

»Ich bin so froh, daß ich euch habe«, sagt Nina und fällt beiden um den Hals.

Am Abend ruft sie bei Nic an. Gabriel ist dran.

»Ich hab's schon vernommen und freue mich! Wann kommst du?«

»Wann paßt es euch?«

Seine Stimme klingt jung und lausbubenhaft, als er sagt: »Heute, morgen, wann immer du willst!«

»Morgen!« sagt Nina glücklich.

»Gut, dann also bis morgen!«

Nina übernachtet bei ihren Eltern, hinterläßt ihre neue Telefonnummer und erklärt, falls ein Gabriel abnehmen sollte, daß er ein entfernter Verwandter von Nic sei, der übergangsweise bei Nic wohne, regelt dann ihre Abreise bei Irene Roller, verabschiedet sich von Bob, den Pferden und den Mädchen und wirft ganz zum Schluß auch ihrem kleinen Zimmer eine Kußhand zu. Es war eine neue Erfahrung, und es hat sie weitergebracht.

Vollgepackt fährt sie am frühen Nachmittag nach München, singt bei jedem Lied im Radio lauthals mit, ist glänzender Laune, freut sich über das schöne Wetter und die wechselnde Landschaft, macht sich bewußt, daß dies ein völlig neuer Lebensabschnitt ist.

Am Abend kommt sie an. Diesmal findet sie die Straße ohne polizeiliche Hilfe und sogar in der Nähe der Haustür einen Parkplatz.

Zu dritt tragen sie ihr Gepäck fünf Stockwerke hinauf, die Männer helfen ihr beim Einräumen.

»So, okay, zur Feier des Tages lade ich euch jetzt zum Italiener ein«, befindet Nic, nachdem er das letzte Paar Schuhe von Nina fein säuberlich neben die anderen in Reih und Glied an die Wand gestellt hat.

Bei der Vorspeise besprechen sie die zukünftige Haushaltsführung und das Haushaltsgeld, von Miete oder Putzbeitrag will Nic nichts wissen. »Das macht keinen Unterschied«, sagt er, »die Putzfrau kommt sowieso, und was die Miete angeht, bist du mein Gast!«

Nina bedankt sich und stößt mit den beiden Männern auf die Zukunft an. »Jetzt brauche ich nur noch einen Job!«

»Den kriegst du auch noch.« Gabriel prostet ihr zu.

Am nächsten Tag geht Nina als erstes los und kauft in der nächsten Apotheke ein Schlafmittel. Was sie da letzte Nacht durch die Zimmerwand gehört hat, hat ihr gereicht. So nett und unschuldig Gabriel auch ist, aber von ihrem Nic soll er die Finger lassen! In einem Lebensmittelgeschäft um die Ecke schaut sie sich um. Da Nic Campari in seiner Bar stehen hat, nimmt sie an, daß Campari-Orange von den beiden gern getrunken wird. Also nimmt sie eine Flasche Campari und zwei Flaschen Orangensaft mit und geht damit zurück zur Wohnung. Von jetzt an gibt es täglich vor dem Zubettgehen den Schlummertrunk à la Nina, bei dem sie nur aufpassen muß, daß die Gläser nicht verwechselt werden.

Als sie in die Wohnung kommt, liest Nic gerade ein Drehbuch, das er zugeschickt bekommen hat, und Gabriel sortiert Wäsche für die Waschmaschine. »Hast du auch was?« fragt er. »Bunt? 60 Grad?«

»Nein, danke«, antwortet Nina, »noch nicht.« Dann stellt sie die Flaschen zu den anderen und geht zu ihm. »Was machst du eigentlich beruflich?«

»Gute Frage«, sagt Gabriel und gibt das Waschmittel in die Maschine. »Ich war auf einer Schauspielschule, hatte dann ein Engagement bei einem kleinen Theater, aber es war mir mit der Zeit alles viel zu eng dort. Dann habe ich eine kleine Rolle bei einer Serie gespielt, eine Nebenrolle bei ›Tatort‹, und jetzt wurde uns eben ein Drehbuch zugeschickt. Nic prüft, ob der Stoff etwas für mich ist!«

Kann er für mich auch gleich gucken, denkt Nina. »Klingt doch ganz interessant.«

»Ja, der große Durchbruch war aber noch nicht dabei!«

»Wie alt bist du denn?«

»Sechsundzwanzig. Es wird Zeit!«

Nina muß lachen. »Meine Güte, da hast du doch noch Zeit! Ich werde dieses Jahr dreißig. Was soll ich sagen?!«

Er schaut sie mit einem so bedauernden Blick an, daß sich Nina wie kurz vor der Pensionierung fühlt.

Oder sieht sie tatsächlich schon so alt aus?

Sie verdrückt sich, geht auf die Toilette und studiert ihr Gesicht im Spiegel. Quatsch! Ganz so bemitleidenswert ist sie nun doch noch nicht. Nic ist immerhin schon vierunddreißig. Was soll der erst sagen!

Sie sucht nach der Handynummer von Rosa Heckschneider, fragt Nic, ob sie kurz telefonieren dürfte, erntet ein »Jederzeit« und hinterläßt auf der Mobilbox der alten Dame ihre jetzige Telefonnummer.

Jetzt kann sie nur noch abwarten.

Diesmal essen sie abends zu Hause. Nic hat Weinblätter, Tsatsiki und eingelegte Bohnen beim Griechen gekauft und stellt alles mit Käse, Salami und Stangenbrot auf den Tisch.

Ihre Gesprächsthemen scheinen unerschöpflich, und als Nic irgendwann gähnt, schaut Nina überrascht auf die Uhr. Fast Mitternacht, das hätte sie nicht gedacht. Nic scheint so müde – ob sie trotzdem?

Sie beobachtet Gabriel. Er wirkt noch frisch. Zu frisch. Sie steht auf: »So, und jetzt den Schlummertrunk à la Nina!«

»Schlummertrunk?« Gabriel schaut erstaunt zu Nic. »Ich bin überhaupt noch nicht müde!«

Gleich wirst du es sein, denkt Nina.

»Was gibt's denn?« fragt Nic.

»Laßt euch überraschen!«

»Und wenn ich's nicht mag?« Gabriel zieht eine Augenbraue hoch.

»Das gilt nicht«, sagt Nina.

Wenige Minuten später steht sie mit drei Gläsern Campari-Orange da. Dekoriert mit bunten Strohhalmen zum Umrühren.

»Okay, das lasse ich gelten«, sagt Gabriel und saugt an seinem gelben Halm.

Nic prostet ihr zu: »Auf deine Zukunft!«

»Danke, ich arbeite dran!« Nina lächelt ihm zu.

Als Nic sich endlich erhebt, um ins Bett zu gehen, wirkt auch Gabriel recht müde. Seine Augen glänzen glasig. »Ich glaube, ich geh gleich mit«, sagt er etwas schwerfällig.

»Na, dann gute Nacht«, Nina küßt die beiden schwesterlich auf die Wange.

In dieser Nacht bleibt alles ruhig.

Rosa Heckschneider meldet sich bereits am übernächsten Tag. Sie habe Ninas Anruf bekommen, und sie werde sich jetzt für Nina umhören. Sie melde sich wieder, sobald sie die Lage sondiert habe.

Es ist zehn Uhr morgens, und Nina wird der Tag lang. Geld und keine Zeit zu haben ist lästig, aber Zeit und kein Geld ist deprimierend. Was könnte sie jetzt alles Tolles anstellen, wenn ihr nicht schon die Eintrittskarten ins Kino oder ins Theater zu teuer wären?

Sie braucht schnellstens einen Job.

Nic setzt sich nach dem Frühstück wieder an das Drehbuch, und Gabriel fährt zu einem Casting. »Winzige Nebenrolle«, sagt er entschuldigend beim Hinausgehen, aber Nina ist eifersüchtig. Wenigstens hat er etwas, das er probieren kann. Eine Chance. Sie hat noch nichts.

Auch die Gewißheit, für die nächsten Stunden mit Nic allein in der Wohnung zu sein, hilft ihr nicht viel, denn eines hat sie schon begriffen: Wenn er sich in sein Arbeitszimmer zurückzieht, will er nicht gestört werden. Da ist jeder, der sich ungebeten sehen läßt, ein potentieller Selbstmörder.

Sie räumt die Küche auf.

Dann ruft sie ihre Mutter an und berichtet, wie gut es ihr geht, schließlich setzt sie sich mit der *Süddeutschen* in einen Sessel und geht den Stellenmarkt durch.

Nichts. Eine Stunde später legt sie die Zeitung genervt weg. Es ist wie damals in Köln: Die Anzeigen, die sie interessant findet, setzen Abschlüsse und Berufserfahrung voraus, die sie nicht vorweisen kann. Sie wird einen anderen Weg gehen müssen.

Nur welchen?

Um einen klaren Kopf zu bekommen, entschließt sie sich zu einem Spaziergang. Sie schreibt Nic einen Zettel und läuft in Richtung Marienkirche. Das ist ein Anhaltspunkt für sie, damit kann sie in der fremden Stadt etwas anfangen. Aber es ist zu weit, und es ist kalt. Ein eisiger Wind fegt durch die Straßen, treibt vereinzelte Schneeflocken vor sich her. Und schon bald beginnt Nina zu frieren. Sie läuft schneller, aber nach etwa einer halben Stunde gibt sie auf. Blöde Idee, bei der Kälte draußen herumzulaufen. Nichts wie zurück, heim ins warme Wohnzimmer, ein Buch lesen. Ablenken von der rauhen Wirklichkeit. Am besten einen Liebesroman. Herz, Schmerz und Happy-End. Sie läuft und läuft und kennt sich auf einmal nicht mehr aus. War sie hier schon mal vorbeigekommen? Hat sie das schon mal gesehen?

Jetzt geht das schon wieder los! Und niemand da, den sie fragen könnte. Wer geht bei so einem Mistwetter auch schon auf die Straße. Die Gehsteige sind wie leergefegt, selbst Autos fahren kaum welche herum.

Die Straßen sind lang und alle so ähnlich, und auch die Häuser sehen mit einemmal alle gleich aus. Kein Geschäft in Sicht, in dem sie nachfragen könnte. Sie gibt sich noch eine Straße, dann wird sie an einer Haustür klingeln und fragen. Wenn Staubsaugervertreter das können und Heftchenverkäufer, dann wird sie das auch können. »Ich habe mal eine kleine Frage…«, rums, Tür zu. So stellt Nina sich das vor, denn sie ist schüchtern, und in solchen Situationen wirkt sich das aus. Sie würde kein einziges Heftchen verkaufen und selbst staubsaugen. Von weitem ein beleuchtetes Eckhaus. O Ende aller

Mühsal, ein Café! Sie fischt sofort in ihrer Manteltasche nach Kleingeld und zählt. Fünf Mark hat sie bar dabei. Das gibt einen Tee. Möglicherweise sogar mit Rum. Oder gleich einen Grog. Die letzten Meter springt sie fast, dann bleibt sie enttäuscht stehen.

»Wir renovieren.«

Das große Schild über dem Eingang vernichtet ihre Träume. Aber es sind Menschen drin, und wo Menschen sind, ist möglicherweise ein echter Münchner dabei, und wo ein Münchner ist, besteht vielleicht sogar die Chance, daß er sich in diesem Viertel auskennt.

Sie versucht durch Klopfen auf sich aufmerksam zu machen. Endlich hebt einer beim Hämmern den Kopf, aber nur um abzuwinken und auf das Schild zu verweisen, das direkt vor ihren Augen hängt.

Nina gibt nicht auf.

Und tatsächlich – nach weiterem hartnäckigen Klopfen schließt einer der Männer auf: »Was ist denn?« fragt er, ärgerlich über so viel Aufdringlichkeit. »Wir haben geschlossen! Da steht's!« Er pocht mit seinem Knöchel vor Ninas Nase auf das Schild.

Nina verkneift sich eine Bemerkung, sie fragt schlicht nach ihrer Straße.

»Da kommt die Chefin, fragen's die!«

Nina dreht sich um. Eine sportliche Frau kommt im Stechschritt auf sie zu, kurze Haare, schmal, sehr groß. »Ach, sind Sie schon da? Ich habe Sie so früh nicht erwartet, gehen wir am besten gleich rauf«, sagt sie und reicht der sprachlosen Nina die Hand.

»Wie bitte?« fragt sie, nachdem sie sich wieder gesammelt hat.

»Nun, oben sind einige Räume, die man bereits benutzen kann.« Sie muß offensichtlich über Ninas große Augen lachen. »Es sieht nicht überall so schlimm aus!« Sie geht an Nina vorbei hinein, unter einem Schmutzvorhang aus Plastik hindurch.

»Kommen Sie!« fordert sie Nina nochmals auf. Nina marschiert wie auf Befehl hinterher, die Treppe hinauf in ein Büro. »Setzen Sie sich doch.« Die Frau setzt sich schwungvoll hinter einen gläsernen Schreibtisch und weist Nina den Stuhl davor an. »Nun«, sie schiebt einige Blätter auf ihrem Schreibtisch hin und her, »ich bin also Ruth Scherbling, aber das werden Sie sich schon gedacht haben, und Sie sind ...«, jetzt hat sie wohl die betreffenden Unterlagen gefunden, »wohl Barbara Krause.«

»Ich kenn nur eine Hexe, die Barbara heißt«, antwortet Nina völlig unüberlegt. Ruth Scherbling lacht, dann stockt sie: »Wie, was, verstehe ich nicht. Eine Hexe? Ist das ein Witz?«

»Nein, eine Geschichte: Die Hexe Barbara. Aber im Ernst, ich befürchte, Sie verwechseln mich!«

»Wieso befürchten Sie das?«

Graue Augen heften sich auf sie. Nina schätzt die Frau auf Mitte Vierzig. Ohne darüber nachzudenken, antwortet Nina: »Weil es hier sicherlich um einen Job geht, und ich brauche einen Job!«

»Als Putzfrau?« Ruth Scherbling lacht, Nina zuckt die Achseln.

»Warum nicht? Putzfrauen verdienen mehr als manche Angestellte.« Zumindest mehr als freie Journalisten unter einem Exfreund als Chef, denkt sie dabei.

»Wer sind Sie dann, wenn nicht Barbara Krause?« will Ruth Scherbling wissen.

Nina klärt sie in drei Sätzen auf.

»Können Sie denn bedienen? An der Theke arbeiten? Kasse machen?«

»Wenn man so etwas lernen kann, werde ich's auch lernen können!«

Ruth Scherbling überlegt. »Sie gefallen mir, Sie haben Power. Aber hier brauche ich jemanden mit Erfahrung!«

Erfahrung! Schon wieder. Das hat sie in den Anzeigen schon deprimiert. »Na denn…«, sagt Nina enttäuscht und will aufstehen.

»Halt«, bremst sie ihr Gegenüber, »ich habe noch ein anderes Geschäft, ein Bistro, zwei Straßen weiter. Seit zwei Monaten bieten wir dort einen Mittagstisch an und kommen mit der Arbeit kaum noch nach. Also, dort könnte ich jemanden wie Sie für den Service gebrauchen. Wenn Sie's probieren wollen?«

»Oh!« Warum nicht. Geld ist Geld. Hauptsache verdient, wie auch immer. »Ja, gern!«

Fünf Minuten später sind sie sich einig. Nina soll am nächsten Tag um elf Uhr zu einem Probelauf vorbeikommen. Stundenlohn achtzehn Mark plus Trinkgeld. Und das Beste: Es ist von Nics Haustür nur eine Straße entfernt.

Der Kältemarsch hat sich gelohnt, denkt Nina, als sie wieder draußen ist. Und der Umweg auch! Sie fühlt sich gut, denn jetzt spielt es nicht mehr die große Rolle, ob Rosa Heckschneider ihr morgen oder erst in vier Wochen einen Job vermitteln kann. Was kommen wird, wird kommen!

Que sera, sera.

Sie singt laut und falsch den ganzen Weg bis zu Nics Wohnung und hört erst auf, als ihr im dritten Stock die Luft ausgeht.

Auch an diesem Abend mixt sie ihren Schlummertrunk. Gabriel kocht zum Abendessen Spaghetti, reichlich al dente, die Sauce zaubert er aus zwei kleinen Plastiktüten. Den Käse schabt Nina von Hand darüber, Nic öffnet einen Rotwein. Gegen Mitternacht sind Nic und Nina rechtschaffen müde, nur Gabriel, aufgekratzt durch seinen Erfolg beim Casting – er hat die Rolle bekommen – ist noch munter.

Nina beobachtet ihn mißmutig. Nach dem dritten Witz, über den nur noch er lacht, kündigt Nina ihren Schlummertrunk an. Keiner wehrt sich, eine halbe Stunde später ist in der Wohnung Ruhe eingekehrt.

Beim Frühstück erzählt Nina von ihrem »Zwischenjob«. Am Abend hat sie es sich verkniffen, denn was ist schon eine Bedienung gegen einen aufstrebenden Schauspieler, aber jetzt schildert sie ihre gestrige Begegnung.

Nic ist völlig einverstanden. »Du fühlst dich auf alle Fälle wohler, wenn du Geld in der Tasche hast«, sagt er, und Nina fragt sich, woher er weiß, daß sie keines hat.

»Äußerst praktisch«, findet Gabriel, »dann kannst du uns die Gerichte gleich mitbringen. Das erspart uns die Kocherei!«

»Vielleicht kannst du ja was lernen«, lästert Nic und läßt im unklaren, wen von beiden er meint. Aber er schenkt Nina das Lächeln, von dem es ihr jedesmal aufs neue ganz heiß wird. Richtig. Liebe geht durch den Magen! Sie wird kochen lernen!

Das Bistro ist klein und hell, aber vollgestellt mit Tischen und Stühlen. Ganz offensichtlich versucht Ruth Scherbling herauszuholen, was geht. Und es scheint einiges zu gehen. Um elf sitzen schon die ersten Gäste da.

Nina geht an den Tresen und stellt sich vor. Eine junge Frau in ihrem Alter läuft bereits geschäftig hin und her, dann kommt sie zu ihr, reicht ihr die Hand.

»Ruth hat uns schon vorgewarnt. Ich bin Anna. Es ist ganz einfach. Es gibt täglich zwei Gerichte, eines davon vegetarisch. Also mußt du dir zur Abrechnung nur zwei Preise merken. Alles siehst du hier auf der Tafel, auch die Preise für die Getränke.«

Sie weist auf eine große Schultafel, die an einer Wand angebracht ist.

Das ist praktisch, denkt Nina, trotzdem hätte sie besser einen Rechner mitbringen sollen. Wie soll sie sich bloß merken können, wer was und wieviel ißt und trinkt?

»Hier ist die Kasse«, weist Anna sie weiter ein. »Du bist die Nummer 4. Unter dieser Nummer gibst du ein, was an jedem Tisch gegessen und getrunken wird. Die Abrechnung macht der Computer dann selbst.«

Die Aussicht, daß ein anderer für sie arbeitet, gefällt Nina. Aber dann wird es so turbulent, daß sie bald nicht mehr weiß, wo ihr der Kopf steht. Es ist ihr, wenn sie selbst essen gegangen ist, noch nie aufgefallen, welche Knochenarbeit dahintersteckt. Sie wird nie mehr eine Bedienung anmotzen, wenn irgendwas nicht schnell genug geht. Trotzdem, sie hat ihre Feuertaufe bestanden und darf am nächsten Tag wiederkommen. Um drei Uhr geht sie völlig zerschlagen, aber mit knapp hundert Mark in der Tasche in das nächste Lebensmittelgeschäft, um für den Abend einzukaufen.

Vier Tage später ruft Rosa Heckschneider an und erklärt, daß es recht schwer sei, einen anständigen Job für Nina zu finden. Kulissenschieben sei kein Problem, aber für eine gestandene Fernsehjournalistin sähe es etwas anders aus.

Nina beruhigt sie. Im Moment verdiene sie Geld. Rosa solle sich bei der Suche lieber Zeit lassen und einen echten Knüller finden.

Langsam übernimmt Nina im Haus das Regiment. Sie wohnt nun seit über vierzehn Tagen bei den beiden, und es wird von Tag zu Tag deutlicher. Alle Fragen landen bei ihr. Was soll man einkaufen? Gehen wir heute essen? Wird Kohl wieder Bundeskanzler? Sind die Renten im Jahr 2030 noch was wert? Wo sind meine roten Socken hin?

Nina hat alles im Griff. Auch Gabriel. Er muckst sich nachts nicht mehr. Sobald Nina ihn gegen Mitternacht für zu wach befindet, verhilft sie ihm zu einer ausgiebigen Nachtruhe und Nic zu einem schlafenden Liebhaber.

Dann ist es wieder einmal soweit, Nic fragt Nina, ob sie ihn zu einer Feier begleiten wolle. Nach Berlin. Gabriel studiert gerade seine winzige Rolle ein, hat also keine Zeit. Nina läßt das, wie immer, so im Raum stehen. Warum darüber reden, wenn sie es alle drei wissen. Für konservative Gastgeber wäre Nic mit Gabriel im Arm eben indiskutabel. Also besser eine Alibifrau als gar keine.

Nina sagt natürlich zu. Immerhin leben sie offiziell zusammen, sie sind nach außen ein Paar, sie ist nicht unglücklich dabei, und den Rest schafft Nina auch noch.

Nic muß nach den vierzehn Tagen Abstinenz ganz schön heiß sein. Mal schauen, ob er nicht endlich ihre weiblichen Vorzüge erkennt.

Sie wollen am Freitag gegen vier Uhr fliegen. Gabriel hat um zehn Uhr einen Termin und verschläft. Nina weckt ihn in letzter Sekunde. Sein Gesicht ist verquollen, er kommt überhaupt nicht zu sich.

»Was ist denn mit dir los, nimmst du Drogen?« fragt Nic entsetzt.

»Nein, natürlich nicht! Ich weiß auch nicht, was mit mir ist – ich stehe irgendwie die ganze Zeit neben mir!« Er wankt ins Bad, duscht abwechselnd heiß und kalt. Nina setzt ihm einen starken Kaffee auf und redet sich ins Gewissen. So darf es nicht weitergehen. Zum Schluß wird er noch medikamentenabhängig, nur weil sie ihn als Konkurrenz bei Nic ausschalten will.

Wenn sie wieder zurück sind, muß sie sich etwas anderes überlegen.

Aber möglicherweise erledigt sich das ja auch in Berlin. Dann kann Gabriel direkt in ihr Zimmer umziehen, und sie wirft die Schlaftabletten weg.

Mit vereinten Kräften schaffen Nic und Nina es, Gabriel so weit herzustellen, daß er einigermaßen wach, wenn auch etwas zu spät, aus dem Haus geht.

Aber Nic ist besorgt. »Also, unter uns, das ist mir in letzter Zeit immer deutlicher aufgefallen. Irgendwas stimmt nicht mit ihm. Wenn er nicht ständig da wäre, würde ich meinen, er hat einen anderen!«

»Vielleicht hat er seine Tage!«

Nic lacht schallend, Nina geht in ihr Zimmer, um ihren Koffer zu packen.

Berlin begrüßt sie mit einer dunklen Wolkendecke, in die sie beim Anflug eintauchen. Nina ist das Wetter egal. Neben Nic genießt sie das Leben, selbst wenn es ununterbrochen hageln und stürmen würde. An seiner Seite fühlt sie sich sofort einen Kopf größer. Und sie genießt seine Sicherheit, wie er mit allem umgeht. Ihn hat sie noch nie nach seiner Bordkarte suchen sehen. Ihr passiert das fast jedesmal, begleitet von rasendem Herzpochen und Schweißausbrüchen, denn stets bekommt sie rasende Angst, nicht mitfliegen zu können.

»Ich bin gespannt, ob Patrick Frank auch da ist«, meint Nic.

Nina schaut gespannt nach draußen auf die Lichter der Großstadt. Wie von hier oben doch alles so unbedeutend und klein ist. »Wer ist Patrick Frank?« fragt sie gedankenverloren.

»Auch ein Regisseur. Wir sind im Moment am selben Stoff interessiert – aber ich befürchte, er liegt besser im Rennen. Das möchte ich heute abend mal ein bißchen ausloten.«

»Was ist eigentlich aus deinem Angebot in Leipzig geworden?«

»Es ist mir doch zu weit weg! Und dieses hier wäre interessanter!«

»Ja?« Jetzt kommt die Befeuerung der Landebahn in Sicht. Nie und nimmer kann ein so großes Flugzeug auf einer so schmalen Betonpiste landen. »Worum geht's denn?«

Ein Ruck geht durchs Flugzeug. Das sieht nach Turbulenzen aus. Kürzlich ist auf den Malediven ein kleines Flugzeug abgestürzt, weil es in Turbulenzen geraten ist. Nina versucht, nicht daran zu denken.

»Lea Sanders, die Filmproduzentin, die uns heute abend eingeladen hat, hat die Rechte an einem Drehbuch gekauft, hinter dem einige andere Filmproduzenten auch her waren. Der Autor wird zur Zeit hoch gehandelt, es soll ein Kinofilm werden. Du kannst dir vorstellen, was heute abend los sein wird!«

Was ist eigentlich mit Aquaplaning? Ist ein Flugzeug dagegen gefeit? »Kennst du den Inhalt des Drehbuchs schon?« Nina drückt die Nase ans Fenster, die Häuser werden rasend schnell größer. *Zu* schnell?

»Nur vage. Aber ich möchte es haben. Darauf kommt es heute abend an!«

Mit einem Schlag setzen die Räder auf, der Pilot drosselt die Geschwindigkeit, Nina wird nach vorn gepreßt. »Uff!« Das wäre geschafft! »Hast du denn schon einmal einen Kinofilm gedreht?«

Nic schüttelt den Kopf. »Es wäre eine Premiere, eine Herausforderung für mich!«

»Und Patrick hat schon Kinofilme gedreht? Erfolgreich?«

»Nun, erfolgreich…«

Für Nina ist die Sache klar. Teurer Stoff – da haben Newcomer kaum eine Chance. Müßte schon ein Wunder sein. Schon eher eine Zuarbeiterin wie sie. Vielseitig einsetzbar, ohne große Ansprüche, pflegeleicht. Sie kann ja mal fragen.

Das Hotel ist ein schön hergerichtetes Stadtpalais, nahe am Kudamm. Die Party findet in einem anderen Hotel statt. Das ist Nina recht. Sehr recht. Sie werden sich in ihre vier Wände zurückziehen können, völlig allein, völlig ungestört. Keine Kollegen, die noch einen letzten Drink an der Bar nehmen wollen, keine Ablenkungsmanöver. Nur sie und er.

Nic schließt die Tür zu ihrem Zimmer auf. »Há, schau dir das an!« Er lacht.

Nina drückt sich an ihm vorbei. Es ist ein großer, heller Raum mit hohen Decken. In der Mitte prangt ein großes, rotgold dekoriertes Himmelbett.

»Toll!« sagt Nina überwältigt.

»Toll kitschig!« Nic wirft seinen Koffer darauf.

»Sind die Vorhänge zum Zuziehen?«

»Du kannst es heute nacht ja mal ausprobieren!« Er hängt eine der dicken Kordeln aus. »Scheint so!«

Phantastisch, denkt Nina. Wir werden in eine Höhle der Lust eintauchen. Abgeschirmt von der Außenwelt, unser Nest! Aus *der* Nummer kommt er nicht mehr raus!

»Willst du zuerst ins Bad, oder soll ich...?« Nic zieht sich bereits die Hose aus. Nina sieht ihm lüstern zu. Er schlüpft aus seinem Pullover und dreht sich nach ihr um. Auf dem Schlitz seiner hellgrauen, engen Shorts sitzt ein knallrotes Ausrufezeichen.

»Stimmt was nicht? Du schaust so!«

»Ich...« Nimm dich zusammen, Nina! »Ich habe eben überlegt, warum alle Männer, die ich kenne, die Pullover wie kleine Jungen ausziehen. Zuerst die Arme, dann der Kopf. Frauen machen das genau umgekehrt!«

Nic greift nach seinem Necessaire.

»So? Ist mir noch nie aufgefallen!«

»Ich zeig's dir! Siehst du?« Sie greift mit beiden Händen über Kreuz nach dem Bund ihres Pullovers und zieht ihn sich langsam und möglichst verführerisch über den Kopf. Den Moment, da sie ihm ihre prallen Brüste entgegenreckt, stellt sie sich besonders erotisch vor, und sie zögert kurz, bevor sie sich den Pullover vollends über die Haare zieht.

»Aha!« Nic hat ihr zugeschaut. »Stimmt!« kommentiert er sachlich. »Kann ich jetzt ins Bad?«

Nina nickt nur.

An der Tür dreht er sich nach ihr um: »Im übrigen hast du Glück, daß ich schwul bin. Sonst hätte ich jetzt nämlich zugegriffen!«

Eine Stunde später treffen sie im Foyer des internationalen Hotels ein, das auf ihrer Einladungskarte steht. Ein roter Teppich liegt aus. Nina ist sich nicht sicher, ob das hier wohl immer so ist oder ob echte VIPs erwartet werden. Schauspieler aus Amerika wie Mel Gibson oder Kathleen Turner? Oder wie wär's mit Anita Rinaldi aus Italien oder Geneviève Bujold aus Frankreich? Aber wenn sie ehrlich ist, wären ihr Mario Adorf und Götz George lieber.

»Sie haben für uns den roten Teppich ausgerollt. Nette Geste!« Nic grinst und läßt ihr den Vortritt.

So kann man es natürlich auch sehen.

Nina Wessel und Nic Naumann aus Munich.

Sie folgen den Schildern zum Festsaal, geben ihre Eintrittskarte ab.

»Sind wir nicht reichlich früh?«

Nina schaut sich zweifelnd um. Sie fühlt sich etwas deplaziert in dem leeren Raum.

»Da habe ich eher die Chance zu einem Gespräch als nachher, wenn alles überfüllt ist.«

Dann können wir vielleicht auch wieder früher gehen, denkt Nina, und ihre Gedanken überschlagen sich.

»Dort ist Lea Sanders. Das läuft ja prima! Komm, schnell!«

Nic geht in großen Schritten auf eine Frau zu, die, von mehreren Männern umringt, ganz offensichtlich den Ton angibt. Eben brechen alle in schallendes Gelächter aus. Nic gesellt sich wie selbstverständlich dazu, reicht der Produzentin die Hand. »Herzlichen Dank für die Einladung. Ich bin Nic Naumann, das ist«, Nina tritt einen Schritt vor, »Nina Wessel. Sie arbeitet auch fürs Fernsehen!«

»Ach ja?« Ein freundlicher Blick aus braunen Augen trifft Nina, und eine kräftige Hand drückt ihre. Dann wendet Lea

Sanders sich Nic zu. »Es freut mich, daß Sie heute gekommen sind.« Dann macht sie alle miteinander bekannt. Patrick ist nicht dabei. Vielleicht hat Nic ja Glück, denkt Nina und erkennt sofort, daß diese Frau ein absoluter Profi ist. Die wird nichts dem Zufall überlassen. Nina beobachtet sie, während sie sich mit Nic unterhält. Sie ist groß. Kaum kleiner als die Männer um sie herum. Und sie hat einen gewaltigen Lockenkopf. Das gibt ihr etwas Löwenhaftes, Majestätisches. Nina betrachtet Leas Schmuck. Davon könnte sie selbst wahrscheinlich ein ganzes Jahr leben. Inklusive Urlaub und Weihnachtsgeld. Möglicherweise sollte sie ihr Berufsziel ändern. Wenn sie selbst produzieren würde, dann könnte sie Nic bei den besten Filmen die Regie führen lassen. Und wäre immer mit ihm zusammen. Und zudem noch unentbehrlich für ihn.

Bloß – wie wird man Produzentin?

Nina hört aufmerksam zu. Es geht tatsächlich um diesen neuen Film. Nic beglückwünscht sie gerade zu dem Stoff und meldet sein Interesse an.

Lea lächelt, und ihre Augen glitzern. »Wir werden sicherlich noch Zeit genug haben, um darüber zu sprechen. Zunächst einmal muß die Finanzierung stehen, dann sehen wir weiter.«

Wie armselig ihre Low-Budget-Produktion in Brasilien gegen ein solches Vorhaben war. Und dabei war Nina so stolz darauf! Sie muß an ihren Job im Bistro denken. Der bringt sie auch nicht weiter. Sie muß ihren Weg wieder finden, sonst dümpelt sie ziellos durch ihr Leben.

Nina sieht, wie neue Gäste kommen. Gleich wird sich Lea anderen zuwenden. Nina gibt sich einen Ruck: »Darf ich Sie etwas fragen, Frau Sanders?«

»Ja, natürlich?« Lea neigt sich leicht zu ihr herunter. Das symbolisiert für Nina die Kluft zwischen ihnen beiden. Welten trennen sie voneinander.

Wie soll sie nur anfangen?

»Ich war Fernsehredakteurin in Köln, bin jetzt aber nach München umgezogen und habe noch keinen richtigen Job – das heißt, eigentlich würde ich gern lernen. Mehr lernen, als ich kann, verstehen Sie? Ich habe noch zuwenig Durchblick, und ich würde gern alles verstehen. Vor allem, wie man einen Film produziert. Gäbe es da bei Ihnen eine Chance?«

Lea lacht. »Oh, Kindchen, wissen Sie, wie oft ich das am Tag gefragt werde?«

O nein, denkt Nina. Das will sie auch gar nicht wissen.

»Aber ich werde mal sehen, was ich für Sie tun kann. Schließlich werde ich mich zur gegebenen Zeit auch mit Ihrem Freund unterhalten.«

Jetzt bin ich in ihren Augen also nur das Anhängsel von Nic, denkt Nina enttäuscht. Ich bin ein eigenständiger Mensch, ich bin…

»Na, denn komm«, sagt Nic und legt seinen Arm um sie.

Nina ist im Widerstreit der Gefühle. Soll sie sich jetzt über die vertraute Geste freuen? Oder sich ärgern, weil sie neben Nic für andere offenbar zum Anhängsel wird?

Bringt jeder Regisseur seine Freundin irgendwo unter? Gehört das vielleicht sogar zum Geschäft? Eine vertragliche Nebenabsprache? Oder ist es sogar ein Ritual?

Sie spricht Nic darauf an, und er kneift sie sanft. »Dann komme ich mit euch beiden aber in die Bredouille, denn Gabriel wird sicherlich die Hauptrolle spielen wollen!« Er lacht herzhaft, und Nina ärgert sich. Gabriel, Gabriel, Gabriel! Wie ein dunkler Schatten! Kann er sich den nicht mal aus dem Kopf schlagen? Wenigstens für ein paar Stunden?

Sie stellen sich an einen der Bistrotische, trinken zum Auftakt ein Pils und beobachten den Eingang. Heimlich hofft Nina auf einen Star, aber als die Prominenten endlich kommen, machen sie sich nach fünf Stunden Essen, Trinken und Small talk schon fast wieder auf den Weg in ihr Hotel.

»Da ist Patrick«, sagt Nic plötzlich. Nina weiß nicht, wen er meint. Es stehen zu viele Menschen herum.

»Wo?« flüstert sie.

»Dort drüben!« Nic wirkt gereizt. Nina erkennt ihn noch immer nicht. Sie hat ja auch keinen Anhaltspunkt. Ist er groß? Dick? Blond?

Dann weiß sie es. Lea löst sich aus einer Gruppe Menschen und geht auf einen blonden Hünen mit struppigen Haaren zu. Herzliche Umarmung, Bussi links und rechts, Gelächter.

Nina spürt, wie Nic sauer wird.

Warum sind sie bloß nicht schon vor zehn Minuten gegangen! Da war er gelöst, charmant und witzig, fast schon übermütig. Jetzt dämmert ihr, warum. Er hat geglaubt, Patrick käme nicht mehr. Sei vielleicht nicht eingeladen. Oder verhindert oder hätte Lea vor die Füße gespuckt oder ihren Mann beschimpft oder säße im Gefängnis, oder, oder, oder – alles, überall hätte er sein können, bloß nicht hier.

Schöner Mist!

Sie muß Nic sofort aufheitern, sonst ist die Nacht gelaufen!

»Der ist doch noch viel zu jung«, setzt Nina an, »der sieht ja aus wie frisch von der Filmhochschule. Nie und nimmer gibt Lea ihm den Film!«

»So, meinst du?« Nic schaut sie zweifelnd an.

»Vielleicht findet sie ihn nett, einfach so, oder sie schläft mit ihm, wie man mit einem Regisseur eben so schläft, oder sie hat ein anderes, ein kleineres Projekt für ihn...«

»Schon recht. Ich glaube, für heute reicht's. Wir werden ja sehen, was kommt! Gehen wir?«

Er wartet nicht auf eine Antwort, sondern steuert auf den Ausgang zu. Nina läuft neben ihm her. »Verabschiede dich wenigstens von ihr! Das ist wichtig! Bedanke dich für die Einladung!«

»Ich habe mich schon bedankt, und ich mach mich doch nicht zum Trottel!«

»Aber sie wird dir Patrick vorstellen. Vielleicht kommt ihr ja ganz gut miteinander aus – möglicherweise ergibt sich etwas!«

Was, weiß sie auch nicht, aber man weiß ja nie!

»Verzichte, danke!«

O nein! Nina steht neben ihm und wartet auf ein Taxi. Nic schmollt, Nina versucht es noch einmal: »Nic, hör doch. Es ist doch noch überhaupt nichts entschieden! Es gibt ein Gespräch, hat sie gesagt...«

»Laß uns das Thema wechseln, Nina. Was macht dein Job?«

Das ist das letzte, worüber sie jetzt reden will. Aber sie will ihn auch nicht noch mehr verärgern, also erzählt sie etwas, obwohl sie weiß, daß er überhaupt nicht zuhört.

»Erinnere mich nachher noch bitte, daß ich Gabriel anrufe. Ich muß wissen, wie es ihm heute ergangen ist!«

Einen Teufel werde ich tun, denkt Nina. Fragt denn zufälligerweise jemand, wie es ihr ergangen ist?

Ihr Taxi fährt vor. Nic hält ihr zwar die Tür auf, aber Nina ist selbst schon dabei, ihre gute Laune zu verlieren, die kleine Geste bringt ihr nun auch keinen Kick mehr. Sie setzt sich hinein und schaut gedankenverloren nach draußen, während Nic auf der anderen Seite einsteigt. Als das Taxi schon anfährt, greift sie plötzlich aufgeregt nach Nics Hand. »Mein Gott, schau! Siehst du die beiden, die eben zur Tür herauskommen?« Nic beugt sich zu ihr hinüber, Nina klebt an der Scheibe, der Taxifahrer gibt Gas. »Stopp!« Es rutscht Nina fast hysterisch heraus. »Stopp! Halten Sie kurz an, bitte!«

»Was ist denn los?« Nic schaut sie verwundert an.

»Nicht zu fassen!« Nina deutet auf ein Pärchen, das eben Hand in Hand und immer wieder Küsse austauschend auf ein weiteres Taxi zusteuert. »Das ist unser Chefredakteur Carstens.

Mit diesem Luder Alissa! Verstehst du? Alissa! Wegen der habe ich meinen Job verloren!« Nina beobachtet die beiden, wie sie eng umschlungen in das Taxi hinter ihr steigen.

»Kann ich jetzt weiterfahren?« Der Fahrer dreht sich nach ihr um, »sonst stehe ich meinem Kollegen nämlich im Weg!«

»Ja, ja, bitte!« Nina läßt das hintere Taxi nicht aus den Augen. »Nicht zu fassen! Der Kerl ist doch verheiratet!«

»Wahrscheinlich nicht mehr lange!« Nic hat sich in die Rücklehne sinken lassen, mustert sie belustigt.

Nina wirft ihm einen schnellen Seitenblick zu. »Kehrt deine gute Laune jetzt etwa zurück?«

Er grinst. »Es scheint fast so. Muß an der Tragikomödie liegen!«

Die beiden Taxis fahren ein Stück weit hintereinander her, dann biegen sie an einer großen Kreuzung in verschiedene Richtungen ab. Nina hadert mit sich, denn am liebsten hätte sie den Taxifahrer gebeten, den beiden nachzufahren, traut sich aber nicht zu fragen, weil sie Nics Reaktion fürchtet. Sicherlich hätte er so etwas albern gefunden. Von den Kosten ganz abgesehen.

Sie blickt schnell auf den Taxameter. Auch ohne Verfolgungsjagd sind sie bereits bei 25 Mark. Sie fahren den Kudamm entlang. Nina schaut in die hell erleuchteten Auslagen der Geschäfte und sieht nichts.

Was hat das alles zu bedeuten? Hat Carstens Alissa in den Sender gelotst, oder hat Alissa ihn da erst kennengelernt? Ist Sven, ohne es zu ahnen, der Spielball der beiden, oder hat Alissa Sven benutzt, um an Carstens heranzukommen?

Sie muß morgen sofort Birgit anrufen. Oder noch besser Elke. Die brechen zusammen! Bei dem Gefeixe wäre sie gern dabei!

»Magst du mit mir an der Bar noch einen Absacker trinken?« reißt Nic sie aus ihren Gedanken.

»Bitte?« Nina schreckt auf. Jetzt hat sie doch beinahe vergessen, daß sie neben ihrer großen Liebe sitzt. Und überhört, daß er sie zu einem Schlummertrunk einladen will. Nomen est omen. Was Alissa kann, kann sie auch. Das wäre doch gelacht! Sie nickt ihm freudig zu. »Ja, Whiskey on the rocks!«

»Verträgst du das überhaupt?«

»Wer eine Caipirinha übersteht...«

Nic lacht. Sie sind beim Hotel angekommen, der Taxifahrer verlangt 34 Mark, Nina greift nach ihrem Geldbeutel. Korrekterweise ist sie jetzt auch einmal dran. Nic wehrt lächelnd ab. »Wenn du wieder einen richtigen Job hast, gern. So lange bezahle ich!«

Obwohl es sie auf der einen Seite freut, gibt es ihr auf der anderen aber auch einen Stich. Klar, im Moment ist sie in der Medienwelt nichts wert. Wer will sich da schon mit einer Aushilfsbedienung brüsten. Sie muß nach oben! Das ist klar. Unklar ist bloß, wie!

Die Bar ist spärlich besetzt, die leise Klaviermusik kommt vom Band, der Barmann gähnt verhalten. Nina klettert auf einen der hohen Barhocker, Nic bleibt stehen und bestellt ihr tatsächlich einen Whiskey. Nina hat das eigentlich nur so aus einer Laune heraus gesagt, aber jetzt ist es auch recht. Vielleicht betäubt das das jämmerliche Gefühl der Erfolglosigkeit in der Magengegend.

Für sich bestellt Nic einen Cuba Libre und stößt mit ihr an.

Sie schaut ihm in seine tiefen, dunklen Augen und möchte vor Weltschmerz vergehen.

»Ist was mit dir?« Nic schaut sie fragend an.

»Ich weiß auch nicht!«

»Ich denke, ich bin derjenige, der schlechte Laune hat. Was willst du damit?«

Sie zuckt unbestimmt die Achseln.

»Entschuldigst du mich mal kurz?«

Der unvermeidliche Griff zum Telefon? Nina fragt nicht, sie schaut ihm nach, wie er in Richtung Toilette geht.

Es könnte so einfach sein, so leicht. So schön, so herrlich, so unbeschwert.

Und es ist nur kompliziert und ein Lügengespinst aus Halbwahrheiten, Äußerlichkeiten und Versteckspiel.

Sie seufzt aus tiefem Herzen und mustert die vielen Flaschen ihr gegenüber vor der Spiegelfläche und dazwischen, leicht verzerrt, ihr Gesicht. Sie starrt sich eine Weile direkt in die Augen, dann stellt sie plötzlich fest: Sie ist eine Nachtschönheit! Gedämpftes Licht bekommt ihr gut. Ihre Augen wirken groß, der Mund erotisch, die schwarzen Haare umrahmen einen geheimnisvoll blassen Teint. Sie hat keinen Grund, wehmütig zu sein.

Sie ist mit Nic in einem tollen Hotel, sie sieht gut aus, sie verdient Geld. Der Rest wird sich zeigen.

Nic kommt zurück. Nina blickt ihm entgegen.

Sie wird ihn irgendwann ihren Eltern vorstellen müssen. Und Karin. Sonst stehen die plötzlich überraschend an der Tür. Besser, sie behält die Dinge in der Hand.

»Noch einen?« Er deutet auf das leere Glas in ihrer Hand.

Nina nickt und stellt es ab. »Klar, laß uns die Nacht in Berlin feiern!«

»So gefällst du mir besser!«

»Ja, danke, ich mir auch!«

»Was stellen wir noch an?« Er zieht einen kleinen Snackteller mit Kartoffelchips und Erdnüssen näher heran.

»Wie meinst du das?« fragt Nina mißtrauisch, denn sie sieht seine nächtlichen Ausflüge in Brasilien vor sich. Heute weiß sie natürlich, wo er war, und heute weiß sie auch, weshalb er in Rio kein Interesse an gewöhnlichen Nightclubs hatte. Aber diese Erkenntnis beruhigt sie keine Sekunde lang. Im Gegenteil. Zehn Huren wären ihr lieber gewesen als ein Gabriel.

Und selbst Suzanna hätte sie im Vergleich direkt himmlisch gefunden!

»Wieso?« fragt sie noch eimal. »Willst du noch weg?«

»Ich?« Er schaut sie breit lachend an. »Glaubst du etwa, ich würde dich hier allein sitzen lassen?«

Sie zögert. Soll sie jetzt etwa ehrlich sein?

»Oder willst du schon ins Bett?« hakt er nach.

Hätte er das gern, damit er sich davonmachen kann?

»Nein, überhaupt nicht!« Nina schüttelt entschlossen den Kopf. »Ich bin noch putzmunter!«

»Hättest du Lust, mit mir in eine Schwulenkneipe zu gehen?« Er beugt sich nahe zu ihr. Sie atmet seinen Duft tief ein, dieses Gemisch aus warmer Haut, Seife und Eigengeruch, das in der kleinen Ebene zwischen seinen Brustmuskeln, unter den gekringelten schwarzen Haaren, entsteht und aus seinem Hemdkragen direkt zu ihr strömt. Keiner duftet so unverwechselbar wie Nic. Noch nie hat sie einen Mann so gern gerochen wie ihn. Sie könnte sich mit der Nase unter sein Hemd bohren und sich nur noch von seinem Duft ernähren.

»Nun?«

Nina sammelt sich. Was hat er da gesagt? »Schwulenkneipe?«

Das war etwas zu laut geraten, aber Nic scheint es nicht weiter zu stören.

»Hier in der Nähe gibt es eine, die gar nicht schlecht sein soll. Wir könnten sogar zu Fuß gehen!«

Eine Schwulenkneipe, die nicht schlecht sein soll. Woran mißt man, ob so eine Kneipe gut oder schlecht ist? Am Ambiente? An den Getränken? Am Publikum? An besonderen Darbietungen? Sie hat keine Ahnung, aber sie nickt entschlossen. »Klar! Machen wir!«

Ätsch, Gabriel, das hättest du dir auch nicht träumen lassen, daß ich mit deinem Freund in eine Schwulenkneipe gehe. Ich!!!

Nic bezahlt und holt die Mäntel. »Und morgen gehen wir einkaufen!«

»Einkaufen? Was brauchst du denn?«

»Da du deine Cocktailkleider alle in Köln gelassen hast, brauchen wir doch vielleicht ein zweites zum Wechseln, oder meinst du nicht?«

Sie lacht. »Ja, tatsächlich, das ist ein Problem!«

»Keines, das nicht zu lösen wäre.« Er reicht ihr den Mantel.

Nina ist enttäuscht. Sie hat sich die Kneipe irgendwie verrucht, ausgefallen und schrill vorgestellt, dabei ist es eine völlig normale Bar. Sie ist recht gut besucht.

Bei ihrem Eintreten schauen sich einige Leute nach ihnen um, und Nina will besorgt von Nic wissen, ob sie nicht vielleicht störe.

Nic sieht aber kein Problem. »Wir bleiben nicht allzulang!«

Einen weiteren Whiskey möchte Nina sich nicht zumuten, am besten überhaupt keinen Alkohol mehr, sie bestellt einen Tomatensaft.

»Schön scharf?« fragt der Typ hinter der Theke und blinzelt ihr zu.

»Ja, bitte«, sagt Nina verunsichert. Was kann ein Schwuler mit »schön scharf« meinen?

Nic schaut sich um. Klar. Vielleicht möchte Nic sie heute nacht ja austauschen. Biete Lady gegen Liebhaber. Aber für den Fall hätte sie dann ihre stärkste Waffe in petto: Gabriel! Da könnte sie ihm dann gleich eine kleine Moralpredigt über Treue halten und ihm erklären, daß die beste Möglichkeit, dem allem zu entgehen, doch die sei, bei ihr im Bett zu liegen!

Sie grinst vor sich hin. Der Barkeeper grinst auch.

Nina schaut woanders hin.

»Na«, sagt Nic, »gefällt's dir?«

»Ja, interessant!«

»Ihr Tomatensaft!« Sie dreht sich zur Theke um, der Barkeeper, jung, blond, helläugig, lächelt ihr zu. »Auf Ihr spezielles Wohl, Madame!«

Nina greift schnell nach dem Glas und wendet sich dann Nic zu. »He! Mit dem stimmt was nicht!«

»Wie?« fragt Nic, aus seinen Betrachtungen aufgeschreckt. »Macht er dich an?«

»Sieht so aus!«

»Dann wird er wohl hetero sein!«

Ach so, ja. Das gibt's ja auch noch!

Nach einer Stunde wird es ihr langweilig. Der Barmann ist trotz Interesse an einer weiblichen Person nicht nach Ninas Geschmack, und auch Nic scheint nichts gefunden zu haben, wofür sich ein weiterer Drink lohnen würde.

»Was hältst du von einem kleinen Abendspaziergang ins Bett?«

O ja!

»Sehr viel!«

»Na, denn!«

Eine halbe Stunde später sind sie in ihrem Zimmer. Nina steht vor dem Himmelbett. »Richtig was für Verliebte«, sagt sie.

»Nun, heute nacht muß es eben mit uns vorlieb nehmen.« Nic wirft achtlos sein Jackett und seine Krawatte aufs Bett. »Willst du heute mal zuerst ins Bad?«

»Wenn du dich umdrehst, während ich mich ausziehe?« Man muß Männer neugierig machen, hat Karin, die es kraft ihrer Erfahrung ja wohl wissen muß, mal gesagt.

»Mit oder ohne Augenzuhalten?« fragt Nic denn auch amüsiert.

»Wenn du's ohne aushalten kannst...«, sagt sie und versucht zu klingen wie Lale Andersen.

Nic lacht. »Ich kann ja so lange den Fernseher einschalten, dann fällt's leichter.«

Tatsächlich. Er setzt einen profanen Krimi gegen die Chance, ihre volle Weiblichkeit mitzuerleben.

Auf der anderen Seite hätte er ohne Krimi sicherlich bemerkt, daß ihre Auswahl an tollen Bodys mindestens so begrenzt ist wie die Auswahl an Cocktailkleidern. Aber eigentlich fände sie es auch viel reizvoller, einen neuen Body mit ihm zu kaufen. Nina überlegt. Schecks hat sie dabei. Aufgefüllt hat sie das Konto in letzter Zeit auch. Warum also nicht? Schwule stehen doch auf schöne Unterwäsche!

Nina duscht schnell und überläßt dann Nic das Bad. Sie kuschelt sich in ihr Himmelbett und genießt den Luxus, darin zu liegen. Der Film ist spannend, das Federbett leicht und warm, im Badezimmer plätschert das Wasser. Der Flug morgen geht erst gegen Mittag, sie haben also genug Zeit zum Ausschlafen und Einkaufen. Sie lächelt zufrieden.

Nic kommt aus dem Bad. Wie immer reagiert ihr Körper trotz des falschen Alarms sofort und stellt aufgeregt alle Härchen auf. Nina bemüht sich, nicht hinzusehen, aber es ist einfach zu verlockend. Seine männlich breite Brust mit der Duftinsel, die schmalen Hüften mit dem Ausrufezeichen mittig auf seinen frischen, weißen Shorts und die Oberschenkel mit den breiten Muskelsträngen über den Knien. Und dann noch die kräftigen Unterarme und der knackige Po und alle Kriterien für eine nächtliche »never ending story« sind erfüllt, denkt Nina und hält in ihren Gedanken inne. Von irgendwoher dringt ein Stöhnen. Erst leise, dann laut und fordernd. Ein Bett quietscht. Nic rutscht gerade auf seiner Seite unter die Decke, aber das kann es nicht gewesen sein. Da! Im Fernseher! Ausgerechnet! Eine Frau wälzt sich mit einem Mann ekstatisch über ein Bett, alles, was Mann und Frau ausmacht, ist bestens zu sehen. O Gott, wie peinlich! Und das ausgerechnet hier, vor ihren Augen.

Sie wirft Nic einen Blick zu. Er scheint damit kein Problem zu haben. Im Gegenteil. Interessiert schaut er sich die Szene an, also schaut sie auch wieder hin. Wenn ihn die zwischengeschlechtlichen Verrenkungen der beiden tatsächlich anmachen, muß sie das ausnutzen.

»Soll ich noch eine kleine Flasche Champagner für uns aufmachen? Ich geb einen aus!« sagt sie hoffnungsfroh und beschließt, dafür morgen auf den Kauf des Bodys zu verzichten.

»Ja? Wenn du willst!«

Nina springt behende unter der Decke hervor, erleichtert die Minibar um eine halbe Flasche Moët, sich selbst um siebzig Mark, angelt zwei Champagnergläser aus dem Glasschrank und setzt sich damit aufs Bett.

Nic streckt die Hand aus. Meint er mich?

»Gib sie mir!« Nina reicht ihm die Flasche, er öffnet sie fachmännisch mit einem leisen »Plopp!«. Im Schneidersitz setzt sie sich neben ihn, hält die beiden Gläser hin.

»Dein Body ist wirklich sehr verführerisch!« Nic betrachtet sie von oben bis unten.

Jetzt, jetzt, jetzt! Ich kann ihn auch ausziehen!

»Ja, findest du?«

»Doch! Dein Busen kommt klasse zur Geltung. Beachtlich!«

Sie stoßen an, Nina hält die Luft an und zieht den Bauch ein.

Nic nimmt einen tiefen Schluck. »Ah, das tut gut. Und jetzt Liebe! Nein, besser noch: Sex!«

Nina wird fast ohnmächtig, um ein Haar hätte sie ihren Champagner verschüttet. Das ist der Moment! Jetzt muß sie handeln! Initiative ergreifen, schließlich ist sie eine moderne Frau. Sie stellt das Glas schnell ab, dreht sich nach ihm um.

»Die müssen eine Fingerkamera eingesetzt haben«, sagt er und deutet zum Fernseher. Nina verharrt in der Bewegung. »Bitte?«

»Na klar! Anders ist das nicht zu machen. Mit einer Fingerkamera kannst du aus einer Schachfigur ein Hochhaus machen!«

»Ein Hochhaus?«

»Ja. Du kannst die Perspektive eines Käfers einnehmen. Hast du schon mal mit einer Fingerkamera gearbeitet?«

Nina starrt blicklos auf den Fernseher. »Nein, noch nie!« sagt sie und wundert sich, daß sie überhaupt noch einen Ton herausbekommt. Liebe! Sex! Fingerkamera! Sie muß von allen guten Geistern verlassen sein.

In einem Zug trinkt sie ihr Champagnerglas aus. Siebzig Mark für ein Gespräch über eine Fingerkamera! Die nächste Fingerkamera, die ihr über den Weg läuft, bringt sie um!

»Komm, laß uns schlafen.« Nic wartet auf ihre Zustimmung und schaltet dann den Fernseher aus. Und nie mehr aufwachen, denkt Nina und rutscht unter ihre Decke. Aber dann legt Nic, wie selbstverständlich, seinen Arm um sie, und an sie gekuschelt schläft er ein.

Wie Hänsel und Gretel, denkt Nina. Und plötzlich erinnert sie sich an den Blick, den Suzanna ihnen zugeworfen hat, als sie Nic und Nina zu der Wahrsagerin gelotst hat. So, als stecke sie Brüderchen und Schwesterchen gemeinsam in die Badewanne.

Klar, Suzanna hat es gewußt.

Dieses junge Gör hat gewußt, daß Nics Interesse keiner Frau galt.

Und hinter dem Bus im Tijucawald haben sie tatsächlich nur gescherzt und gelacht! Nic hatte eine Verbündete, selbst wenn er sich nachts vom Taxi irgendwo absetzen ließ. Und möglicherweise hat sie ihm auch noch die heißen Adressen besorgt.

Nina, du warst einfach zu blöd! Viel zu blöd!

Nina schüttelt den Kopf über ihre Einfältigkeit.

Und was hast du davon?

Jetzt mußt du dir deinen Traummann doch zurechtträumen. Zurechtträumen!

Sie glaubt, den Tonfall ihrer Mutter zu hören, und schläft dabei ein.

DER PLAN

Vor Gabriel breiten sie ihre neuen Schätze aus: Nics Freundschaftskauf und Ninas Frustkauf.

»Très chic!«

Er hält erst Ninas neues Cocktailkleid hoch, dann ihren tief ausgeschnittenen Body. »Führ uns das doch mal vor!«

Das ist Nina nun auch schon egal. Ob sie hier zugeknöpft im Wintermantel durch die Wohnung schreitet oder fast nackt, bleibt sich doch wirklich gleich.

»Was zuerst?« fragt sie sachlich.

»Zuerst den Body, dann das Kleid!«

Typisch, denkt sie. Jeder andere hätte das andersherum sehen wollen.

Sie verschwindet ins Badezimmer. Der Body ist hauchzart, aus feinen dunkelblauen Spitzen, am Busen und im Schritt durch gleichfarbene Seide verstärkt. Er macht ein langes Bein, durch den schräg geschnittenen Slip eine superschmale Taille und einen vollen Busen.

Sie nickt ihrem Spiegelbild zu. Dann schaut sie vorsichtig nach ihren Oberschenkeln.

Na ja, sie weiß, daß da einige Zellen gegen ihren Schönheitssinnn arbeiten. Wirklich zu sehen ist es aber nicht. Solange sie dort keiner kneift, kann sie es riskieren.

Einige Bürstenstriche durchs Haar und etwas Lippenstift, und sie ist bereit zum Auftritt.

Als sie aus dem Badezimmer kommt, sitzen Nic und Gabriel

auf dem roten Sofa in der großen Diele. »Klasse!« Sie klatschen Beifall.

Nina geht einige Schritte nach links, dann nach rechts, sie wiegt sich in den Hüften, dreht sich um die eigene Achse und geht dann wieder ins Bad zurück.

Dann zieht sie Strümpfe an, stellt ihre hohen Schuhe parat und schlüpft in das schwarze Rohseidenkleid, das ihr Nic am Vormittag unter den neidischen Blicken einer Verkäuferin in einer Edelboutique gekauft hat. Die hatte ihr offensichtlich den schönen, spendablen Nic mißgönnt – was Ninas Selbstbewußtsein erheblichen Auftrieb gab.

Das Kleid ist sehr schlicht geschnitten, hat einen schrägen Ausschnitt und eine schmale Taille. Es wirkt edel und sexy zugleich.

Nina geht hinaus.

»Spitze!« sagt Gabriel. »Und mit so einer tollen Frau darfst du immer ausgehen? Du bist zu beneiden!«

»Ja«, bestätigt Nic, »finde ich auch!«

Nina behält es gleich an, denn Nic hat erklärt, zur Feier des Tages selbst zu kochen. So verbarrikadiert er sich jetzt in der Küche, Nina und Gabriel decken den Tisch und setzen sich anschließend mit einem Aperitif abwartend ins Wohnzimmer.

Gabriel erzählt von seinem kleinen Dreh und dem Wunsch nach mehr. Nina kann ihn gut verstehen, aber sie will noch etwas anderes wissen. Hatte Nic noch nie eine Freundin? War er schon in der Pubertät homosexuell?

Gabriel überlegt. Er selbst war, bevor er Nic kennengelernt hat, hetero. Aber Nic hat nie von einer Freundin erzählt. Von Freunden, ja, aber von keiner Frau.

»Du warst hetero? Und von heute auf morgen schwul? Ist denn so etwas möglich?«

Gabriel sitzt ihr gegenüber, dreht sein Glas. Seine schwarzen Haare glänzen, seine ebenmäßigen Zähne schimmern, als er jetzt breit lacht. Er ist wirklich eine Schönheit, denkt Nina. Er wirkt stets wie direkt vom Titelblatt eines französischen Modemagazins. Fast unwirklich, fürs reale Leben nicht zu gebrauchen.

Nina versucht sich Gabriel an der Seite einer Frau vorzustellen. Es gelingt ihr nicht. Er ist fürs wirkliche Leben einfach zu schön.

»Ich hatte eine Beziehung mit einer Frau. Sogar recht lange. Meine Neigungen habe ich erst erkannt, nachdem mir Nic begegnet ist!«

Ach, nein! Das kommt ihr bekannt vor.

Ist sie nicht auch Nic hinterhergelaufen wie die Kinder dem Rattenfänger von Hameln? Anscheinend marschieren sie bei ihm im Troß.

»Und du?« will er wissen. »Warst du jemals mit einer Frau zusammen?«

»Ich???« entfährt es ihr entsetzt. Nina braucht einige Sekunden, um darüber nachzudenken. Aber eigentlich ist es überhaupt nicht abwegig. Jedenfalls weniger abwegig, als einen Schwulen bekehren zu wollen, der einen Heterosexuellen zum Schwulsein bekehrt hat. »Nein, ich... mir fehlte bisher... der Wunsch. Oder die Gelegenheit. Oder die richtige Frau. Oder was weiß ich. Aber eigentlich glaube ich, daß ich es nicht will!«

»Dachte ich früher auch!«

Gabriel schenkt die Gläser nach.

Vielleicht wäre es leichter, Gabriel zu bezirzen, denkt Nina. Aber sie will keinen Mann auf Händen tragen, sie will selber getragen werden. Sie braucht keine Diva, sondern einen Macher. Den hat sie in Nic. Und Gabriel auch.

Es ist sinnlos.

So nett Gabriel auch ist, aber er muß weg!

»Achtung, ich komme!« Nic stürmt mit schnellen Schritten zur Tür herein, eine Auflaufform zwischen zwei riesigen Topflappen haltend. »Ich brauche einen Untersetzer, schnell, schnell, heiß, heiß!!«

Gabriel stülpt rasch einen Teller um, Nic stellt seine Schüssel aufatmend ab. »Donnerwetter, das war knapp!«

»Was ist es denn?« Neugierig späht Nina in die Form.

»Lasagne!« Stolz legt sich Nic eine weiße Serviette über den Arm und schaut in die Runde.

»Selbstgemacht?« Nina staunt.

»Nie und nimmer!« Gabriel zieht die Augenbrauen hoch.

»Du zweifelst an mir?« Nic droht mit dem Messer.

»Nein, an der Lasagne!«

»Schneid schon auf, ich bin hungrig!« Nina hält ihren Teller hin.

»Na ja, gut!« Nic schneidet ein großes Stück heraus. »Ich geb's zu, sie war fertig. Aber heiß gemacht habe ich sie ganz allein!«

Zu Ninas Entsetzen scheint er im Laufe der Stunden noch ganz andere Dinge heiß zu machen. Sie verzichtet, Gabriels Gesundheit zuliebe, vorm Zubettgehen auf ihre spezielle Schlummertrunkmischung, bereut es aber die halbe Nacht hindurch. Denn ganz offensichtlich erfreut sich Nic an seinem wachen Partner. Nina hält sich auf ihrer Matratze die Ohren zu und zermartert sich das Hirn nach einer Lösung.

Es fällt ihr nichts ein.

Freiwillig wird er nicht gehen. Sie muß ihn zwingen.

Aber wie?

NINAS IDEE

Am Montag ist die Hölle los in Ninas Bistro. So voll war es noch nie. Nur gut, daß sie nun schon Übung hat, sonst hätte sie kapituliert. Alle Tische sind bis auf den letzten Platz besetzt, und an der Tür warten Gäste auf einen freien Stuhl. Es ist kaum noch ein Durchkommen, und Nina hat panische Angst, irgendwann einmal mit den vollen Tellern angerempelt zu werden oder über etwas zu stolpern. Einmal Hühnersuppe in den Anzug und Salat ins Dekolleté, bitte sehr! Macht sechs Mark Trinkgeld, den Rest können Sie behalten!

Zwanzig Minuten vor zwei ist sie erschöpft und hat nur noch Zahlen im Kopf, da geht die Tür auf. Egal, wer jetzt noch kommt, der Laden ist geschlossen!

Es ist Rosa Heckschneider.

»Frau Heckschneider! Sie? Hier??«

Sie trägt eine Baskenmütze keck auf den weißen Haaren und einen dicken Lammfellmantel mit hellem Kragen. Mit ausgestreckter Hand geht sie auf Nina zu. »Schön, daß ich Sie gefunden habe!«

»Wie haben Sie das denn geschafft?« Nina kommt hinter dem Tresen vor und schüttelt Rosas Hand.

»Nun, über Ihren Freund Nic. Ganz einfach. Ich habe ihn angerufen. Und den Auftrag habe ich von Ihrer Mutter, die sich Sorgen macht.«

»Ach nee! Aber wollen wir uns nicht setzen?« Sie deutet auf die eben abgeräumten Tische.

»Haben Sie nicht schon geschlossen? Auf dem Schild an der Tür…«

»Jetzt nicht mehr! Möchten Sie etwas essen? Hühnersuppe dürfte noch da sein. Rindsrouladen und überbackener Blumenkohl sind allerdings aus!«

Anna taucht aus der Küche auf. Offensichtlich will sie nachschauen, wer kurz vor zwei noch den Betrieb aufhält.

»Familie!« erklärt Nina kurz, und Anna nickt.

»Wir haben sowieso noch zu tun. Suppe ist noch übrig. Wollt ihr was?«

Rosa Heckschneider gibt sich geschlagen, und Nina schließt sich an.

Sie löffeln zunächst beide schweigsam, dann fangen sie gleichzeitig an zu reden.

»Warum macht sich Mutti Sorgen?«

»Weil Sie so selten anrufen, und sie glaubt, daß das ein schlechtes Zeichen sei!«

»Mütter!«

»Sagen Sie das nicht so abwertend!«

»Das war nicht abwertend, sondern liebevoll!«

»Ach so!«

Nina verzieht das Gesicht und pustet auf ihren Löffel. »Und? Was gibt's Neues?«

Rosa Heckschneider tupft sich den Mund sorgsam mit der Serviette ab. »Im Bayerischen Rundfunk könnte sich etwas für Sie ergeben. Aber das braucht noch etwas Zeit. Ich habe dort mit einem Bekannten, einem Redakteur, gesprochen. Er ist jetzt allerdings drei Wochen auf Dienstreise. Muß man abwarten!«

»Oh, das wäre ja fabelhaft! Großartig!«

»Aber Sie sehen schlecht aus, wenn ich das mal so sagen darf!« Rosas flinke, kleine Wieselaugen mustern sie.

»Ich bin eine Nachtschönheit. Ich sehe am Tag immer schlecht aus!« Nina tätschelt sich leicht die Wangen.

»Sie sind unglücklich. So sehen Sie jedenfalls aus. Schon wieder! Oder – immer noch?«

Was soll sie ihr bloß sagen? Nina schaut schnell nach Anna. Sie ist außer Hörweite. »Nun, mein Traumjob ist das hier nicht gerade!«

Rosa schweigt kurz, dann fragt sie langsam: »Ist es nur das? Oder ist vielleicht etwas mit der neuen Liebe? Oder gibt es Krach mit der alten?«

Nina schüttelt vehement den Kopf. Und während sie den Kopf schüttelt, sieht sie plötzlich ein Bild vor sich. Gabriel. Gabriel in Hochglanz, so wie sie ihn vor ihrem inneren Auge immer sieht.

Daß ihr das nicht gleich eingefallen ist!

»Aber es ist toll, daß Sie da sind«, beginnt sie hastig. »Kennen Sie sich mit Produktionsfirmen in Amerika aus?«

»In Amerika? Wollen Sie denn jetzt plötzlich nach Amerika?« Sie schiebt ihren leeren Teller zur Seite.

Nina zögert. »Ich möchte etwas ausprobieren. Einfach mal hinschreiben!«

Rosa Heckschneider überlegt. »Nun, Initiative jeglicher Couleur erscheint mir begrüßenswert! Ich schicke Ihnen eine Aufstellung. Alle habe ich nicht, aber einige!«

»Das ist ja wunderbar!« Nina wäre ihr am liebsten um den Hals gefallen.

»Und sonst geht es Ihnen wirklich gut?«

»Es gibt nicht den geringsten Grund, sich Sorgen zu machen. Ich bin nur etwas blaß vor lauter Glück!«

Zurück in der Wohnung, läuft Nina als erstes zum Telefon und spricht lange mit ihrer Mutter.

Seitdem sie einen Ausweg entdeckt hat, fällt ihr das Schwindeln leichter. Bald wird es sich ja ändern, dann kehrt sich alles in die reinste Wahrheit.

Danach ruft sie Elke an.

Auf dieses Zuckerstück hat sie sich bereits den ganzen Sonntag und den ganzen Morgen gefreut.

»Hey, Kleine! Wie geht's dir denn bei den Bajuwaren? Laß dich doch mal wieder sehen!« Dem Tonfall nach scheint sich Elke ehrlich über ihren Anruf zu freuen.

»Bist du gerade allein in der Redaktion?«

»Bis auf Sarah und Sabrina schon…«

Beide wissen, was sie meint.

»Ist die besagte Person schon zur Abteilungsleiterin befördert worden?«

Ein sprachloses »Was??« bringt Nina zum Lachen. Sie erzählt Elke von ihrer Berliner Beobachtung, und sie sieht förmlich, wie sich Elke die Hände reibt. »Sie wird mit Carstens' Hilfe Sven stürzen. Meinst du das?«

»Könnte man so sehen.«

Elke lacht. »Dabei hat Sven sie geholt. Das steht jetzt zweifelsfrei fest. Er hatte mit ihr ein Tête-à-tête der heftigeren Form, wenn du verstehst, was ich meine!«

»Also war sie die rothaarige Dame bei der Karnevalssitzung selbst!«

»Denkbar!« Elke lacht. »Nein, zu köstlich! Jetzt hat sie unserem Sven das kleine Mädchen vorgespielt, bis sie ihn in der Tasche hatte, und beim Carstens kehrt sie wahrscheinlich die erfahrene Businessfrau heraus, bis sie Sven von seinem Platz verdrängt hat.« Sie überlegt. »Eigentlich nicht schlecht. Bloß, mit unserer Abteilung wird sie da Pech haben. Sven kann gehen, aber sie nicht kommen! Aber sonst nicht schlecht. Eine Spielerin!« Elke lacht herzhaft. »Da siehst du, was man mit der Kombination aus Doofheit und langen Beinen alles erreichen kann!«

»Bei Männern! Nur bei Männern!«

»Wo denn sonst? Glaubst du, wir fallen auf so eine herein?«

Sie lachen beide. »Grüß mir Sarah und Sabrina. Es war eine schöne Zeit bei euch! Das wollte ich euch noch sagen!«

Gerade als sie auflegt, schließt Gabriel die Tür auf. »Na, hat Hollywood eben angerufen?« fragt er und drückt Nina einen Begrüßungskuß auf die Wange.

»Noch nicht!« Sie grinst. »Hättest du mal ein megageiles Bild von dir? So richtig in Pose auf Glanzpapier? Richtig verteufelt gut?«

»Nackt? Oder wie?«

»Nackt?« Nina geht mit ihm in die Küche. »Hast du etwa Nacktfotos von dir?«

»Noch nicht. Aber du könntest welche machen!« Er wirft Nina, die nach einer Antwort sucht, einen Blick zu. »Ich meine, wenn du megageile Fotos haben willst? Willst du sie nun megageil oder was!?!«

»Nun gut, sagen wir mal modelmäßige Fotos. Okay?«

Er schaut im Kühlschrank nach Eßbarem. »Wozu brauchst du das eigentlich?«

»Eine Überraschung für Nic!«

Zwei Tage später hat Nina Post. Es ist die erste Post mit dieser Adresse. Schön säuberlich mit »Nina Wessel c/o Nic Naumann« beschriftet. Nina beschließt, dieses Kuvert aufzuheben. Es läutet schließlich eine neue Ära ein. Vorsichtig öffnet sie den Brief. Rosa Heckschneider hat ihr zwanzig amerikanische Produktionsfirmen aufgelistet. Gut gelaunt läuft Nina zum nächsten Postamt und eröffnet ein Postfach. Jetzt fehlt nur noch das Foto.

Das serviert ihr Gabriel am Abend. Mit Verschwörermiene drückt er ihr in der Diele ein Schwarzweißfoto in die Hand. Es zeigt ihn stehend in einem dunklen Anzug, sehr elegant, allerdings mit nichts als seiner Haut unter dem geöffneten Jackett. Wenn das den prüden Amis mal nicht zu frivol ist. Aber sie lächelt Gabriel an. Sie kann froh sein, daß die »Überraschung für Nic« nicht herzhafter ausgefallen ist.

Am selben Abend läuft Nina los und gibt zwanzig Bild-vom-Bild-Abzüge in Auftrag. Dann sucht sie sich mit ihrem Laptop einen sicheren Platz, das Badezimmer bei laufendem Wasser erscheint ihr am geeignetsten, und schreibt einen englischen Brief. Während sie nach Formulierungen sucht, beschleichen sie Befürchtungen, daß ihre Aktion möglicherweise etwas naiv sein könnte. Wahrscheinlich stellt sich kein einziger Schauspieler in Amerika mehr direkt bei einer Produktionsfirma vor. Sicher läuft alles über Agenturen. Das wäre dann ihr zweiter Schritt.

Sie beschreibt Gabriels schauspielerischen Lebenslauf, dichtet einiges hinzu, läßt manches weg, zum Beispiel Nic, und unterschreibt in Gabriels Namen. Im Bademantel schleicht sie schließlich hinaus und druckt ihren Brief auf Nics Drucker mit den verschiedenen Adressaten zwanzigmal aus. Jetzt noch die Fotos, dann soll das Schicksal zuschlagen! Sich selbst setzt sie als Absender ein, Gabriels Agentin sozusagen.

Aufgeregt läuft sie fast drei Wochen lang zu ihrem Postfach. Nichts. Langsam, sagt sie sich, so schnell kann es nicht gehen.

Dann kommt die erste Absage. Ein Formbrief. Gut, wenigstens rollt die Geschichte jetzt an. Nina kauft sich einen Aktenordner, um alles säuberlich abzulegen. Damit läuft sie in den fünften Stock, ohne einmal ernsthaft außer Atem zu geraten. Sie freut sich gerade über ihre zunehmende Treppenkondition, da fällt ihr an ihrer Jugendstiltür etwas in Auge. Ein großer Zettel hängt da. Sieht aus wie einer dieser Erpresserbriefe aus dem Fernsehen. Nina liest die aufgeklebten großen Druckbuchstaben: »Eine Frau mit zwei Männern ist unsittlich! Raus mit der Nutte! Gezeichnet: die Hausbewohner.« Sie muß es zweimal lesen, um den Sinn der Botschaft zu verstehen. Dann hätte sie am liebsten laut losgelacht, denn es ist wirklich zu blöd, was da steht. Andererseits weiß sie nicht, wie Nic reagieren wird. Sie sollte ja nur übergangsweise bei den beiden wohnen. Ob eine Hausbewohnerrevolte ein Kündigungsgrund für ihn ist?

Gabriel kommt wenig später ebenfalls nach Hause, Nic führt noch in den Bavaria-Studios Regie. Zu zweit rätseln sie, wer es gewesen sein könnte. Nina kennt die Leute im Haus zuwenig, und auch Gabriel weiß nicht, welche Gesichter zu welchen Namen gehören. »Wenn sie hier schon so moralisch tun, warum wollen sie dann dich wegjagen und nicht einen von uns? Das wäre doch moralisch sauber!«

O ja, o ja, denkt Nina. Kommen ihr die Hausbewohner ungeahnterweise zu Hilfe? Muß sie sich nach Gabriels Auszug bei jedem einzelnen durch Handschlag bedanken? Danke, daß Sie mir Nic geschenkt haben. Danke, danke, danke! Kann sie ihre Amerikaaktion wieder stoppen?

»Aber warten wir mal ab, was noch passiert«, sagt Gabriel und tätschelt seinen Bauch. »Wollen wir zusammen kochen?«

»Ich koche jetzt schon!«

Er lacht. »Nun gut, dann eben Wurst und Brot.«

Sie richten sich gemeinsam eine Wurst-Käse-Platte, nehmen sich ein kühles Bier aus dem Kühlschrank und machen einen Fernsehabend. Aber irgendwann fesselt sie der Film nicht mehr.

Plötzlich will Gabriel von Nina wissen, was sie von Männern hält. Nina überlegt, denn so einfach läßt sich das nicht beantworten. Gabriel ist da direkter. Er empfindet die meisten seiner Geschlechtsgenossen als abartig. Das verblüfft Nina, und so verstricken sie sich in eine Diskussion, die, nur durch die Tagesthemen unterbrochen und zugleich frisch angeheizt, fast bis Mitternacht dauert. Als Nic plötzlich müde in der Tür steht und sich sogleich ins Bett verabschiedet, stellt Nina fest, daß sie ungewollt in die Rolle der Anwältin der Männer geraten ist. Gabriel hat vom primitiven Stammtischwitz über Vergewaltigung bis hin zur Kinderpornographie alles aufgeführt, was er seinem Geschlecht anlasten kann. Nina hat Gegenbeispiele aufgeführt, bei denen Männer gut abschneiden. Mahatma Gandhi gibt sie an. Oder den Atomphysiker Joseph Rotblat, der 1995 den Friedensnobelpreis für seine jahrzehntelangen Bemühungen um die atomare Abrüstung erhalten hat, oder ihren Vater, der ein herzensguter Mann sei. Dann fällt ihr nichts mehr ein. Jesus vielleicht noch.

Ausnahmen, schwächt Gabriel ihre Argumente ab. Schau dir die Masse an. Unterdrücker, Ausbeuter, Ewiggestrige.

»Du siehst ziemlich schwarz!« Nina öffnet ein neues Bier, schenkt die leeren Gläser voll. »Yitzhak Rabin war auch ein großer Mann!«

»Und? Umgebracht! Von...«

»... einem Mann. Ich weiß!«

»Trotzdem habe ich in meinem Leben schon ein paar sehr nette Männer kennengelernt!« Nina prostet ihm zu.

»Klar! Nic und mich!«

Nina lacht schallend.

Als sie eine Stunde später im Bett liegt, kann sie nicht einschlafen. Sie denkt über Frauen nach und über Männer. Warum werden die meisten Gewalttaten von Männern begangen? Warum hat sich dieser archaische Aggressionstrieb bis heute gehalten und bricht in einem Zeitalter, in dem ein Miteinander möglich und vor allem wichtiger wäre als ein Gegeneinander, immer wieder dumpf hervor? Kettengerassel und Drohgebärden. Hatz auf den Schwächeren, der sich sowieso nicht wehren kann. Warum setzt die Beißhemmung nicht ein, wenn sich ein anderer geschlagen gibt, um Gnade bettelt? Warum reizt gerade die Hilflosigkeit eines anderen noch zu verstärkter Grausamkeit?

Was will der beutejagende Urmensch im 20. Jahrhundert? Hat die Evolution einen Fehler gemacht? Die einen fliegen zum Mond, die anderen schlagen sich tot.

Ihr fallen die Schlagzeilen über Brasilien wieder ein. Oder Indien. Dort rutschen Kinder auf Knien über die Straße, weil man ihnen die Sehnen durchgeschnitten hat. Verkrüppelte Kinder betteln besser. In Jugoslawien brachten sich Nachbarn, die als Kinder noch miteinander gespielt haben, haßerfüllt um. Bürgerkriege, Massaker, Amokläufer, Folter bis zur Bewußtlosigkeit, Blut, Blut, Blut. Unter dem Mäntelchen der Gerechtigkeit, der Politik oder der Religion. Irgendeinen Tarnmantel tragen sie immer über ihrem Bärenfell. Ob Kampfanzug, Anzug und Krawatte oder Kaftan, das Resultat bleibt sich gleich und die Antriebsfeder auch: Macht, Geld und Befriedigung.

Irgend etwas muß in der Entwicklung schiefgelaufen sein. Irgendwas muß der liebe Gott bei der Erschaffung des Menschen übersehen haben. Oder er hält gerade seinen Mittagsschlaf bis ins nächste Jahrtausend. Möglicherweise sogar in dem Glauben, der Mensch entwickele sich planmäßig weiter. Dabei ist der Fortschritt nur äußerlich. Tief drinnen schlummern die alten primitiven Verhaltensweisen aus Urzeiten. Ötzi läßt grüßen.

Nina dreht sich auf die andere Seite.

Und die Frauen? Waren jahrhundertelang zu blöd zu erkennen, daß sie auch eine Macht sind. Und sind es in zahlreichen Ländern noch. Beugen sich einer Autorität, die sie nicht gewählt haben, einer Religion, die von Männern für Männer gemacht wurde, einer Kultur, die gegen sie arbeitet. Akzeptieren niedrigeren Lohn bei gleicher Arbeit, haben Deutschland nach dem Krieg Stein für Stein mit den Händen aufgebaut und sind flugs hinter den Herd gekrochen, nachdem die Herren und Meister wieder da waren, mucksten nicht gegen die zu niedrigen Witwenrenten, sahen ihre eigene Hausfrauenarbeit als minderwertig und dadurch sich selbst auch, wehrten sich nie, nahmen alles als gottgegeben, so wie man es ihnen beigebracht hat. Obrigkeitshörig, demütig, selbstlos. Im Himmel gibt's den Lohn dafür. Aber nur, wenn man auf Erden das Maul hält. Und wenn sie es je aufrissen, war es mit männlicher Genehmigung. Bei der Französischen Revolution waren die Weiberröcke unentbehrlich, aber nach dem Siegestaumel wurde jede, die weiterhin auf die Rechte der Frau pochte, ein Fall fürs Fallbeil.

Auch hier hat die Entwicklungsgeschichte versagt.

Aber vielleicht kämpfen der liebe Gott und Allah ja gerade um die Weltherrschaft und haben deshalb keine Zeit, sich um so profane Dinge wie Trauer, Elend und Schmerz zu kümmern.

Nina dreht sich auf den Bauch. Womit sie bei sich selbst angelangt wäre.

Wenn man etwas ändern will, sollte man bei sich selbst anfangen. Das ist zwar ein Spruch ihrer Mutter und war auch nicht unbedingt auf das Weltgeschehen, sondern eher auf ihre pubertären Auswüchse bezogen, aber er erweist sich jetzt vielleicht als brauchbar.

Wer etwas verändern will, sollte bei sich selbst anfangen.

Was will sie verändern? Wo soll sie anfangen?

Nina dreht sich auf den Rücken, schaut zum Fenster hinaus. Ein Flugzeug zieht in großer Höhe vorbei.

Was hinter dieser Schwärze wohl liegt? Was nach dem Leben kommt? Warum wohl jemals ein Einzeller auf die Idee kam, sich weiterzuentwickeln? Alles hätte doch bleiben können, wie es war. Schließlich gibt es den Einzeller heute in seiner Urform auch noch. Worin bestand also die Notwendigkeit?

Mit einem Ruck richtet sie sich auf.

Sie hat in Köln zu schnell kapituliert. Das war der Fehler! Auf dem Rückflug von Rio war sie überzeugt davon, einen anspruchsvollen Film zu machen. Sven hat sie eingeschüchtert, Nic räumte Tânja Tavares' Plädoyer für die Gerechtigkeit gerade mal drei Minuten ein. Dort, in zehntausend Metern Höhe, aber war sie überzeugt davon, daß das Material notfalls für zwei völlig unterschiedliche Filme ausreiche.

Den harmlosen Jugendfilm hat Nic geschnitten. Sie möchte dem Jugendprogramm eine andere Art von Film anbieten. Dazu braucht sie das Material. Dazu braucht sie... Nadine Hahn fällt ihr ein. Die Weiberconnection.

Das ist es, was sie will.

Sie will etwas Sinnvolles tun. Und wenn sie das geschafft hat, stellt sie sich mit dem Streifen bei Mona Lisa vor. Warum nicht? Oder bei einem anderen Magazin mit Inhalt und Anspruch.

Wer verändern will, muß bei sich selbst anfangen.

Ohne Kompromisse!

Langsam läßt sie sich in ihr Kissen zurücksinken. Ein

Gefühl der Ruhe und Zufriedenheit überkommt sie. Endlich sieht sie ihren Weg.

Gabriel hat ihr gutgetan.

Nic studiert beim Frühstück den Zettel der Hausbewohner. Nina beobachtet ihn, während sie die Butterschale auskratzt.

»Völliger Schwachsinn«, sagt er dann und legt das Papier auf die Seite. »Das ist nie und nimmer das ganze Haus. Das ist irgend so ein Kotzbrocken, der im Namen des Volkes spricht!«

»Was sollen wir tun?« Nina bringt es nicht fertig, ihren Auszug so einfach anzubieten. Was, wenn er ja sagen würde?

»Ich hänge einen Brief ans Schwarze Brett, daß sich die Verantwortlichen für diesen Wisch entweder melden oder verpissen sollen!«

Gabriel kommt ziemlich verschlafen zur Tür herein. »Morgen! Habt ihr noch einen Kaffee übrig?«

Nic wirft ihm einen mißbilligenden Blick zu. »Jetzt geht das schon wieder los!«

»Kann ja gar nicht«, sagt Nina spontan und denkt an die Schlaftabletten. Seit Wochen hat sie auf die doch verzichtet.

»Wer mit wem?« Gabriel setzt sich, zieht den Brotkorb mit den aufgewärmten Brötchen heran.

»Kann nicht?« fragt Nic verständnislos.

Nina schaut ihn groß an. »Ja, kann nicht... Kaffee kann nicht übrig sein. Wir haben doch nur vier Tassen gemacht!«

»Das sind ja schwäbische Verhältnisse!« Nic schaut prüfend in die Kaffeekanne. »Kann doch! Zumindest der Kaffee!« Damit wirft er Gabriel einen Blick zu, der Nina aufhorchen läßt. Hat sie etwa vergangene Nacht etwas verpaßt?

Nadine Hahn scheint sich über Ninas Anruf zu freuen, und sie nimmt sich die Zeit, ihr zuzuhören. Aber sie meldet Bedenken wegen der Rechte an. Das Material so einfach für einen eigenen Film zu verwenden geht nicht. Für den Sender schon, aber da müsse sie die Idee erst einmal vorbringen. Fraglich sei, ob so ein Thema kurz nach dem Silvesterfilm über die Jugend in Rio gefragt sei. Selbst wenn der Tenor ein völlig anderer wäre.

Eine andere Möglichkeit wäre, den Film zum Verkauf anzubieten. Wenn Nina einen Sender fände, der Interesse habe, könnte man darüber verhandeln.

Nina bedankt sich. Jetzt gibt's zumindest einmal eine Basis für ihre Zukunft. Gleich nach dem Bistro und dem Postamt wird sie Rosa Heckschneider anrufen.

Aber dann vergißt sie es vor lauter Aufregung: Ein Brief aus Hollywood wartet im Postfach auf sie, und es ist eine Einladung zu einem Casting nach Los Angeles. Nina knicken fast die Beine weg. Nicht zu fassen. Was sie für sich selbst nicht erreicht, macht sie spielend für andere. Vielleicht sollte sie ins Management. Eine Agentur gründen. Schauspieler vermitteln!

Sie geht noch schnell ins nächste Lebensmittelgeschäft und läuft dann mit vollen Einkaufstüten zurück zur Wohnung. Ein leichter Nieselregen hat eingesetzt, der in Schnee übergeht, die Wolken hängen tief, verdunkeln die Stadt. Nina schwitzt, obwohl es schneidend kalt ist, und die schweren Plastiktüten schneiden ihr schmerzhaft in die Finger. Sie beeilt sich, um den Brief mit einem Glas Champagner zelebrieren zu können, und kommt außer Atem an der schweren Haustür an. Nina stemmt sich mit dem Rücken dagegen und drückt sie auf.

Ein Schlag auf den Hinterkopf empfängt sie. Sie spürt noch, wie ihr alles aus den Händen gleitet, wie sie an der Tür hinunterrutscht, dann ist es schwarz um sie.

Als Nina wieder Geräusche wahrnimmt, wenn auch verzerrt und überlaut, und vorsichtig die Augen öffnet, hat sie weder eine Ahnung, was passiert ist, noch, wie lange sie vor der Haustür im Dreck gelegen hat. Langsam richtet sie sich auf. Sie fühlt einen stechenden Schmerz im Hinterkopf. Vorsichtig tastet sie die Stelle ab. Die Haare fühlen sich feucht und klebrig an. Blut. Sie wurde tatsächlich niedergeschlagen. Aber warum?

Langsam richtet Nina sich auf. Dann läutet sie bei Naumann Sturm. Hoffentlich ist überhaupt jemand da. Sie schaut sich langsam um. Kein Mensch weit und breit. Ihre beiden Tüten liegen auf dem Trottoir, die eine zerrissen, aus der anderen sind beim Aufprall die Lebensmittel rausgekullert, die Flasche Champagner ist bis in den Rinnstein gerollt. Allerdings unbeschädigt. Ein Feinschmecker kann der Täter nicht gewesen sein.

Nina spürt ihre Lebensgeister langsam zurückkehren. Dann schaut sie nach ihrem Rucksack. Er ist weg. O Gott, mit ihrem Geldbeutel, ihren Papieren und – viel schlimmer – mit dem Brief aus Hollywood! Woher soll sie jetzt wissen, wo das Casting stattfindet? Für welchen Film? Welche Adresse? Welche Uhrzeit? Welcher Tag? Sie hat vor lauter Freude nicht einmal darauf geachtet, welche der zwanzig angeschriebenen Produktionsfirmen es überhaupt war.

Jetzt schießen ihr die Tränen in die Augen.

Alles umsonst. Es ist wie verhext! Alles geht schief!

»Nina, was ist denn mit dir passiert?« Nic hat von innen die Tür geöffnet, sieht sie fassungslos an. »Bist du verletzt? Brauchst du einen Arzt? Krankenwagen? Du blutest ja! Ich kann kein Blut sehen!«

Nina tastet noch mal ihren Kopf ab. »Kipp mir bloß nicht um«, sagt sie zu Nic. »Es ist so schon schlimm genug!«

Während sie erzählt, was vorgefallen ist, und Nic die Lebensmittel einsammelt, sieht Nina auf der anderen Straßenseite bei den parkenden Autos etwas Dunkles auf dem Boden liegen. Sie geht hinüber, um nachzusehen.

»Wo läufst du denn hin?« In Nics besorgter Stimme liegt die Befürchtung, sie könne die Orientierung verloren haben. Ganz wiederhergestellt ist ihr Gleichgewichtssinn wirklich noch nicht, das ist nicht zu verleugnen. Aber eine leise Hoffnung zieht Nina auf die andere Straßenseite. Und sie hat recht. Neben ihrem eigenen Wagen liegen die Utensilien aus ihrer Tasche. Auch der Geldbeutel und der Brief. Der Rucksack wurde in den Rinnstein geschleudert. Nina atmet tief durch. Gott sei Dank! Als sie sich vorsichtig nach den Sachen bückt, fällt ihr etwas anderes auf. Der Wagen steht direkt auf den Felgen. Alle vier Reifen sind platt!

»Nic!!!«

»Mach langsam, ich komme!«

Bestürzt steht er neben ihr. »Das ist kriminell! Ich rufe jetzt sofort die Polizei, dieser Schweinehund soll mich kennenlernen!«

»Hast du deinen Brief ans Schwarze Brett gehängt?«

»Ja, heute morgen schon!«

»Da scheinst du jemandem auf den Schlips getreten zu sein!«

»Dem trete ich auch gleich noch in die Eier!« Nic hebt den Rucksack auf und sammelt die schmutzigen und fast schon durchweichten Gegenstände auf. Dann hilft er Nina stützend über die Straße. Am Klingelbrett drückt er nochmals Sturm. »Gabriel muß uns helfen!«

Mit einiger Anstrengung sind sie einige Minuten später oben. Gabriel hat Polizei und Hausarzt verständigt, Nina das Sofa gerichtet und einen Baldriantee aufgebrüht. »Das hilft gegen alles«, sagt er, als er ihr eine Tasse serviert.

Am liebsten würde Nina nur schlafen. Sie ist furchtbar müde, und ihre nächtliche Aufbruchstimmung von gestern scheint ihr endlos lange zurückzuliegen. Das stete Pochen im Hinterkopf raubt ihr alle klaren Gedanken. Es ist zentral, stellt Anspruch auf Ausschließlichkeit und läßt keine Konkurrenz zu.

Die Polizisten sind schnell da. Sie schildert den Überfall, dann stellt sie Anzeige gegen Unbekannt, und schließlich muß sie noch in der Geldbörse nachschauen, ob etwas fehlt. Nein, rein gar nichts. Geld scheint der Täter nicht zu brauchen. Papiere auch nicht. Und keinen Alkohol. Nic gibt den beiden den anonymen Zettel mit den aufgeklebten Buchstaben.

Der Hausarzt stellt eine Platzwunde am Hinterkopf fest, tastet die Stelle vorsichtig ab, untersucht, ob ihre Pupillen auf Licht reagieren, und fragt schließlich, ob Nina sich erbrochen habe. Sie verneint. Dann betäubt er den Hinterkopf örtlich mit einer Spritze, rasiert vorsichtig einige Haare ab und näht die Wunde.

»Es sieht nicht nach einem Schädelbruch aus«, beruhigt er Nina. Trotzdem möchte er sie noch gleich mit zum Röntgen nehmen.

Nina fährt mit ihm mit, erfährt nach der Auswertung des Röntgenbildes, daß die Verletzung zwar schmerzhaft, aber nicht ernsthaft sei, und ist schon nach einer Stunde mit dem Taxi wieder zurück. Erschöpft legt sie sich gleich hin und schläft sofort ein.

Nichts auf der Welt ist mehr wichtig. Selbst Hollywood kann warten!

UNFRIEDE

Am nächsten Tag fühlt sich Nina schon wieder besser. Sie fährt zur Nachuntersuchung zu Nics Hausarzt und kommt gegen Mittag mit einem Taxi zurück. Vor dem Haus steht ein Polizeiwagen. Mit einem komischen Gefühl in der Magengrube geht sie durch die schwere Eingangstür und dann die Treppen hinauf. Im ersten Stock stehen einige Leute in einer Gruppe zusammen, vor ihnen zwei Polizisten. Alle drehen sich nach ihr um, als sie jetzt langsam die Treppe heraufkommt. Es sind keine freundlichen Blicke, die sie treffen. Nina liest eher einen Ausdruck von »geschieht ihr gerade recht« oder »wegen der so einen Aufstand« auf den Mienen. Einer der Polizisten nickt ihr zu: »Prima, daß Sie gerade kommen. Darf ich Ihnen meinen Kollegen, Ralf Hoffarth, vorstellen?«

Den Kollegen kennt Nina schon, es ist nun tatsächlich der aus der Einbahnstraße, und er scheint diese Sache zu seiner Sache machen zu wollen.

»Unter diesen Umständen wollte ich Sie eigentlich nicht wiedersehen«, sagt er und reicht ihr die Hand.

»Guten Tag.« Nina grüßt in die Runde, vereinzelt kommt ein leichtes Nicken zurück. »Ich wohne nur übergangsweise bei Herrn Naumann, auf rein kameradschaftlicher Basis. Es gibt also keinen Grund, mich deswegen niederzuschlagen!« Ninas zweites Ich tut sich wieder einmal hervor, die schüchterne, zurückhaltende andere Hälfte lauscht überrascht.

»Es ist ja auch nicht gesagt, daß es einer von uns war!« Ein kugelbäuchiger Mann im langärmeligen Unterhemd schaut sich beifallheischend in der Runde um.

»Es ist aber auch nicht bewiesen, daß Sie es nicht waren!« Ralf Hoffarth zückt einen Notizblock. »Wo waren Sie beispielsweise gestern gegen fünfzehn Uhr?«

»Hier. Ist das verboten, wenn ein rechtschaffener Bürger nachmittags zu Hause ist?«

»Gibt es dafür einen Zeugen?«

»Meine Frau!«

»Soll das jetzt ein Verhör werden?« mischt sich ein anderer, jüngerer Mann in patzigem Tonfall ein. »Wir haben doch auch Rechte!«

Ralf Hoffarth zuckt die Achseln. »Ich kann Sie auch alle aufs Revier laden, wenn Ihnen das lieber ist. Macht für Sie mehr Umstände, aber wenn Sie es so haben wollen«, er klappt sein Notizbuch zu, »bitte!«

Eine Frau Mitte Fünfzig, mit braunen Dauerlocken und im Lodenmantel, schüttelt energisch den Kopf. »Das will ich auf keinen Fall! Im Gegensatz zu diesem Herrn hier arbeite ich nämlich den ganzen Tag. Mich können Sie gleich fragen! Ich war gestern um die Uhrzeit hinter der Kasse in dem Lebensmittelgeschäft, in dem ich arbeite.« Sie nennt ihren Namen, ihr Stockwerk, ihren Arbeitgeber und dessen Adresse.

»Oh, da war ich gestern doch auch!« Nina schaut sie erstaunt an. Tatsächlich, jetzt, da sie es weiß, erinnert sie sich an das Gesicht.

»Ja, ich weiß!« Die Frau nickt ihr zu. »Sie haben sich einen teuren Champagner gekauft, und ich habe mir noch überlegt, ob Sie wohl Geburtstag haben!«

»Woher kannten Sie mich denn?«

»Nun, vom Sehen!« Die Frau macht eine unbestimmte Handbewegung.

»Also, bitte!« sagt Nina zu den Polizisten. »Sie wäre dann schon mal auszuschließen!«

»Und außerdem wäre es mir egal, wenn Sie mit fünf Männern zusammenleben würden. Das ist doch wirklich reine Privatsache!« Sie fixiert den Mann im Unterhemd scharf, dann verabschiedet sie sich. »Ich muß zur Arbeit!«

Auch die Befragung der anderen bringt nicht viel. Am Schluß steht die Vermutung, daß es ein Stadtstreicher war, der auf die Möglichkeit gelauert hat, Nina Wessel aus Köln eins überzuziehen.

»Und die Tatwaffe?« fragt Nina schließlich noch und kommt sich sehr clever vor.

»Wahrscheinlich ein Baseballschläger!« Ralf Hoffarth nimmt seine Mütze ab und streicht sich seine Haarsträhnen zurecht. Was Uniformen aus Männern machen, denkt Nina dabei und ist froh, als er die Mütze wieder aufsetzt. Damit sieht er einfach viel besser aus.

»So was haben doch eher die Jungen«, meint Nina, »die Rechtsradikalen, die Extremisten. Von denen hört man so was doch immer!«

Ralf nickt. »So einer wohnt aber nicht im Haus!«

»Dann bleibt's wohl bei Unbekannt«, meint Nina und reicht ihm die Hand. »Jetzt habe ich wenigstens mal die Hausbewohner kennengelernt!«

»Und Ihren Humor nicht verloren, das ist ja auch etwas. Also, gute Besserung – und wir ermitteln weiter. Sie hören von uns.«

Nina geht hoch und legt sich auf die Couch. Gabriel und Nic sind unterwegs, sie kümmern sich um den Wagen. Ruth Scherbling hat Nina bereits am Morgen angerufen, um ihr rechtzeitig mitzuteilen, daß sie die nächsten drei Tage im Bistro fehlen wird. Nur bei ihren Eltern zögert sie. Nicht daß die beiden plötzlich noch anreisen. Sie ruft Rosa Heckschneider an und berichtet ihr, welche Idee ihr mit dem Filmmaterial über Brasilien gekommen sei und was Nadine Hahn über die Möglichkeit eines Verkaufs gesagt hatte.

Rosa findet es gut. Sie sei zwar selbst gerade in der recht hektischen Vorbereitung zu einem neuen Theaterstück, aber Mona Lisa fände sie gut. Sie werde mal die Redaktionsleiterin anrufen.

Es ist alles geregelt. Nina läßt sich zufrieden zurücksinken und schläft ein.

Sie verschläft den gesamten Nachmittag und wacht erst auf, als Gabriel und Nic zurückkommen. Nic trägt einige Alubehälter. »Wir haben uns beim Inder vorkochen lassen«, sagt er. »Schön scharf, das tötet alle Bakterien!« Er deutet auf ihren Kopf.

»Ich habe mehr Vertrauen zu einer Tetanusspritze!«

Gabriel lacht und überreicht ihr einen gewaltigen Strauß champagnerfarbener Rosen. »Die Firma hat zusammengelegt und wünscht dir gute Besserung!«

»Das ist aber lieb von euch. Ich habe auch eine Überraschung! Nach dem Essen!«

Sie essen schneller als sonst, denn alle sind gespannt. Die Männer auf Ninas Überraschung und Nina auf die Reaktion der beiden. Gabriel räumt das Geschirr ab und holt Champagnergläser, Nic stellt den Blumenstrauß in die Mitte des Tisches, Nina klemmt sich den Brief unter die Achseln und geht zum Kühlschrank, um die Flasche zu öffnen. Da klingelt es. Nina drückt auf den Türöffner, aber es klopft bereits an der Tür.

Gabriel steht mit den Champagnergläsern hinter ihr. »Laß bloß keinen rein. Möglichweise hat er jetzt den Baseballschläger gegen eine Kalaschnikow ausgetauscht!«

»Quatsch!« Nina schaut ihn schief an. »Das hat sich erledigt!«

»Na!?!«

»Wer ist da?«

Die Stimme klingt hohl durch die massive Jugendstiltür. »Gerda Windmüller, ihre Nachbarin!«

Nina und Gabriel schauen sich kurz an, dann öffnet Nina. Die Frau aus dem Lebensmittelgeschäft wartet nicht allein vor der Tür. Ein etwa sechzehnjähriger Junge mit kahlgeschorenem Kopf steht neben ihr, trotzig verbissener Mund, verkniffene Augen.

»Dürfen wir?«

Nina nickt und tritt zur Seite, Gerda Windmüller schiebt den Jungen vor sich her in die Wohnung. Die beiden stehen unschlüssig in der Diele.

Nina sieht den Jungen kurz schweigend an, dann sagt sie: »Du warst es, stimmt's? Und warum? Was habe ich dir getan?«

Nic kommt jetzt auch dazu. Er bleibt abwartend in der Wohnzimmertür stehen.

»Wollen wir nicht hineingehen?« fragt Gabriel mit einer Kopfbewegung zu Nic.

»Ja!« Nina geht voraus, stellt die Flasche ab, legt den Brief zur Seite. Alle setzen sich abwartend an den großen Tisch.

»Er ist der Sohn meiner Schwester«, beginnt Gerda Windmüller und schaut ihn seufzend an. Dann ist es wieder still. Nina mustert ihre Nachbarin. Sie trägt eine Lodenjacke, darunter eine helle Seidenbluse mit Schleife. Eigentlich sieht sie nicht nach einem mißratenen Neffen aus. Der Junge sagt nichts, starrt auf den Tisch.

»Meine Schwester hat die Alzheimer-Krankheit. Es ist zu spät erkannt worden, erst als der Junge völlig verwahrlost war.«

»Aber warum schlägst du dann auf mich ein?« Nina spricht ihn direkt an. Er zuckt die Schultern.

»Der Junge hat keinen Vater. Er kam in ein Jugendheim, nachdem meine Schwester ins Pflegeheim gebracht worden war.«

»Und Sie?« will Nina wissen. Wie kann so etwas an einer Schwester vorbeigehen?

»Ich pflege unsere Mutter. Sie wohnt bei mir, ist bettlägerig.«

Nina sagt nichts darauf.

»Wie sind Sie darauf gekommen, daß er es war?« Nic scheint das eben Gehörte nicht weiter zu berühren, er mustert den Jungen mit offenem Abscheu.

»Er taucht manchmal überraschend auf. Er mag seine Oma sehr... seine Mutter mußte in seiner Kindheit ja arbeiten, und deshalb war er oft bei seiner Oma.« Sie schaut ihn an, er hebt den Blick nicht vom Tisch. »Es gab ja auch einmal gute Zeiten!« Sie holt tief Luft. »Tim hat mich gestern im Geschäft angerufen, ich sollte ihm eine Cola mitbringen. Ich sagte, schade, eben war die junge Nachbarin von oben da. Der hätte ich das ja mitgeben können. Und als die Polizei gestern da war, fiel mir das plötzlich wieder ein. Er wußte, daß Sie kommen würden, er brauchte Sie nur noch abzupassen!«

»Jetzt sag mir doch einmal, warum!« fährt Nina ihn an. Wie kann er so verstockt am Tisch sitzen. Schließlich geht es um ihn! »Du hättest mich umbringen können!«

Er zuckt die Achseln.

»So werden ganze Asylantenheime niedergebrannt. Mit einem Achselzucken«, sagt Gabriel und verzieht das Gesicht.

Jetzt schaut er doch auf. »Ich wollte dich nicht umbringen. Ich wollte dich nur erschrecken. Mit dem Brief und den Reifen auch. Es hat mir Spaß gemacht!«

Nina ist sprachlos.

»Du meinst, just for fun?« fragt sie schließlich.

Er zuckt die Achseln.

»Ich wollte eigentlich, daß er sich bei Ihnen entschuldigt, bevor Sie es der Polizei melden!« Seine Tante hat einen resignierten Ausdruck in den Augen. »Und die Rechnung über die zerstochenen Reifen geben Sie bitte mir. Ich begleiche das natürlich!«

Manche Menschen trifft es hart, denkt Nina. Sie kommen auf die Welt, arbeiten für sich, arbeiten für andere, tragen ihre eigene Bürde und die anderer und sterben dann irgendwann. Wozu das Ganze?

»Im Knast wirst du auch nicht schlauer«, sagt Nina zu ihm. »Du solltest verstehen, was du da anrichtest. Du solltest verstehen, daß man anderen keinen Schmerz zufügt. Weder seelisch mit Schmierbriefen noch körperlich mit Baseballschlägern. Du solltest deine kriminelle Energie umsetzen und deiner Mutter, deiner Tante und deiner Oma helfen!«

»Meine Mutter erkennt mich nicht mehr.«

»Das ist nicht ihre Schuld. Dafür kann sie nichts. Aber vielleicht spürt sie Liebe, vielleicht bemerkt sie es, wenn du ihre Hand hältst. Es macht viel mehr Spaß, anderen zu helfen, als sie zu vernichten.«

Gabriel schaut sie an, Tim zuckt nur mit den Achseln.

»Gehst du noch zur Schule? Arbeitest du?«

Die Tante seufzt. »Er hat die Schule abgebrochen. Und deshalb findet er natürlich auch keine Arbeit.«

»Nun gut!« Nina steht auf.

Gerda Windmüller betrachtet es als Zeichen, ebenfalls aufzustehen. »Es tut mir sehr leid!« sagt sie.

»Ihnen braucht es nicht leid zu tun«, entgegnet Nina. Sie blickt zu Tim. »Ihm müßte es leid tun!«

Tim schaut an ihr vorbei, als er ebenfalls aufsteht. In seinem schwarzen, großen T-Shirt wirkt er wie ein verlorengegangenes Kind.

An der Tür fragt Gerda Windmüller, was sie nun tun werde.

»Ich weiß es nicht«, antwortet Nina wahrheitsgemäß. »Aber irgend etwas werde ich schon tun!«

Tim geht schnell an ihr vorbei hinaus. Nina glaubt, ein leises »Sorry!« zu vernehmen, ist sich aber nicht sicher. Dann geht sie wieder hinein zu den anderen.

»Das ist vielleicht ein Typ«, sagt Gabriel, »da kann es einem ja angst werden. So was von emotionslos ist mir überhaupt noch nie begegnet!«

»Cool, Gabriel, cool!« mahnt ihn Nic.

Nina holt die Flasche. »Na, ich lebe noch, und außerdem gibt's was zu feiern!«

Nic öffnet die Flasche, schenkt die Gläser voll, verteilt sie und schaut dann Nina gespannt an. »Na? Hast du einen neuen Job?«

Nina grinst über das ganze Gesicht. Sie hebt das Glas, um anzustoßen. »Ich nicht, aber...« Das »Aber« läßt sie in der Luft hängen, bis alle getrunken haben, dann prostet sie Gabriel zu: »Du!«

»Ich?« Überrascht schaut er sie an. »Ich? Warum denn?«

»Hokuspokus!« Nina zieht den Brief heraus und liest ihn laut vor.

Gabriel und Nic schauen sich an.

»Ist das ein Witz?« Nic verzieht mißtrauisch das Gesicht.

»Los Angeles?« Gabriel mustert sie mit schrägem Blick.

»Du bist zum Casting eingeladen«, Nina zuckt die Achseln, »ist das so etwas Besonderes? Es geht um einen Spielfilm, einen Kinofilm. Auch nicht besonders aufregend. Neben Tom Cruise. Wer ist schon Tom Cruise, ich bitte dich!«

Gabriel bleibt der Mund offenstehen.

Nic sagt zunächst nichts, dann streckt er den Arm aus. »Gib mal her!«

»Bitte!« Nina reicht ihm den Brief.

Nic liest leise, Gabriel wartet atemlos.

»Kein Witz!« sagt Nic dann schließlich. »Es ist kein Witz! Tatsächlich! Eine kleine Rolle, okay, aber immerhin in einem Film mit Tom Cruise. Wer führt Regie?«

Nina lacht, Gabriel reißt Nic den Brief aus der Hand. »Gib mal her. Das gibt's doch nicht! Wie kann's das denn geben! Nina?«

Nina hebt das Glas. »Zuerst anstoßen, sonst sage ich überhaupt nichts!«

Dann fallen die beiden über sie her, und sie muß alles erzählen. Tut sie auch wahrheitsgemäß, bis auf die wahre Absicht hinter dieser Sache.

Und wie richtig Nina liegt, bestätigt ihr Nic im selben Moment. »Mann«, sagt er und stellt das Glas hart ab. »Das ist ja völlig idiotisch, ich kann zum Dreh ja überhaupt nicht mit – mal angenommen, das Casting verläuft erfolgreich! Ich habe doch erst vor ein paar Tagen den Vertrag über diesen Mehrteiler unterschrieben! Mist! Ich hatte gleich so ein blödes Gefühl. Ich dachte, der Film der Sanders könnte mir eventuell dazwischenkommen – aber das jetzt...«

Gabriel steht auf und nimmt Nina in den Arm. »Entschuldige, aber ich muß dich jetzt küssen! Das ist einfach zu phantastisch!« Er schmatzt ihr rechts und links einen herzhaften Kuß auf die Wange und drückt sie, bis ihr fast die Luft wegbleibt.

»Vielleicht werden eure Dreharbeiten ja verschoben«, hofft Nic. »Sommer ist für so ein Projekt ja auch recht knapp!«

Oh, im Sommer wird sie ihn für sich ganz allein haben. In der sonnendurchfluteten Altbauwohnung leichtgeschürzt der Hitze entgehen. Körper an Körper, Haut an Haut. Ein Leben zu zweit! Ein Traum!

»Das ist ja ein Alptraum!« Nic schaut sie an. »Wie konntest du nur so etwas tun!«

»Konnte ich denn ahnen, daß du drehst?« Ahnen nicht, aber wissen, denkt sie dabei.

»Aber zum Casting fliegen wir alle zusammen!« Gabriel wirft noch mal einen Blick auf den Brief. »In zwei Wochen! Mann, die haben's eilig!«

»Casting?« Nic überlegt. »Mensch, da habe ich auch Termine! Die ganze Woche über!«

»Es sind doch höchstens drei Tage!« versucht ihn Gabriel zu überreden. »Da kannst du doch sicher was schieben!«

»Drei Tage sind nicht machbar! Nimm Nina mit!«

»Nein!« protestiert Nina. »Entweder alle oder Gabriel allein!«

»Entweder alle oder keiner!« droht Gabriel.

»Ich kann nicht!« sagt Nic.

»Dann gehe ich auch nicht!« sagt Gabriel.

»Du gehst!« sagt Nina.

Es ist kurz still. Sie schauen sich an.

»Nun, gut, ich probier's!« gibt Nic nach.

»Klasse!« freut sich Gabriel. »Fliegen wir zusammen. Alle

zusammen! Wenn das Casting nichts wird, war es jedenfalls ein toller Ausflug!«

»Ja!« Nics Miene hellt sich auf. Möglicherweise hofft er, daß Gabriel durchfällt, argwöhnt Nina, doch ihr wird schon noch etwas einfallen, damit er die Rolle bekommt. Schließlich geht es um ihren Sommer!

Am nächsten Tag wacht sie mit einem komischen Gefühl auf. Sie grübelt. Sie hat nicht verschlafen, Nic dreht im Sommer, das Essen war gut – dann fällt es ihr ein: Tim! Er liegt ihr im Magen. Sie ruft bei der Polizeiwache an und verlangt Ralf Hoffarth. Er fahre im Moment Streife, rufe aber nachher zurück.

Nina geht ins Bad, frühstückt mit Gabriel, der sich noch immer nicht beruhigt hat, da klingelt das Telefon. Nina geht ran, denn sie vermutet die Polizei. Aber es ist Nadine Hahn. Nina krampft sich der Magen zusammen, sie hofft inbrünstig, daß ihre Idee mit dem zweiten Brasilienfilm klappt und daß damit ihr Fernsehleben wieder beginnt. Aber Nadine zögert ganz offensichtlich.

»Ist denn etwas?« fragt Nina schließlich.

»Es ist seltsam. Ich habe Herrn Carstens gestern Ihre Idee eines zweiten Brasilienfilms mit einer anderen Thematik vorgetragen, und er fand es zunächst gut, und eben kommt er zu mir und erklärt mir, daß es besser sei, das Material bliebe hier und würde auch von einem Mitglied des Hauses bearbeitet!«

»Ach...« Nina kann ihre Enttäuschung kaum verbergen. Ihre Gedanken schwirren durcheinander.

»Tja... es tut mir wirklich leid, aber...«

»Alissa!« Nina schlägt sich vor die Stirn.

»Wie bitte?«

»Alissa funkt dazwischen, ist doch klar! Ist sie noch in der Redaktion?«

Auf der anderen Seite ist es kurz still.

Dann hört Nina die stellvertretende Chefredakteurin leise sagen: »Ich würde mal behaupten, sie ist inzwischen stärker drin als Ihr Exfreund!«

»Mit anderen Worten: Sie sägt ihn ab!« Nina kann sich ein Grinsen nicht verkneifen. Geschieht ihm recht, dem aufgeblasenen Wichtigtuer!

»Nun, sie verdrängt ihn zusehends von seinem Platz!«

»Und Elke?«

»Alissa scheint eine starke Lobby zu haben! Ganz erklären kann ich mir das auch nicht.«

Nina lacht schallend.

»Was ist denn los?« Nadine klingt pikiert.

Nina schildert ihr nun ihre Beobachtungen in Berlin. Und sie sagt ihr auch gleich, wer ihrer Meinung nach dieses ominöse Mitglied des Hauses ist, das aus ihrem Material einen Film basteln wird. »Scheiße!« schließt sie impulsiv.

»Das wollte ich auch gerade sagen!« Nadine Hahn klingt aufgebracht. »Liebesaffären im Sender sind einfach das allerletzte! Jedesmal Ärger, Eifersüchteleien, Zoff! Man sollte es verbieten! Erst Sie, jetzt er! Es wird immer besser!«

»Ja!« stimmt Nina zu.

»Aber damit kommt er nicht durch. Gut, daß ich Bescheid weiß, danke, da werde ich mal ein paar klärende Gespräche führen müssen!«

»Riskieren Sie bloß nicht Ihre Stelle!«

Nadine lacht bitter und legt dann auf.

»Mein Job ist geplatzt«, sagt sie zu Gabriel, der aufmerksam zugehört hat.

»Es ist ja auch verrückt, daß du dich um mich kümmerst, wo du selbst genug Ärger am Hals hast!«

Nina öffnet einen Joghurt. »Das ist nicht verrückt, das ist weiblich!« Sie schleckt den Deckel ab. »Frauen sind eben so! Selbstlos und aufopfernd!«

Er grinst. Das Telefon klingelt erneut. »Machst du mir noch so einen tollen Milchkaffee?« fragt sie, während sie nach dem Hörer greift.

»Wie könnte ich dir etwas abschlagen?« Er wirft ihr eine Kußhand zu.

»Na!« Nina lacht und nimmt ab. Diesmal ist es wirklich Ralf Hoffarth. Nina erzählt ihm von dem gestrigen Besuch und will wissen, was mit Tim passieren wird.

»Nun, wenn Sie einen Strafantrag gegen ihn stellen, wird er sich wegen gefährlicher Körperverletzung vor Gericht verantworten müssen. Das ist dann aber Sache der Staatsanwaltschaft.«

»Und dann?«

»Bei einem Erwachsenen kann das bis zu fünf Jahre bedeuten. Wie alt ist er, sagten Sie?«

»Sechzehn.«

»Nun, da wird ihm vermutlich nicht allzuviel passieren!«

»Wäre es nicht besser, vor dem Strafantrag zunächst einmal mit jemandem vom Jugendamt zu sprechen? Vielleicht gibt es ja einen Weg, wie man ihn wieder geraderücken kann. Durch Einzelbetreuung, Gruppenerlebnis oder so etwas. Ich kenne mich da nicht aus.«

»Er hat Sie mit einem Baseballschläger zusammengeschlagen!«

»Ja, ich weiß! Aber wenn man ihm nicht hilft, rutscht er vielleicht ganz ab. Den Nächsten schlägt er dann nicht zusammen, sondern bringt ihn gleich um und verbringt den Rest seines Lebens im Knast. Und wem ist damit geholfen? Ihm nicht und uns auch nicht. Vielleicht kann man ja jetzt noch was tun!«

Der Beamte ist zwar anderer Meinung, aber er verspricht Nina, den Fall zunächst einmal mit jemandem vom Jugendamt zu besprechen und sich dann wieder bei ihr zu melden.

Nina bedankt sich und lacht Gabriel an. »Eigentlich müßte *ich* Gabriel heißen. Erzengel Gabriel. Ich bin einfach zu gut für diese Welt, ich weiß überhaupt nicht, warum ich noch da und nicht längst weggeflogen bin!«

»Bleib besser da! Sonst bin ich ganz allein!« Nic steht im Bademantel in der Tür und streckt sich gähnend.

»Na, na«, droht Gabriel scherzhaft mit dem Zeigefinger, »wenn ich da was merke...«

Wenn du was merkst, wird's schon zu spät sein, denkt Nina und lächelt ihm zu: »Einem Mann wie dir kann doch nur ein Verrückter untreu werden!« Sie betrachtet Nics muskulöse Beine unter dem kurzen Bademantel und spürt, wie ihr heiß wird. Ich werde dich so verrückt machen, bis du nicht mehr anders kannst, schwört sie sich.

Nina verbringt den Tag, indem sie eine Idee für einen Fernsehbeitrag niederschreibt. Vielleicht setzt sich Nadine Hahn im Sender ja durch. So lange muß sie sich von ihrem Brasilienfilm innerlich lösen und sich auf andere Dinge konzentrieren. Ein Beitrag über jugendliche Straftäter in Deutschland und deren Resozialisierung wäre sicherlich auch ein gutes Thema. Schreib über das, was du kennst – die Sätze ihres früheren Redaktionschefs bei der Tageszeitung hat sie im Ohr, während sie den Rahmen für eine Story festlegt. Diesmal hat er, weiß Gott, recht!

Am Abend ruft sie ihre Eltern an, erzählt, daß sie mit Nic wegen eines Castings nach Los Angeles fliegen wird, erzählt, daß sie im Bistro gut Geld verdiene und Rosa Heckschneider sich nach einer ordentlichen Redaktionsstelle für sie umschaue, erzählt, daß sie gerade an einer Idee für einen Fernsehbeitrag arbeite, erzählt alles, nur nichts vom Überfall, und verspricht, nach ihrer Rückkehr aus Los Angeles für ein paar Tage nach Hause zu kommen. Bis dahin dürften die Haare rund um die Platzwunde am Hinterkopf wieder etwas nachgewachsen sein, denkt sie.

Ilse Wessel ist damit aber noch nicht zufrieden. »Bist du denn glücklich, mein Kind?«

»Ja, Mutti, sehr!«

Es ist kurz still in der Leitung.

»Ehrlich, Mutti!«

»Wir würden deinen neuen Freund wirklich gern kennenlernen, Nina. Es gefällt uns nicht so ganz, daß du mit jemandem zusammen bist, über den wir so gar nichts wissen!«

»Vielleicht kommt Nic ja mit, Mutti, dann seht ihr ihn ja!« In diesem Fall wird sie ihn vorher hypnotisieren müssen.

»Wir wollten schon bei euch vorbeikommen, nachdem ich tagelang nichts von dir gehört hatte!«

Gott behüte!

»Och, Mutti! Ich würde mich riesig freuen, wenn ihr uns einmal besuchen würdet – bloß, im Moment ist es etwas… ungünstig. Wir haben wahnsinnig viel zu tun, sind ständig unterwegs, und du weißt ja, wenn man so frisch verliebt ist…«

Ilse Wessel holt tief Luft. »Nun ja. Du fehlst uns eben!«

»Ihr mir auch«, sagt Nina leise.

Anschließend ruft sie Ruth Scherbling an und sagt ihr, daß sie bereits morgen wieder arbeiten wolle. Es ginge ihr schon viel besser. Außerdem braucht sie das Geld, denkt Nina, denn wovon soll sie sonst das Flugticket in die große Freiheit, nach Los Angeles, bezahlen?

Es klingelt.

Das kann nur diese Frau Windmüller sein. Vielleicht auch Tim, der sich entschuldigen will?

Nic und Gabriel sind zusammen unterwegs, sie scheiden also aus. Außerdem werden sie zu zweit doch zumindest *einen* Haustürschlüssel dabei haben.

Es wird Fleurop sein, mit einem riesigen Blumenstrauß.

Eine Aufmerksamkeit von Nic.
Ein Dankeschön von Gabriel.
Eine Entschuldigung von Tim.
Irgendwas.
Nina drückt auf den Türöffner.

Sie wartet eine Weile, dann hört sie am Knarren der alten Holztreppe, wie leichte Schritte schnell näherkommen. Wer es auch immer sein mag, es muß jemand mit einer guten Kondition sein. Vielleicht ein Freund von Nic? Sie schaut an sich hinunter. Besonders attraktiv ist sie heute nicht. Genaugenommen hat sie sich noch nicht einmal richtig angezogen, von Schminken ganz zu schweigen. Sie zieht das dunkelblaue Sweatshirt etwas über die hellen Leggins und fährt sich mit den Fingern durch die Haare. Sie hätte schnell etwas Lippenstift auflegen sollen, das sieht dann schon mal ein bißchen frischer aus. Zumindest gepflegter.

Aber zu spät. Der Besucher biegt um die letzte Ecke, von oben sieht Nina nur einen wilden rötlichen Fransenschnitt und eine schlanke Figur in einem weit geschnittenen, dunkelgrauen Hosenanzug. Es ist eine Frau. Jetzt schaut sie herauf.

»Karin! Ich werd verrückt!« Nina stürzt ihr die Treppe hinab entgegen, sie fallen sich lachend in die Arme. »Wie kommst du denn hierher?«

»Na ja«, Karin zieht sie an den Haaren, »wenn man schon von dir nichts hört, wo du doch nun fast meine Nachbarin bist, muß ich mich halt wehren und deine Eltern nach der Adresse fragen!« Sie mustert sie genau. »Du hast ja ein Loch im Kopf!«

»Nicht weiter schlimm. Schon fast wieder vergessen!«

»Das mußt du mir erzählen!«

Erst jetzt wird ihr bewußt, daß sie schnellstens alle Karten auf den Tisch legen muß. Wenn jetzt Nic und Gabriel kommen würden, wäre das, gelinde gesagt, eine Katastrophe. Karin würde sie nicht mehr anschauen.

»Na, wo ist denn dein Edelprinz?« Karin schaut sich suchend in der großen Diele um. »Zumindest hat er einen fabelhaften Geschmack!« Sie nickt Nina anerkennend zu. »Und Kohle. Offensichtlich hast du es gut getroffen!«

»Komm erst mal herein!« Nina geht voraus ins Wohnzimmer. Wie fängt sie es an?

Karin nimmt ihren Rucksack vom Rücken, nestelt ihn auf und zieht einen zerdrückten Blumenstrauß heraus. »Ich hätte dir gern Vergißmeinnicht gekauft, die gab's aber nicht. Jetzt sind's halt Röschen!«

»Lieb von dir!« Nina gibt ihr einen Kuß und nimmt Karin die Blumen ab. »Einen Augenblick, ich schneide sie schnell an, dann werden sie wieder. Was möchtest du trinken?«

»Werd bloß nicht förmlich. Ich komme mit!«

Nina hat gehofft, die paar Minuten zum Nachdenken nutzen zu können. Es könnte schließlich sein, daß sich mit dem Casting in Los Angeles die Situation grundlegend ändert. Möglicherweise wird ihr Wunschtraum ja von der Realität eingeholt. Wenn sie jetzt also Karin alles beichtet, ist es in vierzehn Tagen eventuell schon wieder überholt, und sie hätte gar nichts beichten müssen. Zudem ist es einfach zu bescheuert, daß sie Karin damals eine solche Lügengeschichte aufgetischt hat – obwohl sie ja selbst daran geglaubt hat. Es war also, strenggenommen, keine Lügengeschichte, sondern eine simple Selbsttäuschung. Vielleicht kann sie es ihr so erklären.

»Donnerwetter!« Karin dreht sich in der schwarzweißen Küche um ihre eigene Achse, während Nina ein scharfes Messer aus der Schublade nimmt. »Sag bloß, er kocht auch noch! Ein wahrer Wundermann. Kannst du mir den mal ausleihen?«

»Mich?«

Nina fährt herum, wird rot bis unter die Haarwurzeln. Hinter ihnen in der Tür steht Gabriel. Nina hat ihn vor lauter Aufregung nicht kommen hören. O Gott! Jetzt ist alles zu spät.

»Gabriel!«

»Hast du damit etwas vor?« Er zeigt auf ihr Messer, das sie im Schreck gegen ihn gerichtet hat.

Nina fällt nichts ein, sie ist einfach sprachlos. Sie legt das Messer neben die Blumen.

Gabriel reicht Karin die Hand. »Tag, ich bin Gabriel!«

»Und ich bin Karin!«

»Meine beste Freundin«, setzt Nina erklärend hinzu. Das war die leichte Nummer. Was soll sie aber zu Gabriel sagen? Und – ist Nic etwa auch da? »Möchtest du einen Begrüßungsschluck mit uns trinken?« lenkt sie ab.

»Mit deiner besten Freundin immer!« Er wirft Karin einen tiefen Blick aus seinen glänzenden Augen zu, und Nina sieht, wie Karin sofort dahinschmilzt. Nicht schon wieder, denkt sie. Aber im Vergleich zu ihr hat Karin einen gewaltigen Erfahrungsvorsprung mit Männern: Sie dürfte bald bemerken, daß Gabriels Augen von Natur aus verführerisch wirken und nichts mit ihr zu tun haben.

Gabriel nimmt Nina die Flasche ab, entkorkt sie fachmännisch und schenkt drei Gläser ein.

Nina versorgt inzwischen die Blumen und sieht dabei aus den Augenwinkeln, wie Karin Gabriel studiert. Was sie wohl denkt?

»Na denn, herzlich willkommen!« Gabriel stößt mit Karin an.

»Hieß dein Freund nicht Nic?« will Karin dann von Nina wissen. »Oder habe ich da was mißverstanden?«

Am liebsten würde sich Nina mit der Flasche Wein im Kühlschrank verkriechen. Muß Karin so direkt werden?

»Wo ist da der Unterschied?« sagt Gabriel mit dem selbstverständlichsten Ton der Welt.

Klar, denkt Nina, für ihn nicht!

»Ach, so ist das!« Karin lacht laut los. »Na, Nina, da kann ich nur gratulieren!« und prostet ihr zu.

Nina versteht zwar kein Wort, aber sie stößt mit Karin an.

Die schüttelt bewundernd den Kopf. »Das nenne ich ein Schnäppchen! Du bist ja besser als ich!«

»Na ja, sie hat's, glaube ich, ganz gut getroffen!« Auch Gabriel grinst und prostet ihr zu.

»Man tut, was man kann!« Mehr als diese Floskel fällt Nina dazu nicht ein, denn sie hat vor jedem falschen Wort angst. Nur: was ist falsch, und was ist richtig?

»Und«, fragt Gabriel Karin, »wo kommen Sie her?«

»Aus Bad Tölz!«

»Ach, aus dem Ort mit der streitbaren Bäuerin?«

Sie lacht. »Richtig. Aber sie hat doch recht, diese Frau, daß sie ihr Eigentum verteidigt. Ein eklatantes Beispiel für Machtkungelei und gemeinsame Interessen von Banken und Gemeinde gegen eine einzelne Frau. Fehlt nur noch die Hexenverbrennung!«

Nina ist froh, daß sie einen gemeinsamen Gesprächsstoff gefunden haben. »Ich hab's auch gelesen. Der *Frau* haben die rechtschaffenen Bürger noch nichts getan, aber einige ihrer Tiere auf der Weide aufgeschlitzt.«

»Menschen!« sagt Karin voller Abscheu.

»Menschen?« fragt Nina betont.

Und alle drei fallen von einem Beispiel ins nächste. Nina berichtet von Tim und dem sinnlosen Überfall und von den verfolgten Straßenkindern in Brasilien, Gabriel erzählt von einem alten Verwandten im Osten, dem ein Spekulant allen Besitz auf schäbigste Art abgeluchst hat.

Dann resümiert Karin: »Macht, Geld, Glaube. Und da der Glaube von den Machthabern gesteuert wird, geht es denen da oben, die die Fäden ziehen, wahrscheinlich nur um Macht und Geld. Die Marionetten, die unten dranhängen, glauben dagegen, es ginge um hehre Ziele, und bringen sich im Namen ihres jeweiligen Gottes erbarmungslos gegenseitig um. Was gewinnen sie dadurch? Nichts! Tod, Schmerz, Trauer. Aber sie vermehren damit fremdgesteuert und gottergeben Macht, Geld und Ansehen der Drahtzieher. Die Menschheit ist leider bescheuert!«

In der Zwischenzeit sind sie ins Wohnzimmer gegangen, haben sich an den großen Tisch gesetzt und die Flasche Wein ausgetrunken.

»Ich spüre den Alkohol schon, ich muß was essen!« Nina faßt sich an den Bauch.

»Gute Idee«, Karin schaut sich um. »Aber was? Sollen wir selbst etwas kochen?«

»Nic dürfte bald kommen. Vielleicht sollten wir damit auf ihn warten!« Gabriel schaut auf seine Uhr.

»Allzulang kann ich nicht mehr warten«, sagt Karin und grinst dazu Nina an. »Meine Männer warten auch!«

»Deine Männer?« fragt Nina gedankenlos. »Valentin und... ich denke, Max ist weg?«

»Der neue heißt Franz. Ich bringe ihn bei Gelegenheit mal mit. Oder besser, ich bringe gleich beide!«

Gott behüte, denkt Nina, und schlagartig geht ihr auf, wie Karin die Situation sieht.

»Wir scheinen in unserer Konstellation also gar nicht so einmalig zu sein!« Gabriel lacht und schüttelt ungläubig den Kopf.

In Ninas Hirn schrillen sämtliche Alarmglocken. Bevor die beiden sich jetzt über die Vorzüge und Nachteile eines häuslichen Dreiers auslassen und bevor gar noch Nic dazustößt, muß sie Karin auf den Weg bringen. Sie wird sie beim nächsten Treffen aufklären. Nach Los Angeles. Falls es dann noch nötig sein wird.

Und Karin hat es plötzlich selbst eilig. Nina begleitet sie bis zur Haustür. »Schade, daß ich nun Nic nicht kennengelernt habe, aber dein Gabriel ist wirklich ein Zuckerstückchen!« Sie nimmt Nina herzlich in den Arm und flüstert ihr ins Ohr:

»Und ganz ehrlich, du Teufelsweib, das hätte ich dir nie zugetraut!«

Nina schweigt. Was soll sie auch sagen. Sie begleitet Karin bis zu ihrem Auto. Im selben Moment biegt Nic um die Ecke, zwei schwere Einkaufstüten in den Händen. Muß das sein? Hätte er nicht noch zwei Minuten warten können?

Soll sie die beiden vorstellen oder ihn einfach ignorieren?

»Prima, Nina, daß du gerade unten bist, dann kannst du mir gleich schleppen helfen«, ruft er ihr aber schon zu.

Karin dreht sich nach ihm um. »Ist er das?« flüstert sie. »Donnerwetter, hast du ein Glück. Beide fürs Bett, oder hast du die beiden, wie ich, in Bett und Leben geteilt?«

Nina räuspert sich, Nic kommt auf sie zu. »Nic, das ist Karin, meine beste Freundin, Karin, das ist Nic!«

»Ich habe schon viel von Ihnen gehört!« Karin nickt ihm anerkennend zu.

»Ja?« fragt Nic neugierig.

Oh, Karin, halt bloß deine Klappe!

»Ja, Nina ist begeistert, Gabriel ist begeistert, das ist eine rundum begeisterte Kleinfamilie, scheint mir!«

»Fehlt nur noch der Nachwuchs!« Er lacht schallend über seinen eigenen Witz, stellt eine Einkaufstüte ab und reicht ihr die Hand. »Kommen Sie doch mit herauf!«

»Ich war eben oben«, wehrt Karin ab. »Schon viel zu lange. Aber mit Ihnen hätte ich mich wirklich gern… unterhalten. Schade!«

»Das läßt sich sicherlich irgendwann nachholen!«

»Hoffentlich!«

Sie macht ihn an, stellt Nina ärgerlich fest. »Er gehört mir!« sagt sie halb im Scherz, halb ernst und stellt sich besitzergreifend vor ihn.

»Ha!« Nic lacht herzlich und knufft sie auf den Oberarm. »Mit Haut und Haar, Stumpf und Stiel. Laß das bloß Gabriel nicht hören!«

»Ist er etwa eifersüchtig?« fragt Karin neugierig.

»Und wie!«

»Nicht zu fassen!« Karin nickt Nina zu. »Da kann man nur gratulieren. Wie schön für dich«, sagt sie, steigt in ihren Wagen und schlägt ohne ein weiteres Wort die Wagentür zu.

Nic und Nina winken ihr hinterher, dann gehen sie mit ihren Tüten auf die Eingangstür zu.

»Das ist wenigstens mal eine mit Humor!« meint Nic angetan.

Zwei Tage später, es ist Abend, Nic hat sich in seinem Arbeitszimmer vergraben, Gabriel ist noch nicht zu Hause, klingelt es. Nina schreibt gerade an ihrer Idee über Jugendresozialisierung und lauscht. Nic scheint es überhört zu haben. Oder will es nicht hören. Sie hat gerade ein paar gute Gedanken im Kopf und möchte sich auch nicht stören lassen, aber eigentlich kann es nur Gabriel sein, der seinen Schlüssel vergessen hat. Sie läuft in die Diele, drückt den Türöffner und öffnet schon mal die Tür, um schnell wieder zu ihrem Text zurückzukommen.

Zu Tode erschrocken bleibt sie stehen. Vor ihr steht Tim.

Ihr erster Gedanke ist, die Tür zuzuknallen, der zweite, laut nach Nic zu rufen. Ihr Herz schlägt bis zum Hals. Gleich wird er seinen Baseballschläger hinter dem Rücken hervorziehen.

Nimm dich zusammen, sagt sie sich. Seine Hände sind leer.

Er steht einfach da und schaut sie an.

Nina räuspert sich. »Ja? Was willst du?«

Anscheinend hat es ihm die Sprache verschlagen. Sie starren sich gegenseitig an.

Da greift er plötzlich in seine riesige schwarze Lederjacke. Nina fährt zurück. Jetzt wird er die Pistole herausziehen und sein Werk vollenden.

Aber nur seine geballte Faust kommt zum Vorschein.

Handgranate? Irgendeine asiatische Waffe?

Nina steht wie gebannt.

Dann öffnet er die Faust und hält ihr einen zerknitterten Zettel hin. Sie versucht ihm in die Augen zu sehen, es gelingt ihr aber nicht, er schaut nach unten.

»Da, nimm!« sagt er.

Zögernd greift sie danach, glättet den Zettel und dreht ihn um.

»Tut mir leit«, steht da. Er hat die Schule tatsächlich zu früh verlassen.

»Kannst du das nicht sagen?« fragt Nina.

Er schüttelt den Kopf, fixiert seine Fußspitzen.

»Was soll aus dir denn werden?« fragt sie und kommt sich dabei vor wie ihre eigene Mutter.

»Mir egal!« Jetzt blickt er hoch. In seinen Augen steht eine Mischung aus Trotz und Hilflosigkeit.

»Und wenn ich mal mit dir zu einem Berater vom Jugendamt ginge, vielleicht kann der ja weiterhelfen?« Spinnst du, sagt sie sich im selben Moment. Jetzt lädst du dir den auch noch auf. Richtig so, sagt ihre zweite Stimme, schließlich hilft dir Rosa Heckschneider auch!

»Wozu?« fragt er.

»Wozu?« Nina schaut ihn groß an. »Du kannst natürlich auch so weitermachen, dann landest du eben irgendwann im Knast. Und wenn ich Strafantrag gegen dich stelle, ist das schon mal ein Schritt in diese Richtung.«

Er zuckt die Achseln.

Nina lehnt sich gegen die Tür, hineinbitten will sie ihn nicht.

»Du kannst doch nicht behaupten, daß dir das völlig egal ist?«

»Und warum nicht?« Breitbeinig steht er vor ihr, jetzt verschränkt er demonstrativ die Arme.

Nina betrachtet ihn eine Weile, ohne etwas zu sagen. Die Stille ist ihm sichtlich unangenehm, er kratzt sich an seinem kurzgeschorenen Hinterkopf.

»Weißt du was«, sagt Nina, »mir ist es auch egal. Piepwurschtegal. Was geht mich dein Leben an!« Sie löst sich von der Tür, »dann mach's gut«, und schließt sie langsam.

»Halt, warte«, hört sie ihn sagen.

»Ja? Was ist noch?« Mit mißmutigem Gesichtsausdruck öffnet sie die Tür wieder einen Spalt.

»Ich komme mit!« Jetzt sieht er aus, als sei er eben zusammengeschlagen worden. Die Schultern hängen, die Hände hat er in den Jackentaschen vergraben. »Zu diesem... Berater. Vom Jugendamt.«

Nina muß fast lachen. Es ist wohl stets der gleiche Mechanismus, bei allen Pubertierenden der Welt. Redet man ihnen zu, wollen sie nicht. Redet man dagegen, sind sie dafür. Opposition aus Prinzip. Sie war auch so.

»Gut«, sagt sie. »Mal sehen, was ich tun kann. Ich melde mich dann bei deiner Tante!«

Er nickt und dreht sich zum Gehen um.

Täuscht sie sich, oder hat sie ein: »und – es tut mir leid« gehört?

Drei Tage vor ihrem Abflug nach Los Angeles sieht Nina Rosa Heckschneider ins Bistro hereinkommen. Ihr Herz schlägt sofort schneller. Das hat sicherlich etwas zu bedeuten. Nur hat sie jetzt überhaupt keine Zeit, sich darum zu kümmern. Es ist noch nicht einmal ein Platz für die alte Dame frei. Mit einem Stapel schmutziger Teller quetscht sich Nina an den vollbesetzten Tischen vorbei, stellt alles auf dem Tresen ab und geht schnell Rosa Heckschneider entgegen, um sie zu begrüßen.

»Wo bleibt mein Bier?« fegt ein Mann sie dabei an, und eine junge Frau ruft: »Ich will endlich zahlen!«

»Ja, gleich!« Nina winkt ab. Sie ist jetzt schon zu lange dabei, um sich über so etwas noch aufzuregen.

Rosa nickt ihr zu. »Ich sehe schon, ich komme besser später noch mal!«

Ein Klingelzeichen, das bedeutet, daß die Küche Essen ausgibt.

Nina zuckt die Achseln. »Die Frau dort drüben will bezahlen – wenn Sie kurz warten wollen?«

Rosa will und bestellt sich eine Kleinigkeit. Nach knapp einer Stunde ist das Schlimmste vorbei, die Tische lichten sich allmählich. Anna macht die Kasse, Nina setzt sich mit einer Tasse Kaffee zu Rosa.

»Gefällt Ihnen das?« fragt Rosa mit einer Kopfbewegung über den gesamten Raum hinweg.

»Gefallen?« fragt Nina erstaunt. »Nein, aber ich verdiene gutes Geld. Hundert Mark im Schnitt für die paar Stunden. Das ist schon top!«

Rosa Heckschneider rechnet hörbar.

»Stimmt«, sagt sie dann, »das ist mehr, als eine Theatergruppe am Abend verdienen kann, wenn sie richtig Pech hat.«

Ist sie hergekommen, um ihr das zu sagen?

»Wollen Sie auch hier anfangen?« fragt Nina. »Ich könnte vielleicht ein gutes Wort für Sie...«

Rosa Heckschneider lacht. Sie streicht ihr silbrig glänzendes Haar zurück.

»Ich habe eine gute und eine schlechte Nachricht für Sie. Welche wollen Sie zuerst?«

»Die schlechte!« Nina hält die Luft an. Hoffentlich ist sie nicht zu schlecht.

»Mona Lisa hat im Moment genügend freie Mitarbeiterinnen und keinen Bedarf. Was mit dem Bayerischen Rundfunk ist, weiß ich noch nicht...«

»Und die gute?« will Nina wissen.

»Kennen Sie den Münchner Frauensender...«

»Sie meinen TM 3?« wirft Nina ein.

»Exakt den. Ich weiß nicht, was Sie da verdienen können, aber Sie könnten anfangen. Das heißt, natürlich müssen Sie sich erst noch mit der Chefredakteurin unterhalten, aber die Chancen stehen gut für Sie!«

»Ehrlich? Wirklich?« Nina springt auf und fällt Rosa um den Hals. »Das ist ja toll! Wie haben Sie denn das geschafft?«

»Och.« Rosa lacht. »Beziehungen...«

»Nein! Ich bin... so glücklich!« Sie springt auf, läuft zur Theke und nimmt sich zwei Sektgläser aus dem Regal.

»Was gibt denn das jetzt?« Anna schaut auf.

»Willst du auch eins? Ich hab 'nen Job!«

»Du hast doch schon 'nen Job!«

»Nein, richtig, richtig, einen richtigen Job. Wieder beim Fernsehen. Trinkst du auch ein Glas?« Sie zieht die Sektflasche aus dem Kühlschrank.

»Auf deinen Abgang hier? Nie!«

»Ach, wie nett von dir!« Nina tänzelt mit den Gläsern und der Flasche an den Tisch zurück.

Rosa droht scherzhaft mit dem Finger. »Langsam, langsam. Noch ist kein Vertrag unterschrieben.«

Nina lacht und schenkt schwungvoll ein. »Aber wenn Sie sagen, daß... dann wird's doch wohl klappen. So viel Vertrauen habe ich zu Ihnen!« Sie setzt sich und stößt mit Rosa an. »Als was denn? Was haben Sie besprochen?«

»Nun«, Rosa legt eine Kunstpause ein und schaut sie dabei lächelnd an. »Als Redakteurin. Festanstellung. Wenn's...«

Das »Klappt« geht in Ninas Jubelgeschrei unter. Sie fällt Rosa schon wieder um den Hals. »Das muß ich gleich Mutti erzählen. Die wird sich freuen!« Sie löst sich von Rosa und setzt sich wieder auf den Stuhl. »Das ist ja wunder-, wunder-, wunderbar! Einfach irre! Ich kann's kaum glauben!«

Rosa hebt beschwichtigend die Hände. »Nun mal langsam, Kindchen. Erst noch das Gespräch!«

»Kann da denn noch was schiefgehen?« Nina greift nach ihrem Glas.

»Eigentlich nicht. Theoretisch nicht. Aber praktisch sollte man erst feiern, wenn die Tinte trocken ist!«

»Dann feiere ich noch mal. Ganz groß!« Nina ist selig. Sie strahlt über das ganze Gesicht. Was wohl Nic sagen wird? Eine Erfolgsfrau an seiner Seite. Jetzt braucht sie sich bei den Filmbällen nicht mehr hinter ihm zu verstecken, jetzt ist sie auch wieder wer. Nina Wessel von TM 3. Hört sich doch gut an!

»Wann ist die Tinte denn trocken?« will sie wissen.

»Nächsten Mittwoch um drei Uhr haben Sie einen Termin bei der Chefredaktion!«

»Mittwoch!« Ihre Gedanken überstürzen sich. »Mein Gott, aber da bin ich doch in Los Angeles!« Sie muß ihren Flug canceln!

Rosa betrachtet sie amüsiert. »Dann sagen Sie mir eben, wann Sie wieder zurück sind, und ich verschiebe den Termin. Keine Hektik!«

Anna ruft von hinten: »Nina, deine Kohle. Willst du doch sicherlich noch haben, bevor du die große Karriere startest.«

Nina lacht. »So schnell geht's ja nun auch nicht. Wenn überhaupt! Komm lieber her und bring dir ein Glas mit. Ich gebe einen aus!«

»Na dann!«

Anna bindet sich ihre weiße Schürze ab, legt sie auf den Tresen, nimmt sich ein Glas aus dem Regal und läßt sich mit einem Lächeln neben Rosa nieder. »Hätten Sie für mich vielleicht auch noch einen Job beim Fernsehen?« fragt sie unschuldig.

Als sie das Bistro endlich schließen, ist schon fast wieder Zeit für die Abendmannschaft. Rosa Heckschneider hat sich ein Taxi genommen, Nina möchte die wenigen Schritte zu Fuß gehen. Die frische Luft tut ihr gut, und außerdem will sie im Lebensmittelmarkt vorbeigehen, zwei Flaschen Champagner kaufen. Heute möchte sie nur noch feiern und irgendwann vor lauter Freude besinnungslos ins Bett fallen.

Aber sie hat nicht mit Gerda Windmüller an der Kasse gerechnet. Die möchte kein Geld für die zwei Flaschen haben. Nina protestiert. Nein, Tim habe ihr alles erzählt, und sie wisse gar nicht, womit sie das wiedergutmachen könne.

Nina wehrt ab. Noch sei ja gar nichts passiert. Erst müsse er mit aufs Jugendamt, dann zeige sich der Rest.

Es nützt nichts, Gerda Windmüller will die Flaschen selbst bezahlen. Und da die Schlange hinter ihr zu lang wird und sie auch schon die ersten Unmutsäußerungen hört, beschließt Nina, nachzugeben und ihr das Geld in den Briefkasten zu legen.

Vor der großen Eingangstür zu Nics Haus holt sie die Erinnerung ein. Das letztemal, als sie Champagner gekauft hat... mach dich nicht verrückt, beruhigt sie sich, Tim wird sich hüten, und ein anderer... das wäre einfach zu idiotisch.

Sie kommt unbehelligt in den fünften Stock.

Nic richtet eben in der Küche eine Wurst-Käse-Platte, Gabriel ist beim Kofferpacken. »Was ist das?« fragt Nic, als er Ninas Flaschen sieht. »Gibt's was zu feiern? Wurde Gabriels Casting abgesagt?«

»Bist du von Sinnen?« Gabriel steht in einem schwarzen Zweireiher in der Tür. Er dreht sich um seine eigene Achse. »Was haltet ihr von dem? Soll ich den tragen?«

»Sieht toll aus!« bewundert ihn Nina.

»Viel zu gut für Hollywood.« Nic kneift die Augen zusammen. »Zieh Jeans an und ein weißes, enges T-Shirt. Das macht die Jungs an!«

»Ich will die nicht anmachen, ich will die Rolle!« Er steckt sich ein Stück Schinken in den Mund, Nina legt die Flaschen ins Kühlfach.

Nic schaut ihr dabei zu. »Nun sag schon, was los ist. Aber bitte nicht schon wieder so eine Hiobsbotschaft!«

»Hiobsbotschaft nennt er meine Chance!« Gabriel schüttelt gekränkt den Kopf.

Deine Chance? Nina grinst in sich hinein. Meine Chance!

»Nun sag schon!« Nic legt Tomaten auf ein Holzbrett und zieht ein scharfes Messer aus der Schublade. Als er danach immer noch nichts hört, dreht er sich nach Nina um. »Was ist jetzt? Hast du Geburtstag? Oder für mich einen Spielfilm in Paris? Allmählich glaube ich, du hast es auf die Wohnung abgesehen!«

Nina lacht schallend los. »Nein, bestimmt nicht! Die Nachbarn sind mir hier zu unsicher! Wartet, bis der Champagner kalt ist, dann verrate ich es euch!«

»O nein, nicht so eine Nummer!« Nic hat keine Geduld für solche Spielchen. Er öffnet den Kühlschrank, nimmt eine andere, kalte Flasche Sekt heraus, öffnet sie wortlos, schenkt drei Gläser voll und verteilt sie. »So, jetzt!«

»Na gut! Ich habe einen Job!« Und freudestrahlend erzählt sie von ihrem Gespräch mit Rosa Heckschneider.

»Gratuliere. Das ist ja bombastisch!« Gabriel freut sich mit ihr und küßt sie rechts und links.

»Ach jetzt!« sagt Nic und stößt mit ihr an.

»Was heißt, ach jetzt?« Mißtrauisch schaut ihn Nina über den Rand des Glases hinweg an.

Nic nimmt einen Schluck und prostet ihr dann zu. »Jetzt kann ich mir den Anruf von heute mittag erklären!«

»Welchen Anruf denn?«

»Kannst ihn dir selbst anhören. Ist noch auf dem Anrufbeantworter drauf. Ich wußte nicht, was ich damit anfangen sollte!«

Nina stürzt in Nics Arbeitszimmer. Ist jetzt etwa wieder alles hinfällig? Hat TM 3 abgesagt, bevor Rosa Heckschneider ihr im Namen von TM 3 zugesagt hat? Das überlebt sie nicht!

Sie drückt auf Wiedergabe. Drei Anrufe muß sie über sich ergehen lassen, bevor der erwartete kommt: »Hier ist Nadine

Hahn, eine Nachricht für Nina Wessel!« Nadine Hahn? »Anna Doubek hat mich eben angerufen. Eine Frau Heckschneider hat bei ihr vorgefühlt, ob sie für die Redaktion jemanden gebrauchen könnte. Als Frau Heckschneider Ihren Werdegang erzählte, hat mich Anna sofort angerufen. Wir haben gemeinsam studiert, sie ist jetzt Chefredakteurin bei TM 3. Ich habe Sie wärmstens empfohlen, und zwar nicht als Mitarbeiterin, sondern als Redakteurin. Ich denke, damit ist Ihre Zukunft gesichert. Erzählen Sie mir bei Gelegenheit einmal, wie es Ihnen bei TM 3 gefällt!«

Mein Gott! Nina sinkt in Nics Bürostuhl. Das ist Network! Daß sie das am eigenen Leib erfahren darf, echte Weiberconnection. Rosa hat Anna angesprochen, Anna ruft Nadine an, und Nina hat den Job!

Ganz erschlagen von dieser neuen Erfahrung kehrt sie in die Küche zurück.

»Was ist denn mit dir los, du siehst so... durchgeistigt aus!« Nic will eben die Wurst-Käse-Platte an ihr vorbei ins Wohnzimmer tragen.

»Ich muß erst was trinken! Das glaubt ihr mir nicht. Doch, ihr schon, aber normale Männer nicht!«

»Was heißt hier normal«, protestiert Gabriel, der zwischenzeitlich einen leinenfarbenen Anzug angezogen hat. »Was denn?« fragt er, und: »Gefalle ich dir so?« Er stellt sich in Pose.

»Himmlisch!« sagt Nina. »Ich muß morgen sofort einen riesigen Blumenstrauß nach Köln schicken. Stell dir vor, ich bin Nutznießerin eines Frauennetzwerks geworden. Genau das, was man Frauen immer abspricht. Aber ich bin der lebendige Beweis! Schaut mich an!«

»Schöner Beweis!« Er lacht sie an, daß seine weißen Zähne blitzen. »Du bist ja ganz erhitzt vor Aufregung!«

Erhitzt ist nett formuliert. Sie ahnt, daß sie einen knallroten Kopf hat. »Von Frauen engagiert. Weißt du, was das heißt? Ich habe meine Ruhe vor Männern! Keiner kann etwas dafür haben wollen, daß er mir etwas Gutes getan hat, verstehst du? Ach, ist das herrlich. Ich bin frei, wirklich frei!«

DIE OFFENBARUNG

Drei Tage später stehen sie vor der Gepäckaufgabe am Münchner Flughafen. Gabriel gibt einen großen Hartschalenkoffer auf. Er hat sich für nichts entscheiden können und aus seinem Schrank fast alles mitgenommen. Nic und Nina teilen sich einen kleinen Reisekoffer. Dann vertreiben sie sich die Zeit bis zum Boarding im Duty-free-Shop und an einer kleinen Stehbar. Gabriel ist aufgeregt, und Nic verteilt, kaum daß sie im Flugzeug sind, seine Schlaftabletten.

Sie sitzen zusammen in einer Reihe, Nic in der Mitte. Nina denkt darüber nach, daß sie Gabriel eigentlich ein schönes Abschiedsgeschenk gemacht hat. Möglicherweise startet er ja jetzt wirklich seine Karriere, dann wird ihn der Verlust auch nicht so sehr schmerzen. Was will ein Hollywoodstar schon mit einem kleinen Regisseur aus München? Den kann er dann getrost ihr überlassen. Sie schluckt die Schlaftablette und schlummert lächelnd ein.

Sie wacht tatsächlich erst kurz vor der Landung auf. Nic und Gabriel sind schon wach, sie haben für Nina einen Teller mit Sandwiches aufbewahrt. Nina bittet die Stewardeß um einen Kaffee, und während sie ihn trinkt, schließt sie genießerisch voller Vorfreude die Augen. Mein Gott, sie hat einen Job als Redakteurin beim Fernsehen, und bald hat sie auch Nic. Welch vollkommenes Glück. Sie atmet tief ein.

Vom L.A. Airport fahren sie gut eine Stunde in die City von Los Angeles. Es ist zwar keine allzu große Entfernung, aber der Highway zieht sich scheinbar endlos. Als sie ankommen, ist es bereits nach acht Uhr abends. Nic hat über das Reisebüro ein zentral gelegenes Hotel buchen lassen, und es macht, zumindest von außen, einen guten Eindruck. Gabriel bezahlt das Taxi, ein Hotelboy kümmert sich um das Gepäck, und zu dritt gehen sie zur Rezeption.

Eine Empfangsdame sucht Nics Nachnamen im Computer, ihr Kollege fragt mißtrauisch: »Three persons?«

»Our son!« witzelt Nina und deutet auf Gabriel.

»Paß auf, die sind hier prüde!« weist Nic sie leise zurecht.

Jetzt hat die Empfangsdame die Reservierung auf Naumann gefunden. Sie wickelt den Rest ab, ihr Kollege schaut unschlüssig zu. Es ist ihm anzumerken, daß er ihnen das Zimmer am liebsten verweigert hätte. Aber da haben sie schon die Zimmerkarte und gehen schnell zum Aufzug.

»Ich hätte sagen sollen, daß ich eure Tochter bin. Das mit Gabriel war nicht so gut«, sagt Nina ernsthaft, während der Lift in den vierten Stock fährt.

Gabriel lacht, und Nic schüttelt sie leicht im Genick. »Das nächste Mal!«

Seine Berührung löst eine Gänsehaut bei ihr aus, und sie ist froh, als der Lift anhält. Es ist nicht auszuhalten, ihr Körper reagiert auf ihn, als sei er die Zündschnur zu einer Explosion. Dieser Gedanke amüsiert sie. Er hat die Zündschnur, grinst sie in sich hinein, und sie bald die Explosion. Adieu, Gabriel!

Gemeinsam suchen sie ihr Zimmer und haben Glück, es liegt nicht allzuweit vom Lift entfernt. Nic schließt auf, Nina tritt als erste ein. In der Mitte des Raumes bleibt sie stehen und schaut sich um. Eine Juniorsuite mit einem Grand lit. Und einem Sofa.

Wer wird wo schlafen?

Sie wird bei Nic schlafen. Wie immer im Hotel.

Gabriel auf dem Sofa?

Damit wird Nic nicht einverstanden sein.

Nic auf dem Sofa? Das macht überhaupt keinen Sinn.

»Am besten schlafen wir zu dritt im Bett!« Nic schaut in den Schrank. »Es ist auch kein zweites Bettzeug da.«

»Und wer in der Mitte?« fragt Nina unschuldig.

»Ich!« beschließt Nic, »als Trenner zwischen euch beiden«, und lacht schallend.

»Ha, ha!« Gabriel schneidet ihm eine Grimasse.

Es klopft, der Hotelboy bringt das Gepäck. Nic sucht nach Trinkgeld, Gabriel packt seinen Koffer aus, hängt alles ordentlich auf.

»So, und wo gehen wir jetzt hin?« fragt Nic unternehmungslustig.

»Ins Bett«, sagt Gabriel. »Ich muß morgen gut aussehen!«

»Es ist doch erst halb neun!« protestiert Nic.

»Trotzdem. Der Schlaf ist mir jetzt wichtiger!«

»Wir könnten ja noch...«, beginnt Nina, bricht aber ab, weil ihr plötzlich klar wird, daß Nics Wege nachts nicht die ihren sind. Sie denkt an Brasilien. Dort war sie ihm auch im Weg, ohne es zu ahnen. Und die Bar in Berlin war sicherlich nur ein müder Abklatsch von dem, was ihm wirklich Spaß macht. »Sonst geh doch alleine«, gähnt sie.

Nic öffnet die Minibar. »Und ihr macht euch hier einen flotten Abend?«

»Ja, vielleicht«, antwortet Gabriel angriffslustig und geht ins Bad.

Nina und Nic schauen sich an.

Gabriel kommt mit einem kleinen Päckchen in der Hand zurück. »Nimm das mit!« sagt er und drückt Nic Präservative in die Hand.

»Pariser?« sagt Nina, »ich denke, wir sind in Los Angeles?« Sie lacht über ihren eigenen Witz.

»Spinnst du? Ich brauch das nicht!« Nic betrachtet das Päckchen. »Wozu hast du die überhaupt dabei?« Er dreht es um. »Bananengeschmack – wie geschmacklos!«

»Noch von meiner Ex!« Gabriel zuckt die Achseln.

»Willst du mit diesen Dingern was Bestimmtes sagen?«

Nic starrt Gabriel lauernd an.

Es ist still.

»Gib sie mir!« Nina greift danach. »Los, mach schon!«

»Du??« Wie aus einem Mund gaffen die beiden Männer sie sprachlos an.

»Stellt euch vor! Ich habe auch ein Sexleben! Hatte ich zumindest! Also gib schon her, ich will sehen, was Los Angeles zu bieten hat!«

Sie greift danach und steckt sie in ihre Tasche, dreht sich zur Tür. »Wo ist die zweite Türkarte?«

»Wir können sie unmöglich allein gehen lassen!« Gabriel rammt Nic den Ellenbogen in die Seite.

»Wir können dich unmöglich allein gehen lassen!« wiederholt Nic.

»Ihr habt gar keine Wahl! Ich nehme euch nämlich nicht mit!« Bei allen guten Geistern, irgendwann ist Schluß! In einer Kurzschlußreaktion reißt Nina die Tür auf, knallt sie hinter sich zu und läuft den Gang entlang.

»Halt! Warte!«

Nina hört Gabriel hinter sich herkommen. Nina läuft am Lift vorbei die Treppe hinunter. Nichts wie weg, sonst wird sie noch verrückt.

»Nina, warte!«

Sie hört ihn kommen und läuft schneller. In der Hotelhalle wird sie wegen der vielen Menschen aufgehalten, und Gabriel holt sie ein, hält sie am Ärmel fest. »Bleib doch mal stehen!«

Nina schubst ihn weg. »Laß mich los! Hau ab!« Sie ist einer Hysterie nahe. Sie hört, wie irgendwo ein Lift aufgeht.

»Nina! Gabriel!« Es ist Nic.

»Es ist zum Kotzen!« schreit Nina und rempelt sich durch eine mit Koffern wartende Reisegruppe, die erstaunt Platz macht.

»Was ist denn los mit euch?« Nic kommt herbeigerannt.

»Sie spinnt!« Gabriel hält Nina wieder fest.

»Laß mich endlich los!« schreit Nina und wehrt sich. »Ich rufe gleich um Hilfe!«

»Ja! Laß sie doch los, wenn sie will!« Nic umfaßt Gabriels Hand.

»Laß du mich los, sonst passiert was!« fährt Gabriel Nic an.

»Laß sie doch in die Stadt, wenn sie will!«

Nina zieht und zerrt, Nic starrt Gabriel wütend an, Gabriel funkelt zurück.

»Nicht alleine! Wenn ihr was passiert!?!«

»Sie ist erwachsen! Es ist ihre Entscheidung! Das geht dich nichts an!«

»Das geht mich doch was an!« Vor Wut hat Gabriel einen roten Kopf. »Ich will nicht, daß ihr was passiert! Ich liebe sie!«

»Was???« Nina und Nic starren Gabriel an, Nic läßt Gabriel los, Gabriel Nina. Alle drei schauen sich an.

»Gut, jetzt ist es raus!« sagt Gabriel ruhig und wirft Nina von der Seite einen Blick zu. »Ich kann auch nichts dafür, ich habe mich einfach in dich verliebt. Plötzlich war's da. Aber ich konnte es dir ja nicht sagen – wegen Nic!« Er schaut schräg zu seinem Freund. »Tut mir leid!«

Nic starrt ihn an.

Nina schnappt nach Luft. »Aber ich – ich hatte keine Ahnung, Gabriel. Ich, ich liebe dich nicht, ich kann dich nicht lieben – ich liebe Nic!«

»Wie? Du? Mich?« Nics Gesicht wird immer länger. »Wieso denn mich? Ich bin schwul! Ich liebe Gabriel!«

»Schöne Scheiße!« Gabriel verschränkt die Arme. »Hier liebt jeder einen anderen, bloß keiner den Richtigen!«

»Die Richtige!« Nina reibt sich ihren Oberarm. »Und was machen wir jetzt?«

»Keine Ahnung.« Nic schüttelt langsam den Kopf. »Das geht mir zu schnell! Ich glaube, ich raff's noch überhaupt nicht! Du liebst *sie*?« Er schlägt sich vor den Kopf.

Gabriel nickt.

»O Gott!« Er schaut Nina an und deutet mit seinem Zeigefinger auf sich. »Und du *mich*?«

Nina nickt.

»Aber ich… ich könnte nie eine Frau lieben – ich meine körperlich. Das ist… einfach undenkbar!«

Wo ist die Welt, die zusammenbricht, denkt Nina, aber nichts rührt sich.

»Ich habe dich lieb, Nina, wirklich richtig lieb! Aber ich könnte dich nie lieben!«

Jetzt muß der Erdboden schwanken, die Wände müssen einstürzen, eine Flutwelle kommen. Aber nichts passiert. Nina fühlt noch nicht einmal einen übermäßigen Schmerz, so sehr hat sie Gabriels Geständnis überrascht.

»Wie konnte denn das passieren?« will Nic von Gabriel und Nina wissen.

»Frag, warum der Wind bläst!«

»Wie?«

»Sie meint, die Frage ist genauso blöd wie deine!« Gabriel seufzt.

»Was mach ich jetzt?« fragt Nic sich selbst.

»Wir könnten zusammenbleiben, dann hat jeder den, den er liebt!« Gabriel zuckt die Achseln.

»Das ist nicht dein Ernst!« Nic zieht die Stirn kraus. »Ich fasse es einfach noch immer nicht!« Er schaut Nina nachdenklich an. »Du warst die ganze Zeit über in mich verliebt? Die ganze Zeit?«

»Falsch!« korrigiert Nina. »Ich *bin* in dich verliebt!«

»Und du bist mit mir zusammen, obwohl du in Nina verliebt bist?«

»Korrekt!«

»Die Katze beißt sich in den Schwanz!«

»In deinen oder meinen?«

»O Gott, könnte das Leben einfach sein!« Wider Willen muß Nina lachen. »Und? Was ändert das schon? Ich kann dich nicht haben, Gabriel kann mich nicht haben, und du wirst wohl Gabriel nicht mehr haben können – ist das nicht die perfekte Basis für einen lebenslänglichen Dreier?«

NACHWORT

In meiner Erinnerung ist Gaby Hauptmann immer noch ein zwölfjähriges Kind. Ich war damals ein junger Lehrer am Trossinger Gymnasium, und in meinem dritten Schuljahr bekam ich eine sechste Klasse in Deutsch und Mathematik als Klassenlehrer. Gaby saß von mir aus gesehen auf der rechten Seite in der vorletzten Reihe neben ihrer Freundin Kornelia, die immer sehr adrett und mädchenhaft angezogen war. Gaby stelle ich mir mit kurzem Haar, in Hosen und mit Bluse und Weste vor. Die verräterisch männliche Sprache nennt diese Frisur Bubikopf und die Kleidung jungenhaft, aber ich weiß nicht, ob Gaby lieber ein Junge sein wollte. Sie war einfach noch ein Kind, offen und interessiert, sehr spontan, ablenkbar, lustig, aber auch empfindlich, was Gerechtigkeit und Korrektheit nicht nur ihr gegenüber betraf.

Ich denke, daß Gaby damals gerne zur Schule ging, einfach weil es unterhaltend war und ihr viele neue Anregungen brachte. Aber ehrgeizig im schulischen Sinn war sie nicht, und was sie langweilig fand, konnte sie auch schleifen lassen. Ich erinnere mich auch noch an ihren Vater, der vielleicht zehn Jahre älter als ich war. Anders als die meisten Eltern schien er das Schwanken ihrer Interessen und Leistungen und den fehlenden Schulehrgeiz nicht als Katastrophe zu empfinden, sondern zu tolerieren oder sogar für richtig zu halten.

In Deutsch stand in dieser Stufe Spracherziehung auf dem Plan, das Entwickeln der Fähigkeit, mit der deutschen Sprache aktiv und passiv differenzierter umzugehen. Dazu gehörten auch die Rechtschreibung und Zeichensetzung. Davon hielt Gaby nicht viel. Ob man »ich mußte« oder »ich musste«

schreibt, war uninteressant, und daß es wichtig war, behaupteten nur die Lehrer.

Aufsatzthemen waren Schilderungen von Ereignissen, erlebten oder erfundenen. Es ging um eine Geschichte, ihre Darstellung und Ausgestaltung. Gaby schrieb immer von der ersten bis zur letzten Minute, zum Durchlesen blieb ihr keine Zeit und auch nicht zum Überlegen eines Gesamtkonzepts. Ihre Aufsätze waren Phantasiereisen, die sich vom ursprünglich gestellten Thema manchmal weit entfernten, Traumszenarien mit plötzlichen und unerwarteten Realitätssprüngen, und sie ließ sich von Einfall zu Einfall weiterreißen und hatte am Anfang eines solchen Werkes wahrscheinlich noch keine Vorstellung davon, wo sie dieses Mal landen würde. Die äußere Form ihrer Aufsätze war ihr gleichgültig und deshalb oft sehr verwegen, dafür war ihr Inhalt immer unerwartet, phantastisch und faszinierend, gelegentlich sogar aufgelockert durch eine kleine Illustration. Sie waren deshalb nicht einfach zu benoten, aber es war immer ein Vergnügen, sie zu lesen.

In der siebten Klasse hatte ich Gaby in Mathematik und Französisch, in der achten nur noch in Mathematik. Ich habe keine Vorstellung mehr davon, wie sie am Ende dieser Zeit war, denn es sind inzwischen gut dreißig Jahre vergangen. Für mich bleibt sie vor allem die zwölfjährige Aufsatzschreiberin.

Im darauffolgenden Jahr verließ ich Trossingen, und unsere Wege trennten sich für eine Weile. Aber einige Zeit später fand ich in einer Verlagsankündigung Gaby Hauptmann mit ihrem neuen Roman. Als Antwort auf meine vorsichtige schriftliche Anfrage beim Verlag meldete sich wenig später am Telefon »ein Gespenst aus meiner Vergangenheit«.

Wir haben zunächst einmal unsere Werke ausgetauscht. Für einen Band historischer Porträts aus dem Mittelalter erhielt ich die Suche nach dem impotenten Mann fürs Leben.

Ob sie meine Kaiserinnen gelesen hat, weiß ich nicht. Ich nahm die impotenten Männer auf eine Urlaubsreise nach Osteuropa mit. Ich las das Buch als spannende Unterhaltung, aber natürlich auch befangen, denn man identifiziert das Geschriebene unwillkürlich mit der Schreiberin, die man in ganz persönlicher Erinnerung hat, und irgendwo hatte ich auch den Blick des Lehrers, der die Leistung einer wiedergefundenen Lieblingsschülerin bewertet.

Die Phantasiereise erkannte ich leicht wieder, das atemlose Aneinanderreihen von Erlebtem und Erdachtem, das Springen von einer Geschichte in die andere. Ich denke, daß »Suche impotenten Mann fürs Leben« keinem vorher aufgestellten Konzept folgte, sondern sich beim Schreiben entwickelte und verzweigte. Dafür hat Gaby die adäquate literarische Form gefunden, den Anzeigenroman. Denn es genügt, eine überraschende und aberwitzige Anzeige zu formulieren, um mit jeder neuen Antwort ganz zwanglos eine andere Persönlichkeit und eine neue Geschichte einzuführen, die die Handlung bereichert, verzögert oder auch arabesk verziert. Aber dabei bleibt es nicht. Die doppelte Südafrikaconnection, die Verbindung von Elvira Gohde und Stefan Kaltenstein, die Entführung von Stefan, das ist die Lust am Fabulieren, am Verwirren und Verknoten von Handlungssträngen, das sind strenggenommen Ablenkungsmanöver, die den besonderen Charme des Buches ausmachen. Und keiner wird vergessen. Selbst der impotente Oliver meldet sich nach seiner Rückkehr aus New York und damit endgültig ab. Und Carmen selbst macht ein Experiment, sie weiß vorher nicht, auf was sie sich einläßt, sie ist selbst immer wieder erstaunt über die atemberaubende Intensivierung ihres Lebens, die die Anzeige ausgelöst hat. Gaby Hauptmann gönnt ihr dieses Glück, aber sie weiß auch, daß sie selbst mit dieser Phantasiereise die Auseinandersetzung mit der Männerwelt noch nicht abgeschlossen hat. So folgt auf den impotenten Mann fürs Leben die Weiterführung der Abrechnung mit den Männern: »Nur ein toter Mann ist ein guter Mann«.

Der zweite Roman ist vielleicht nicht ganz so phantastisch wie der erste, obwohl auch hier manche Arabeske rankt. Warum muß der arme Klavierschätzer, der doch Aussicht auf eine Professur in Trossingen hat, von einem Elefantentöter zerrissen werden? Die Geschichte ist recht vielschichtig aufgebaut, mit Elementen des Kriminalromans und viel schwarzem Humor. Im Mittelpunkt steht die eben Witwe gewordene Ursula Winkler, die am Tod nichts mehr fürchtet als das dumpfe Prasseln der Erde auf dem Sarg. Ursula ist aus kleinen Anfängen unter persönlichen Opfern in ein neureiches Milieu aufgestiegen, das ganz von ihrem Mann geprägt war. Sie war immer am Geschäft beteiligt und ohne große Illusionen über seine Treue oder sein Geschäftsgebaren. Persönlich und gänzlich unerwartet nutzt sie seinen Tod, um sich von der protzig erdrückenden Wohnungseinrichtung zu befreien und um ihr eigenes Leben zu leben. Im Geschäft stößt sie bei der Übernahme überall auf Ablehnung, auf die männliche Kumpanei und das männliche Beziehungsgeflecht. Ursula kämpft sich durch diese Schwierigkeiten durch, ergründet die Mechanismen der Macht ihres Mannes und zollt ihm im nachhinein eine widerwillige Hochachtung, denn er hat die Banker mit Intimfotos zu günstigen Kreditkonditionen gezwungen.

Die interessanteste Person neben Ursula Winkler ist die geheimnisvolle Elisabeth Stein, die erst in der zweiten Hälfte des Buches auftaucht. Mit ihr hat Ursulas Mann die Erpresserfotos produziert und dafür ihren Lebensunterhalt gesichert. Sie hat einen anderen Walter Winkler gekannt als Ursula, und durch sie wird Walter für Ursula im nachhinein menschlicher. Die Gespräche zwischen Ursula und Elisabeth sind sehr vielschichtig und zeigen meinem Eindruck nach viel von dem, worum es Gaby jenseits der Buchtitel geht, nämlich doch um eine menschlichere Welt, die aber nur auf dem Umweg über die Frauen erreicht werden kann; Elisabeth und ihre Tochter Jill sind die Hoffnung auf die Zukunft. Und vielleicht auch ein

Stück persönliche Biographie. Die Schilderung der jungen Mutter, wie sie sich durchs Leben schlägt, schmeckt nach eigener Erfahrung. Gaby war immer ein Mädchen, das ihre Angelegenheiten selbst in die Hand genommen hat.

Hansjörg Frommer

INHALT

SERIE PIPER

Gaby Hauptmann

Suche impotenten Mann fürs Leben

Roman. 315 Seiten. SP 6055

Wer seinen Augen nicht traut, hat richtig gelesen: Carmen Legg meint wörtlich, was sie in ihrer Annonce schreibt. Sie sucht den Traummann zum Kuscheln und Lieben – der (nicht nur) im Bett seine Hände da läßt, wo sie hingehören. Die Anzeige entpuppt sich als Knüller, und als sie schließlich in einem ihrer Bewerber tatsächlich den Mann ihres Lebens entdeckt, wünscht sie, das mit der Impotenz wäre wie mit einem Schnupfen, der von alleine vergeht.
Gaby Hauptmann ist das Kunststück gelungen, das Thema »Frau sucht Mann« von einer gänzlich anderen Seite aufzuziehen und daraus eine fetzige und frivole Frauenkommödie zu machen, die kinoreif ist.

»Mit Charme und Sprachwitz wird der Kampf der Geschlechter in eine sinnliche Komödie verwandelt.«
Schweizer Illustrierte

»Haben Sie Lust auf eine fetzige und frivole Frauenkomödie? Auf das Thema ›Frau sucht Mann‹ in einer ganz neuen Variante? Dann haben wir was Passendes. ›Suche impotenten Mann fürs Leben von Gaby Hauptmann.
Attraktive, erfolgreiche 35erin sucht Mann für schöne Stunden, Unternehmungen, Kameradschaft. Bedingung: Intelligenz und Impotenz.
Diese Anzeige stammt von Carmen Legg, schlau, attraktiv, selbständig. Eigentlich hat sie eine Schwäche für Männer, nur von einer Sorte hat sie die Nase voll: von den Typen, denen der Verstand zwischen den Beinen baumelt, die immer wollen – und zwar das eine. Da gibt's nur einen Ausweg: der impotente Mann für's Leben muß her. Zusammen mit ihrer 80jährigen Nachbarin Elvira prüft Carmen eingehend die Antwort-Briefe auf ihre Chiffre-Anzeige. Einer macht auch tatsächlich das Rennen. Wer, wird nicht verraten … höchstes Lesevergnügen.«
Radio Bremen

Gaby Hauptmann

Nur ein toter Mann ist ein guter Mann

Roman. 302 Seiten. SP 6056

Ursula hat soeben ihren despotischen Mann beerdigt. Doch obwohl sich der Sargdekkel über ihm geschlossen hat, läßt er sie nicht los. Während sie sich von der ungeliebten Vergangenheit trennen will, fühlt sie sich weiter von ihm beherrscht. Sie wirft seine Wohnungseinrichtung hinaus, will seinen Flügel und seine heiß geliebte Yacht verkaufen, übernimmt die Leitung der Firma. Er schlägt zurück: Männer, die ihr zu nahe kommen, finden ein jähes Ende – durch ihre Hand, durch Unglücksfälle, durch Selbstmord. Erst als Ursula langsam hinter das Geheimnis ihres Mannes kommt, gewinnt sie die Macht über sich selbst zurück. Und als sie dabei eine Ex-Freundin ihres Mannes kennenlernt, öffnet sich ein völlig neuer Weg für sie – doch dann stellt sich die große Frage: Woran ist ihr Mann eigentlich gestorben?
Gaby Hauptmann hat eine listige, rabenschwarze Kriminalkomödie geschrieben.

Eine Handvoll Männlichkeit

Roman. 332 Seiten. SP 6058

Das kann noch nicht alles gewesen sein, meint Günther, wohlsituiert und aus den besten Kreisen. Am Abend seines sechzigsten Geburtstags faßt er einen nachhaltigen Beschluß: Eine neue Frau muß her! Auf seiner großartigen Geburtstagsparty sticht ihm die nichtsahnende Linda, die junge, attraktive Freundin des Bürgermeistersohns, ins Auge, das Gegenmodell zu seiner perfekten Frau Marion. Frei nach dem Motto: Hauptsache, er steht, setzt Günther alles daran, Linda herumzukriegen. Außerdem trifft er die notwendigen Vorbereitungen, sein beträchtliches Vermögen vor Marion in Sicherheit zu bringen. Doch Marion kommt ihm auf die Schliche und setzt ebenso unerwartet wie durchschlagend zur Gegenwehr an. Gaby Hauptmann weiß, was Männer mögen – und Frauen gerne lesen.

KABEL

Gaby Hauptmann

Mehr davon

Vom Leben und der Lust am Leben. 180 Seiten. Mit über 100 Farbfotos. Gebunden

Die attraktive und erfolgsverwöhnte Bestsellerautorin, die mit ihren Büchern Frauen auf der ganzen Welt begeistert, der hinreißende blonde Vamp, der die Männer nur so um den Finger wickelt ... Von wegen: Auch Gaby Hauptmanns Alltag ist nicht immer rosarot, auch ihr fliegt nicht alles einfach nur zu. Sie hat gelernt, mit Traumprinzen und Fröschen umzugehen. Und sie kennt ihre ganz persönlichen kleinen Tricks und Wohlfühltips, die garantiert immer helfen – auch dann, wenn es das Leben einmal nicht so gut mit einem meint.
Natürlich und mit sympathischer Offenheit schreibt Gaby Hauptmann über ihre Familie, die sie geprägt hat, über ihre Erfahrungen als alleinerziehende Mutter und über die Männer, die ihr wirklich wichtig sind. Sie ermutigt, die täglichen Ziele nicht allzu hoch zu stecken und sich auch an kleinen Dingen freuen zu können. Und sich selbst öfter zu belohnen: von den Streicheleinheiten zu zweit über das gemütliche Essen mit Freunden bis hin zum spontanen Glas Sekt – einfach so, aus purer Lust am Leben.

03/1010/01/R